每天一堂最经典的智力游戏课

★ 观察力、逻辑推理力、判断力、创造力、分析力、计算力的全面提升 ★

宋师道◎编著

中国华侨出版社

图书在版编目（CIP）数据

每天一堂最经典的智力游戏课 / 宋师道编著. — 北京：
中国华侨出版社，2015.8（2021.2重印）

ISBN 978-7-5113-5613-0

Ⅰ. ①每… Ⅱ. ①宋… Ⅲ. ①智力游戏 Ⅳ. ①G898.2

中国版本图书馆 CIP 数据核字（2015）第 191487 号

● 每天一堂最经典的智力游戏课

编　　著 / 宋师道

责任编辑 / 文　喆

责任校对 / 志　刚

装帧设计 / 环球互动

经　　销 / 新华书店

开　　本 / 710 毫米×1000 毫米 1/16　印张 /19　字数 /263 千字

印　　刷 / 三河市嵩川印刷有限公司

版　　次 / 2015年12月第1版　2021年2月第2次印刷

书　　号 / ISBN 978-7-5113-5613-0

定　　价 / 58.00 元

中国华侨出版社　北京市朝阳区静安里 26 号通成达大厦 3 层　邮编：100028

法律顾问：陈鹰律师事务所　　　　　编辑部：(010) 64443056　　　64443979

发行部：(010) 64443051　　　　　传　真：(010) 64439708

网　址：www.oveaschin.com　　　E - mail：oveaschin@sina.com

　　那些聪明的人之所以聪明，就在于他们掌握了较为科学的思维方法。可以说，科学的思维方法是影响一个人智商高低的关键所在。爱因斯坦说，人们解决世界的问题，靠的是大脑的思维和智慧。人类在极为漫长的征服自然、改造世界、提高自我的过程中，不断地开发大脑，总结思维规律，逐渐地形成了帮助人们解决问题、辨别真伪、开拓创新的思维知识体系。时至今日，这些知识为全球各行各业和各界人士所推崇并广泛实践，形成了一场席卷全球的思维风暴和智力大开发，各界精英及不同层次的人们都从中获得了深刻的启示，解决了人生中的种种问题，成为各行各业的成功者。

　　不可否认，思维能力的提升对一个人的智力开发起着极为关键的作用，无论做什么事情，没有思维活动的参与，人类的任何发明创造都是根本不可能完成的。无论从事什么职业，处于什么岗位，拥有活跃的思维，都是你快速走向成功的有利资本。人的一生可以通过学习来获取知识，但是思维训练和智力开发，从来都不是一件简单容易的事，也不是一蹴而就的事情，许多心理学和社会学家都认为思维游戏是一个最好的训练方式。一个人只有接受更多、更好的思维训练，才能有更高的思维效率和更强的思维能力，才能从竞争激烈的社会中脱颖而出。

本书正是基于这样的理念而为各行各业精英人士提供的智商提升精品之作。其精选了365道优秀的思维训练题目，以一天一堂的形式串连起来，每天只需利用几分钟的时间，就可以让你的思维得到开发和训练。同时，本书根据人体各个发展时期的不同特点，根据人类智商形成和发展的特点，从易到难，进行有针对性的训练，以满足不同年龄阶段智能发展的需要。本书为渴望提高智商的朋友们提供了一个展示才华的舞台，抓住机遇，人人都有取得成功的机会。

愿本书能全面开发你的思维潜能，激活你的大脑，提升你的能力，不断超越自我，走向不凡！

目录
CONTENTS

第一章　图形推理训练

第 1 天　怪异的图形 ……………… 1

第 2 天　第三人的头 ……………… 1

第 3 天　找规律（1）…………… 2

第 4 天　找规律，巧分类 ……… 2

第 5 天　想象图形 ………………… 2

第 6 天　找规律（2）…………… 3

第 7 天　图形分类 ………………… 3

第 8 天　看内不看外 ……………… 3

第 9 天　伤透脑筋的父母 ……… 3

第 10 天　巧用直线连点 ………… 4

第 11 天　折纸盒 …………………… 4

第 12 天　折纸（1）……………… 5

第 13 天　折纸（2）……………… 5

第 14 天　黑白相长 ……………… 5

第 15 天　图形分类 ……………… 5

第 16 天　平分红十字 …………… 6

第 17 天　考考你的观察力 …… 6

第 18 天　拼图 …………………… 7

第 19 天　字母 …………………… 7

第 20 天　立体图形 ……………… 7

第 21 天　圈点图 ………………… 7

第 22 天　图形规律 ……………… 8

第 23 天　相同元素 ……………… 8

第 24 天　费解的图形 …………… 8

第 25 天　D 代表多少 ………… 9

参考答案 …………………………… 9

第二章　逻辑思维训练

第 26 天　鸟捉虫子 ……………… 13

第 27 天　聚会的结果 …………… 13

第 28 天　世界田径锦赛 ………… 14

第 29 天　蒙特门难题 …………… 14

第 30 天　卡洛尔的难题 ………… 15

第 31 天　精通哪两种职业 …… 15

第 32 天　汽车的颜色 …………… 16

第 33 天　智者的提问 …………… 16

第 34 天 四兄弟 ················· 17

第 35 天 说实话的人 ············· 17

第 36 天 野鸭子的争论 ··········· 17

第 37 天 到底鹿死谁手 ··········· 18

第 38 天 皇帝、大臣与侍卫 ······· 19

第 39 天 3 名罪犯的口供 ········· 19

第 40 天 他们都在做什么 ········· 20

第 41 天 猴子与桃子 ············· 20

第 42 天 前额上的圆牌 ··········· 21

第 43 天 乌有国 ··············· 21

第 44 天 装满财宝的箱子 ········· 22

第 45 天 衣着规定 ············· 22

第 46 天 分苹果的难题 ··········· 23

第 47 天 3 个教官的讨论 ········· 23

第 48 天 聪明的法官 ············· 24

第 49 天 说真话的鲸鱼 ··········· 24

第 50 天 亚历克斯夫妇的弟弟妹妹们

················· 25

第 51 天 预测比赛结果 ··········· 25

第 52 天 交通问题 ············· 26

第 53 天 名师出高徒 ············· 26

第 54 天 民事法律关系 ··········· 27

第 55 天 钻石是什么颜色 ········· 27

第 56 天 排队的顺序 ············· 28

第 57 天 开关与灯泡 ············· 28

第 58 天 5 个人的乐队 ··········· 28

第 59 天 掷骰子 ··············· 29

第 60 天 才女设谜招郎君 ········· 30

第 61 天 通往出口的路 ··········· 30

第 62 天 谁谋杀了医生 ··········· 30

第 63 天 两人的扑克牌推理 ······· 31

第 64 天 家谱中的秘密 ··········· 31

第 65 天 鸟的飞行原理的研究 ····· 32

第 66 天 比赛的名次 ············· 33

第 67 天 共有几名男生 ··········· 33

第 68 天 孪生四姐妹 ············· 33

第 69 天 舀酒难题 ············· 34

第 70 天 4 只兔子的名次 ········· 34

第 71 天 称球问题 ············· 34

第 72 天 问路 ················· 35

第 73 天 集体犯罪 ············· 35

第 74 天 谁得优秀 ············· 36

第 75 天 荞麦和高粱 ············· 36

第 76 天 他们来自哪里 ··········· 36

第 77 天 海盗分金币 ············· 37

第 78 天 三人住店 ············· 37

第 79 天 副经理姓什么 ··········· 38

第 80 天 领导的疑惑 ············· 38

参考答案 ··················· 38

第三章 数字推理

第 81 天 凶手就是他 ············· 55

第 82 天 猜数 ················· 55

第 83 天 第 13 号大街 ··········· 56

第 84 天 猎人分狼 ············· 56

第 85 天 门牌号码 ············· 57

第 86 天 各有多少人民币 ········· 57

第 87 天 几张唱片 ·············· 57
第 88 天 台历上的数字 ·········· 57
第 89 天 烙馅饼 ················ 59
第 90 天 6 位数密码 ············ 59
第 91 天 对表 ·················· 60
第 92 天 竞赛成绩 ·············· 60
第 93 天 猜年龄 ················ 61
第 94 天 距离是多少 ············ 61
第 95 天 6 个人的说法 ·········· 61
第 96 天 敲钟的速度 ············ 62
第 97 天 不得其解 ·············· 62
第 98 天 同伙的电话 ············ 63
第 99 天 起诉的地点 ············ 63
第 100 天 第 10 个数是多少 ······· 65
第 101 天 箱子上的代码 ·········· 65

第 102 天 农夫留下了几头牛 ········ 66
第 103 天 浑水摸鱼 ·············· 67
第 104 天 残忍的谋杀案 ·········· 67
第 105 天 王老师的数学魔术 ······· 68
第 106 天 得数 ·················· 69
第 107 天 切西瓜 ················ 69
第 108 天 寻找鸳鸯飞贼 ·········· 69
第 109 天 求表面积 ·············· 70
第 110 天 手机上的数字 ·········· 70
第 111 天 填入正确的数字 ········· 71
第 112 天 课代表的难题 ·········· 71
第 113 天 小猴数桃子 ············ 71
第 114 天 牧牛吃草问题 ·········· 71

参考答案 ····················· 72

第四章　文字游戏

第 115 天 寿比南山松不老 ········· 79
第 116 天 成语大接龙 ············ 79
第 117 天 右边有，左边无 ········· 80
第 118 天 猜动物小游戏 ·········· 81
第 119 天 少年才子白居易 ········· 82
第 120 天 智斗铁公鸡 ············ 83
第 121 天 摇手对下联 ············ 84
第 122 天 八窍已通七窍 ·········· 84
第 123 天 姑娘猜字谜 ············ 85
第 124 天 妙语守秘密 ············ 85
第 125 天 高明的遗书 ············ 86
第 126 天 舅父改春联 ············ 86
第 127 天 医戏昏官 ·············· 87

第 128 天 妙言戏权贵 ············ 87
第 129 天 芙蓉开新花 ············ 88
第 130 天 猜字小游戏 ············ 89
第 131 天 古怪的四言诗 ·········· 89
第 132 天 怪异的长歌 ············ 90
第 133 天 点诗成词 ·············· 90
第 134 天 不怕雪后藏 ············ 91
第 135 天 惊天动地人家 ·········· 91
第 136 天 猜数学名词小游戏 ······· 92
第 137 天 蔬果游戏 ·············· 92
第 138 天 猜植物游戏 ············ 93
第 139 天 秀才射虎夺魁 ·········· 94
第 140 天 半边味美半边香 ········· 95

参考答案 ················· 96

第五章 归纳思维

第 141 天 谷物价格 ········· 99
第 142 天 节能灯泡 ········· 99
第 143 天 事件排序 ········· 100
第 144 天 公司业绩 ········· 100
第 145 天 热量摄取 ········· 101
第 146 天 电子接线系统 ····· 101
第 147 天 安慰药 ·········· 102
第 148 天 帐篷露营 ········· 102
第 149 天 自动售烟机 ······· 103
第 150 天 血红细胞 ········· 103
第 151 天 生物技术公司 ····· 104
第 152 天 返老还童 ········· 105
第 153 天 媒分子的研究 ····· 105

第 154 天 可循环利用 ······· 106
第 155 天 酸雨报告 ········· 106
第 156 天 市长的建议 ······· 107
第 157 天 飞机的危险 ······· 108
第 158 天 溃疡治疗 ········· 108
第 159 天 核电站 ·········· 109
第 160 天 土地价格 ········· 109
第 161 天 论文 ············ 110
第 162 天 花瓶位置 ········· 110
第 163 天 石油存储 ········· 111
第 164 天 喷水装置 ········· 111
参考答案 ················· 112

第六章 缜密思维

第 165 天 手中的保温杯 ····· 113
第 166 天 跑步定案 ········· 114
第 167 天 名副其实的侦探小说家
 ······················ 116
第 168 天 劫宝杀人 ········· 117
第 169 天 什么水灭火 ······· 119
第 170 天 谁是好人 ········· 120
第 171 天 公平断决 ········· 122
第 172 天 池塘中的尸体 ····· 124
第 173 天 心理测验 ········· 125
第 174 天 房子的主人 ······· 127
第 175 天 车灯 ············ 129

第 176 天 宾馆幽灵 ········· 131
第 177 天 乐器店被盗案 ····· 132
第 178 天 一只大木桶 ······· 133
第 179 天 谁的烟管 ········· 134
第 180 天 青菜筐里的食盐 ··· 135
第 181 天 诱母之计 ········· 137
第 182 天 小河边的尸体 ····· 139
第 183 天 施计现形 ········· 140
第 184 天 强盗来袭 ········· 141
第 185 天 怪刀擒凶 ········· 143
第 186 天 桌布上的污渍 ····· 145
第 187 天 伯爵之死 ········· 146

第 188 天 甲板上的枪声 ············ 147

第 189 天 疏忽的罪证 ············ 148

第 190 天 游船上的谋杀案 ············ 149

第 191 天 窃取商业机密 ············ 150

第 192 天 密室杀人案 ············ 152

第 193 天 是否参加鉴定 ············ 153

第 194 天 失败的骗局 ············ 153

第 195 天 杀人魔王 ············ 154

第 196 天 被扔进黄河的婴儿 ····· 156

第 197 天 不是第一现场 ············ 158

第 198 天 破花瓶 ············ 159

第 199 天 平安夜礼物 ············ 161

第 200 天 赎地 ············ 162

第 201 天 猫是名侦探 ············ 163

第 202 天 宝藏之谜 ············ 164

第 203 天 真正的凶手 ············ 165

第 204 天 死人破案 ············ 166

第 205 天 布尼尔之死 ············ 168

第 206 天 掉进陷阱的养蜂人 ············ 169

第 207 天 突然翻供 ············ 170

第 208 天 共有几条病狗 ············ 172

第 209 天 床上的印记 ············ 172

第 210 天 伪造录音 ············ 173

第 211 天 拱手相让 ············ 173

第 212 天 擒贼擒王 ············ 175

第 213 天 穿反的棉袄 ············ 178

第 214 天 包公断案 ············ 179

第 215 天 公司里的窃贼 ············ 180

第 216 天 两个名字 ············ 181

第 217 天 谁是土匪头子 ············ 182

第 218 天 失踪的乘客 ············ 183

第 219 天 公寓凶杀案 ············ 185

第 220 天 负责任的妹夫 ············ 186

参考答案············ 187

第七章　创新思维

第 221 天 杂技演员过桥 ············ 199

第 222 天 长长的阶梯 ············ 199

第 223 天 小灰兔算蘑菇 ············ 199

第 224 天 怎样取回自己的袜子 ··· 200

第 225 天 计算啤酒瓶的容积 ············ 200

第 226 天 真假古画 ············ 201

第 227 天 巧过独木桥 ············ 201

第 228 天 一封奇怪的信 ············ 201

第 229 天 男女学生人数 ············ 202

第 230 天 弄掉了针的闹钟 ············ 202

第 231 天 路标正误 ············ 202

第 232 天 百元假钞带来的损失 ··· 203

第 233 天 过元旦 ············ 203

第 234 天 长跑训练记 ············ 203

第 235 天 对号入座 ············ 204

第 236 天 同一个答案 ············ 204

第 237 天 伪慈善家 ············ 204

第 238 天 快乐夫妻 ············ 204

第 239 天 卖水的学问 ············ 205

第 240 天 数学陷阱 ············ 205

第 241 天 移火柴 ············ 205

第 242 天 狄利克雷房间分配法 ··· 205

第 243 天 哪一桶是啤酒 ………… 206

第 244 天 A 城居民 ………… 206

第 245 天 当塞的补给袋 ………… 206

第 246 天 该买几张票 ………… 207

第 247 天 赚了还是赔了 ………… 207

第 248 天 篮子里的蘑菇 ………… 207

第 249 天 加薪方案 ………… 208

第 250 天 小松鼠分松子 ………… 208

第 251 天 滑轮越狱 ………… 208

第 252 天 强盗分布匹 ………… 209

第 253 天 小兔子买裙子 ………… 209

第 254 天 两个同色球 ………… 209

第 255 天 黑熊老师的游戏 ………… 210

第 256 天 神童莫扎特 ………… 210

第 257 天 购买邮票 ………… 211

第 258 天 蚂蚁的聚会 ………… 211

第 259 天 国王的首饰 ………… 211

第 260 天 如何将两种杯子分开 … 212

参考答案 ………… 212

第八章 脑筋急转弯

第 261 天 没有违章 ………… 219

第 262 天 最傻的鱼 ………… 219

第 263 天 还是值得表扬 ………… 219

第 264 天 最神奇的 3 个字 ………… 219

第 265 天 新造型 ………… 220

第 266 天 愚蠢的李明 ………… 220

第 267 天 鸡和蛋 ………… 220

第 268 天 木匠建庙 ………… 220

第 269 天 没有受到批评 ………… 221

第 270 天 郊游 ………… 221

第 271 天 阮小二吹牛 ………… 221

第 272 天 蒂多公主 ………… 221

第 273 天 完全相同的试卷 ……… 222

第 274 天 剪刀 ………… 222

第 275 天 鸭子过河 ………… 222

第 276 天 驼背、瘸子和单眼瞎 … 222

第 277 天 礼物 ………… 223

第 278 天 沉不下、烧不起 ……… 223

第 279 天 巧妙反驳 ………… 223

第 280 天 单只通过 ………… 223

第 281 天 聪明的哈桑 ………… 224

第 282 天 吃桃子 ………… 224

第 283 天 有朋自远方来 ………… 224

第 284 天 交警与小女孩 ………… 224

第 285 天 摸不到 ………… 225

第 286 天 老虎挨饿 ………… 225

第 287 天 小北极熊的疑问 ……… 225

第 288 天 不落的杯子 ………… 225

第 289 天 奇怪的体育老师 ……… 225

第 290 天 加糖还是加奶精 ……… 225

参考答案 ………… 226

第九章　应用谜题

第 291 天 一只大红虾 …………… 229

第 292 天 编故事大王 …………… 230

第 293 天 白布上的 SOS ………… 231

第 294 天 物品认凶 ……………… 232

第 295 天 窒息的男子 …………… 233

第 296 天 牛奶和咖啡 …………… 234

第 297 天 小塑料袋里的白色东西

………………………………… 234

第 298 天 凶手的血型 …………… 235

第 299 天 一张奇怪的纸片 ……… 236

第 300 天 3 个漏洞 ……………… 237

第 301 天 19 时 30 分 …………… 238

第 302 天 杰克的证据 …………… 238

第 303 天 半个毒苹果 …………… 239

第 304 天 拧松的灯 …………… 240

第 305 天 脱口而出 …………… 240

第 306 天 装聋作哑 …………… 241

第 307 天 过期的牛奶 ………… 242

第 308 天 收购萝卜 …………… 243

第 309 天 柠檬汁妙用 ………… 244

第 310 天 泡澡 ………………… 245

第 311 天 38 度 ……………… 247

第 312 天 盛开的野菊花 ……… 248

第 313 天 哥俩的年龄 ………… 248

第 314 天 不诚实的见证人 …… 248

第 315 天 半听啤酒 …………… 250

参考答案 ……………………… 251

第十章　科学趣味

第 316 天 用牛奶盒做直升机 … 255

第 317 天 筷子圆圈舞 …………… 255

第 318 天 用火锅食材做平衡器 … 256

第 319 天 肥皂泡中看彩虹 ……… 256

第 320 天 用垫板打开冰箱门 …… 256

第 321 天 用 3 张名片做正二十面体

………………………………… 257

第 322 天 纸杯瞬间失重 ………… 257

第 323 天 纸盒堆高不会倒 ……… 257

第 324 天 报纸开出水中花 ……… 258

第 325 天 水丸子 ………………… 258

第 326 天 气球足球 …………… 259

第 327 天 倒不满的啤酒杯 …… 259

第 328 天 金属碗中的水会跳舞 … 259

第 329 天 食盐水冒气泡 ……… 259

第 330 天 鸡蛋变胖 …………… 260

第 331 天 吸管喷雾器 ………… 260

第 332 天 杯子倒立不漏水 …… 260

第 333 天 盔甲水袋 …………… 261

第 334 天 源源不绝 …………… 261

第 335 天 随手转盘 …………… 261

参考答案 ……………………… 262

第 336 天 漂亮的女刺客 ………… 267

第 337 天 最后的测试 ………… 268

第 338 天 空手买面粉 ………… 268

第 339 天 5 名新职员 ………… 269

第 340 天 聪明的鹦鹉 ………… 269

第 341 天 7 点钟响铃 ………… 270

第 342 天 巧发信号 ………… 271

第 343 天 骆驼牌香烟 ………… 271

第 344 天 伪造的自杀 ………… 272

第 345 天 千军万马卷中藏 ………… 273

第 346 天 习惯性思考 ………… 274

第 347 天 聪明的小乔治 ………… 274

第 348 天 墓石移位之谜 ………… 275

第 349 天 自动还印 ………… 276

第 350 天 好人与坏蛋 ………… 276

第 351 天 谁来试一遍 ………… 277

第 352 天 瞬间而来的灵感 ……… 277

第 353 天 马儿渡河记 ………… 278

第 354 天 国王的奖赏 ………… 278

第 355 天 约翰的难题 ………… 279

第 356 天 慧眼识真伪 ………… 279

第 357 天 马尾的方向 ………… 280

第 358 天 蓝莓饼 ………… 280

第 359 天 张飞卖猪记 ………… 280

第 360 天 分辨生熟鸡蛋 ………… 281

第 361 天 失踪的图纸 ………… 281

第 362 天 一年生多少人 ………… 282

第 363 天 聪明的牧场主 ………… 282

第 364 天 声东击西 ………… 283

第 365 天 分酒奇法 ………… 284

参考答案………………………… 284

第一章

图形推理训练

✿ 第 1 天　怪异的图形

所给的 4 个选项中，选择最合适的一个填入问号处，使之呈现一定的规律性：

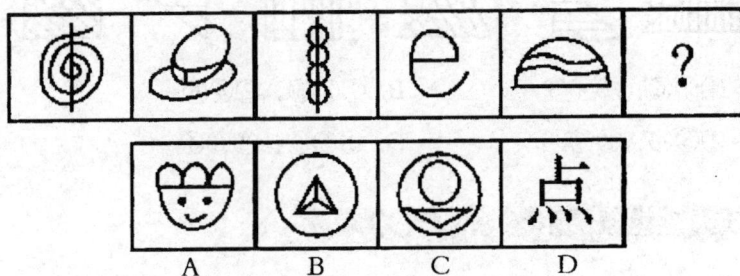

A	B	C	D

✿ 第 2 天　第三人的头

观察前两个人的头和脚，说出第三人的头上应是什么数字。

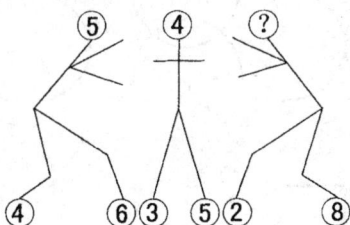

1

✿ 第3天　找规律（1）

从所给的 4 个选项中，选择最适合的一个填入问号处，使之呈现一定的规律性（　　）。

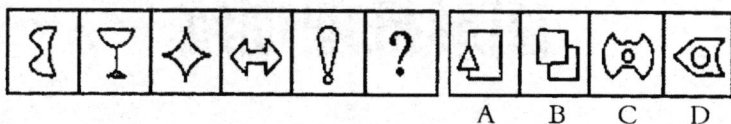

A　B　C　D

✿ 第4天　找规律，巧分类

把下面的 6 个图形分为两类，使每一类图形都有各自的共同特征或规律，分类正确的一项是（　　）。

① ② ③ ④ ⑤ ⑥

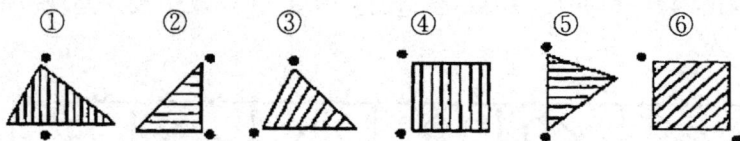

A. ①③⑥，②④⑤　　　　　　　B. ①③⑤，②④⑥

C. ①③④，②⑤⑥　　　　　　　D. ①⑤⑥，②③④

✿ 第5天　想象图形

仔细观察图形组 1 中的形态规律，并根据这个规律画出图形组 2 中带"？"的图片。

图形组 1：

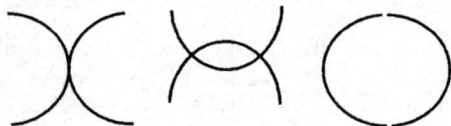

图形组 2：

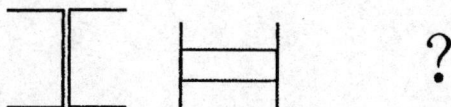

✿ 第6天　找规律（2）

从所给的4个选项中，选择最合适的一个填入问号处，使之呈现一定的规律性（　）。

✿ 第7天　图形分类

把下面的6个图形分成两类，使每一类图形都有各自的共同特征或规律，分类正确的一项是（　）。

A. ①③⑥，②④⑤　　　　　　B. ①②⑤，③④⑥

C. ①②⑥，③④⑤　　　　　　D. ①④⑤，②③⑥

✿ 第8天　看内不看外

根据左边一组的图像排列构成，选出右边一组"?"处的适合图像（　）。

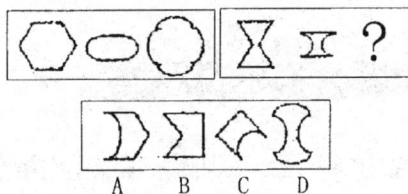

✿ 第9天　伤脑筋的父母

一户人家有十胞胎兄弟，十兄弟住在一个大圆屋子里（如图），有时欢欢笑笑，有时打打闹闹。不管欢笑还是打闹，都很不安静，白天还好，一到晚上就搅得人睡不着觉。父母为此伤透了脑筋。突然有一天，爸爸找来3条长绳，在十兄弟的屋子里围了3个同样大小的圆圈，把十兄弟一一隔开了。十兄弟隔着绳子，你望望我，我望望你，都觉得莫名其妙，安静了一会儿，又吵闹起来。妈妈看了3个圆圈，哭笑不得，想把它们解开，但是她不知道怎么围成的，也就解不开。

你知道那3个圈子是怎么围出来的吗？

✿ 第10天　巧用直线连点

下图中一共有9个黑色圆点，你能用4条直线将这9个点连接在一起吗（这4条直线必须是连续的）？

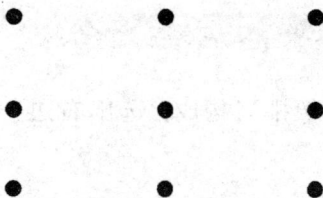

✿ 第11天　折纸盒

左边给定的是纸盒的外表面，下面哪一项能由它折叠而成？（　　）

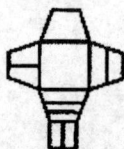

A　　　　　B　　　　　C　　　　　D

✿ 第12天 折纸（1）

左边给定的是纸盒的外表面，下面哪一项能由它折叠而成？（　）

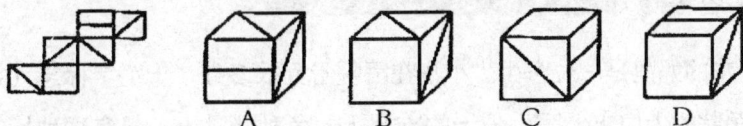

A　　　　B　　　　C　　　　D

✿ 第13天 折纸（2）

下面所给的4个选项中，哪一项能折成左边给定的图形？（　　）

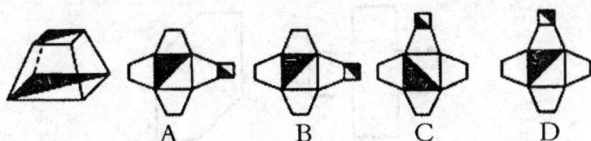

A　　　　B　　　　C　　　　D

✿ 第14天 黑白相长

根据下列4幅图像，选出第五幅（　　）。

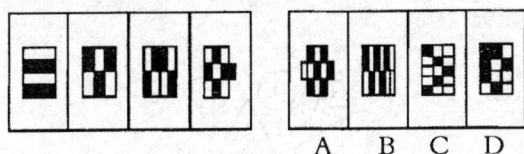

A　B　C　D

✿ 第15天 图形分类

把下面的6个图形分成两类，使每一类图形都有各自的共同特征或规律，分类正确的一项是（　　）。

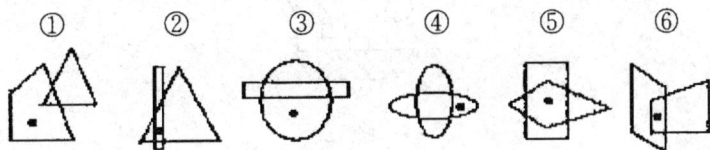

①　　②　　③　　④　　⑤　　⑥

A. ①⑤⑥，②③④　　　　B. ①③④，②⑤⑥

C. ①②④，③⑤⑥　　　　D. ①②⑤，③④⑥

✿ 第 16 天　平分红十字

小华的妈妈是一位医生。小华在医院看到很多红"十"字标志（如下图左），医院的大门上，医生护士的衣服上，各种器具上，都有这种标志。小华想，能不能把这个红十字分成两个一样的图形，然后拼成一个六边形呢？她拿出纸和笔，涂涂画画，竟然真拼成了。你知道小华是怎么拆分、拼合的吗？

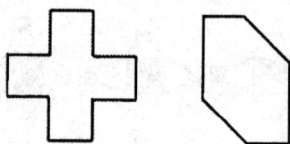

✿ 第 17 天　考考你的观察力

在图一的 13 块图形中，去掉其中的一块就可以组成图二中的小船，你觉得应该去掉哪一块？

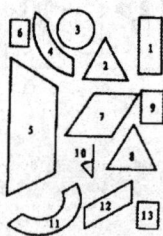

图一

图二

✿ **第18天　拼图**

选项的 4 个图形中，只有一个是由题干图形拼合而成的，请选择（　）？

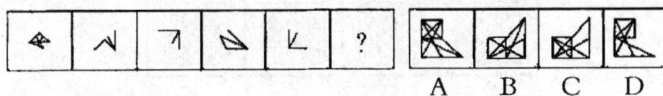

A　B　C　D

✿ **第19天　字母**

请从所给的 4 个选项中，选择最合适的一个填入问号处，使之呈现一定的规律性（　）：

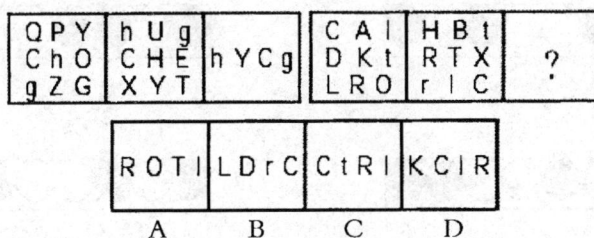

A　　B　　C　　D

✿ **第20天　立体图形**

从所给的 4 个选项中，选择最合适的一个填入问号处，使之呈现一定的规律性（　）：

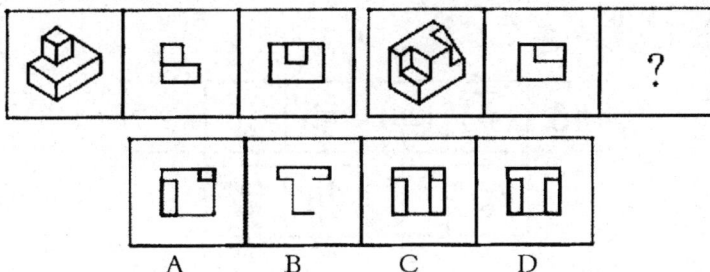

A　　　B　　　C　　　D

✿ **第21天　圈点图**

从所给的 4 个选项中，选择最合适的一个填入问号处，使之呈现一定的规律性（   ）：

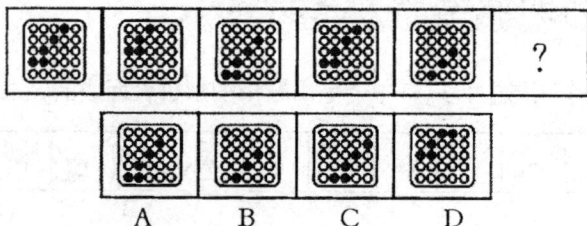

A   B   C   D

✿ 第 22 天   图形规律

哪一张图不同于其他的图？（   ）

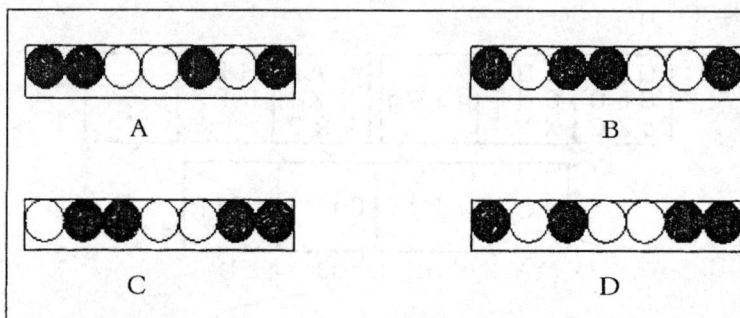

A   B

C   D

✿ 第 23 天   相同元素

从所给的 4 个选项中，选择最合适的一个填入问号处，使之呈现一定的规律性（   ）：

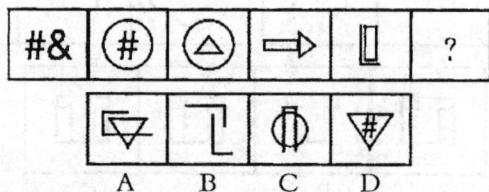

A   B   C   D

✿ 第 24 天   费解的图形

从所给的 4 个选项中，选择最合适的一个填入问号处，使之呈现一定的规律性（　）：

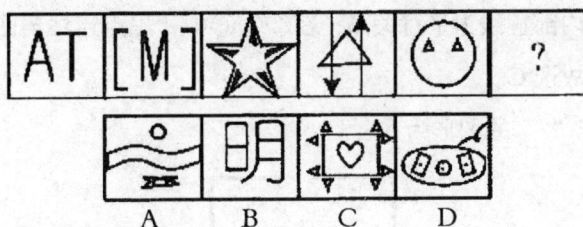

☆ 第 25 天　D 代表多少

观察下面的图形，A 代表 0 点，B 代表 9 点，C 代表 6 点，那么 D 代表

多少呢?（　）

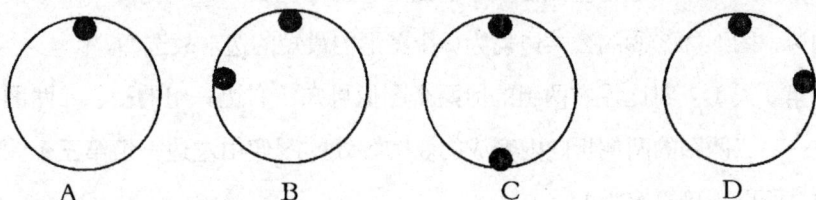

参考答案

第 1 天 A。解析：每个图形中都只有一条直线，其余线条均为曲线。

第 2 天 第三人的头上数字是 5。

观察前两人的头和脚可以发现，$(4+6)÷2=5$，$(3+5)÷2=4$，即双

脚上的数字相加除以 2 等于头上的数字，$(2+8)÷2=5$，所以第三人的头上

数字是 5。

第 3 天 D。本题考查对称轴的方向。题干中都是轴对称图形，而且对称

轴的方向呈现水平、竖直、水平 + 竖直、水平 + 竖直、竖直、水平的关系。

故选 D。

第 4 天 C。本题考查位置关系。题干各图形中均有两个黑点。根据两黑

点连线与各图形内部直线的方向的位置关系，可分为两类。在①③④中，黑点连线与图形内部直线为平行关系；在②⑤⑥中，黑点连线与图形内部直线为垂直关系。故选 C。

第 5 天 带"？"的图形为：

第 6 天 C。本题考查曲线的数量规律。题干所给图形均含有 4 条曲线，只有 C 项含有 4 条曲线。故选 C。

第 7·天 D。本题考查共性关系。图形①④⑤的公共边均为 2 个图形的最长的边，图形②③⑥的公共边均为 2 个图形的最短的边。故选 D。

第 8 天 D。对比左右两组的前两个图像可知，右边一组的一、二两图是左边一、二两图的两侧折向内变成的。"？"处的图像由左边一组第三个图形变成，所以正确答案为 D。

第 9 天 如图所示，3 条绳子是这样围成 3 个一样大小的圆圈的。

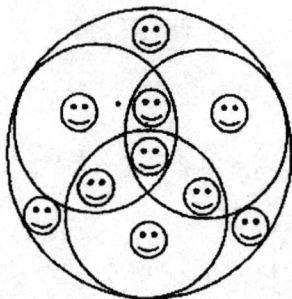

第 10 天 如图所示：

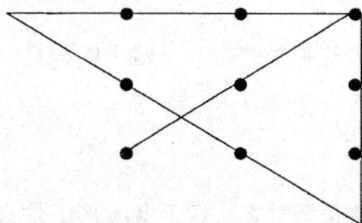

第 11 天 C。本题考查折叠规律。A 项中右面应为两条线的面；B 项左右两面位置反了；D 项上面的横线与前面的横线应为垂直关系。故选 C。

第 12 天 B。本题考查折叠规律。A 项中右侧面的对角线不正确，排除 A；白色面与含横线的面是相对的，C、D 项出现相邻的情况，排除 C、D。故选 B。

第 13 天 B。本题考查折叠规律。此题只需注意折叠后上下两个面的阴影所在的位置是一样的，便可排除 A、C、D 三项。故选 B。

第 14 天 D。4 幅图中黑色条块与白色条块的数目都是递增的，依次是 2、3、4、5，所以第五幅图应有 6 个黑白条块。故正确答案为 D。

第 15 天 B。②⑤⑥黑点均包含在两个图形相交的部分。故选 B。

第 16 天 小华的平分红十字，拼成六边形的方法如下图所示：

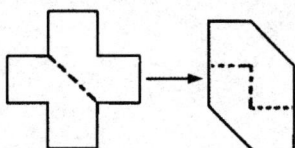

第 17 天 第 12 块是多余的。

第 18 天 A。解析：对于这种线条类的图形重组题，只能移动这些线条，而不能旋转以及翻转这些线条。本题中题干第一个图形是解题关键点，在 B、C、D 中都找不到完整的第一个图形，只有 A 包含题干第一个图形，答案为 A。

第 19 天 C。解析：每组第三个图形中的字母为前两个图形中共有的字母。

第 20 天 D。解析：每组第一个图形是立体图形，第二个图形是这个立体图形的左视图，第三个图形是这个立体图形的俯视图。

第 21 天 A。解析：考虑图形中阴影圆圈整体的位置变动。第一个图形中的阴影圆圈向上移动一个位置得到第二个图形，第二个图形中的阴影圆圈向下移动两个位置得到第三个图形，依此循环变化；实际上是，奇数项图形和偶数项图形分别来看，所有黑色圆圈均向下移动一个位置。

第 22 天 C。

第 23 天 B。解析：题干图形中，相邻两个图形含有相同的元素。

第 24 天 B。解析：题干图形的种类数均为 2。

第 25 天 3 点。仔细观察你会发现，这些点代表的是时钟的时针和分针。

第二章

逻辑思维训练

✿ 第 26 天　鸟捉虫子

有 4 只不同颜色的鸟，黄鸟、白鸟、黑鸟、绿鸟，它们各自捉到了一条虫子。虫子的长度分别是 3 厘米、4 厘米、5 厘米、6 厘米。以下是 4 只鸟的话，其中捉到红色虫子的两只鸟是真话，捉到黑色虫子的两只鸟的话是假话。

黄鸟："我捉的虫子有 4 厘米或者 5 厘米长。"

白鸟："黑鸟捉的虫子是 3 厘米的黑虫子。"

黑鸟："绿鸟捉的虫子是 5 厘米的黑虫子。"

绿鸟："白鸟捉的虫子是 4 厘米的红虫子。"

请问：每只鸟分别捉到了多长的什么颜色的虫子？

✿ 第 27 天　聚会的结果

3 个高中同班同学后来分别成了大学校长、作家和市长，他们满足下面的条件：

（1）他们分别毕业于化学系、机械系和中文系；

（2）作家称赞中文系毕业者身体健康；

（3）机械系毕业者请大学校长写了一个条幅；

（4）作家和机械系毕业者在一个市内工作；

（5）乙向化学系毕业者请教过 PC 材料问题；

（6）毕业后，机械系毕业者、乙都没有再和丙联系过；

如果上述断定都是真的，下面各项中哪一项断定也一定是真的？（　）

A. 甲毕业于机械系，丙是作家。

B. 乙毕业于化学系。

C. 甲毕业于化学系。

D. 中文系毕业者是作家。

✿ 第28天　世界田径锦标赛

世界田径锦标赛3000米决赛中，始终跑在最前面的甲、乙、丙三人中，一个是美国选手，一个是德国选手，一个是肯尼亚选手。比赛结束后得知：

（1）甲的成绩比德国选手的成绩好；

（2）肯尼亚选手的成绩比乙的成绩差；

（3）丙称赞肯尼亚选手发挥出色。

以下哪一项肯定为真？

A. 甲、乙、丙依次为肯尼亚选手、德国选手和美国选手。

B. 肯尼亚选手是冠军，美国选手是亚军，德国选手是第三名。

C. 甲、乙、丙依次为肯尼亚选手、美国选手和德国选手。

D. 美国选手是冠军，德国选手是亚军，肯尼亚选手是第三名。

✿ 第29天　蒙特门难题

本智力题得名于一位美国电视游戏节目的主持人蒙特，他曾在多年之前主持一档名为《成交》的节目。在其中的一个游戏中，蒙特向竞猜者展示了三扇门：有一扇门之后是一辆小轿车，另两扇门之后是空房间。蒙特事先知道门后是什么，但您并不知道。

游戏分为三步：

（1）您选择一扇门。

（2）蒙特将会打开剩余的两扇门中的一扇，展示一个空的房间。（他从不会打开那扇后面藏有汽车的门。）

（3）然后您可以仍然选择在步骤 1 中选择的那扇门，或是选择去打开另一扇仍然关闭的门。

假定您选择了 A 门。然后蒙特打开了另两扇门中的一扇，假定为 B 门。现在您可以选择改选 C 门或者仍然坚持最初的选择，即 A 门。如果没有改变选择，那么可能会猜对也可能会猜错。另一方面，如果您改选 C 门，则还是既可能猜对也可能猜错。您会做出什么选择呢？在蒙特打开一扇门之后，是坚持最初的选择，还是改变前面已做的选择呢？为什么？

✿ 第 30 天　卡洛尔的难题

英国剑桥大学数学讲师卡洛尔曾出了下面这道题目来测验他的学生的逻辑思维能力。题目是这样的：

（1）教室里标有日期的信都是用粉色纸写的；

（2）丽萨写的信都是以"亲爱的"开头的；

（3）除了约翰外没有人用黑墨水写信；

（4）皮特没有收藏他可以看到的信；

（5）只有一页信纸的信中，都标明了日期；

（6）未做标识的信都是用黑墨水写的；

（7）用粉色纸写的信都收藏起来了；

（8）一页以上的信纸的信中，没有一封是做标记的；

（9）约翰没有写一封以"亲爱的"开头的信。

根据以上信息，判断皮特是否可以看到丽萨写的信。

✿ 第 31 天　精通哪两种职业

这是一个有趣的问题。说的是，有老张、老李、老王 3 个人每人都精通两种职业。这些职业是：美术家、文学家、教育家、数学家、化学家和音乐家。现在仅能知道的线索是：（1）数学家和美术家经常开玩笑；（2）教育家、美术家经常和老张一起散步，或 3 个人轮流下围棋；（3）音乐家从化学家那里借了一本《大众电影》杂志；（4）数学家和音乐家结婚后生了一个小女孩；（5）老李送给教育家一支金星钢笔；（6）老王在乒乓球比赛中打败了老李和音乐家。

请你由以上线索，分辨出老张、老李、老王3个人各精通哪两种职业。

✡ 第32天　汽车的颜色

听说娜娜买了一辆新的跑车，她的3个好朋友在一起猜测新车的颜色。

甲说："一定不会是红色的。"

乙说："不是银色的就是黑色的。"

丙说："那一定是黑色的。"

以上3句话，至少有一句是对的，至少有一句是错的。

根据以上提示，你能猜出娜娜买的车是什么颜色吗？

✡ 第33天　智者的提问

有一位号称是天下第一智者的人，因为不小心惹下官司，面临被处死的刑罚。

国王爱惜他是个人才，想救他一命，但又不想因此破坏法律。于是设计了一种特殊的行刑方式，希望智者能通过自己的智慧来挽救自己。

行刑时刻到了，刑场上走来两名武士，手中分别端着一杯酒，从外观上看不出任何不同。国王提示智者：这两瓶酒一瓶是毒酒，一瓶是美酒；这两名武士是有问必答，但一个回答的是真话，另一个回答的是假话。还有，这两名武士彼此之间知根知底，都知道对方说的是真话还是假话，也知道对方拿的是毒酒还是美酒。现在，国王只允许智者向其中的一个武士提一个问题，然后根据得到的回答，判断出谁拿的是美酒。如果判断正确，智者将被免于一死。

智者思索了一会儿，就向其中的一名武士提了一个问题，然后拿起美酒一饮而尽。结果，他被免除了死刑。

你能猜出智者问的是什么问题吗？

✡ 第 34 天　四兄弟

天使只说真话，魔鬼只说假话。一个天使和魔鬼结婚以后生下了 4 个儿子，其中老大和老三继承了魔鬼的特性，只说假话；老二和老四继承了天使的特性，只说真话。

下面是他们关于年龄的对话。

甲："乙比丙年龄小。"

乙："我比甲小。"

丙："乙不是三哥。"

丁："我是长兄。"

你能判断他们的年龄顺序吗？

✡ 第 35 天　说实话的人

小明旅行途中发现某地村民有人说实话，有人说谎话，一天小明让小刚找来 4 个村民进行询问："你们是说实话的人，还是说谎话的人？"

这 4 个村民回答如下。

第一个人说："我们 4 个人都是说谎话的人。"

第二个人说："我们 4 个人中只有一人是说谎话的人。"

第三个人说："我们 4 个人之中有两人是说谎的人。"

第四个人说："我是说实话的人。"

小明听后说，真假难辨。小刚一下子就断定那个自称是说实话的第四个人是真的说实话的人，你能说出其中的道理吗？

✡ 第 36 天　野鸭子的争论

小阳和小冰是一对孪生兄弟，在他们上学不久的时候，一次，爸爸带他们去清灵水库游玩，那里有很多野鸭子。小阳说："野鸭子吃小鱼。"小冰说："野鸭子吃小虾。"哥俩就这样争论不休，非得让爸爸给评评理。爸爸知道他们俩说得都很对，但没有直接回答他们的问题，而是用一个比喻性的例子来说明此道理。说完后，哥俩都服气了。

下列哪一项最有可能是爸爸讲给小阳、小冰的话？

A．一个人所拥有的爱好可能会随时间的变化而变化。爸爸小时候很爱吃零食，那时候，你奶奶也管不住我，可现在你让爸爸吃，爸爸都不吃。

B．无论什么事情都有它的两面性。咱们家养了猫，耗子就没了。但是，如果猫身上长了跳蚤也是很讨厌的。

C．小动物有时也通人性。如果主人喂它食物它可能吃得很香，若是陌生人喂，怎么也不吃。

D．你们哥俩的爱好很相似，只是对饮料的兴趣不同。一个喜欢绿茶，一个喜欢果汁。如果你妈妈不在乎，绿茶、果汁都行。

✿ 第 37 天　到底鹿死谁手

古代有一个皇帝，命令赵、钱、孙、李、周、吴、郑、王八员大将陪同他外出打猎。经过一番追逐，有一员大将用箭射中了一只鹿，开始谁也不清楚是哪一员大将射中的。这时候，皇帝叫大家先不要去看箭上刻写的姓氏，而要大家先猜猜究竟是谁射中的。

八员大将众说纷纭。

赵说："或者是王将军射中的，或者是吴将军射中的。"

钱说："如果这支箭正好射中鹿的头，那么鹿是我射中的。"

孙说："我可以断定是郑将军射中的。"

李说："即使这支箭正好射中鹿的头，也不可能是钱将军射中的。"

周说："赵将军猜错了。"

吴说："不会是我射中的，也不是王将军射中的。"

郑说："不是孙将军射中的。"

王说："赵将军没有猜错。"

猜完之后，皇帝命令赵将军把鹿身上的箭拔出来验看，证实八员大将中有三人猜对了。你知道鹿究竟是谁射死的吗？

✡ 第 38 天　皇帝、大臣与侍卫

一个皇帝有 20 个大臣，每位大臣身边都有个坏侍卫。虽然每个大臣都知道其他大臣的侍卫是坏人，但由于他们彼此关系不融洽，他们都不知道自己的侍卫是坏人。

皇上知道此事后，把 20 个大臣召集在一起，告诉他们，在跟随他们的侍卫中至少有一个坏人，并要求他们如果知道了自己的侍卫是坏人就必须立刻杀了他；如果知道了又不杀的话，那自己的脑袋就保不住了。期限为 20 天。

为此，皇上办了一份早报，如果哪位侍卫被杀了就会刊登在早报上，可 19 天都平静地过去了，在第 20 天早晨，仍然没有哪一位大臣杀自己侍卫的消息。请问，接下去的情况将会怎么样呢？

✡ 第 39 天　3 名罪犯的口供

一天深夜，伦敦的一栋公寓连续发生 3 起刑事案件。一起是谋杀案，住在四楼的一名下院议员被人用手枪打死；一起是盗窃案，住在二楼的一名名画收藏家珍藏的 6 幅 16 世纪的油画被盗了；一起是强奸案，住在一楼的一名漂亮的芭蕾舞演员被暴徒强奸。

接警之后，伦敦警察总部立即派出大批刑警赶到作案现场。根据罪犯在现场留下的指纹、足迹和搏斗的痕迹，警方断定这 3 起案件是由 3 名罪犯分头单独作案的（后来证实这一判断是正确的）。

经过几个月的侦查，警方终于搜集到大量的确凿证据，逮捕了 A、B、C 3 名罪犯。在审讯中，3 名罪犯的口供如下。

A 供称：

①C 是杀人犯，他杀掉下院议员纯粹是为了报过去的私仇。

②我既然被捕了，我当然要编造口供，所以我并不是一个十分老实的人。

③B 是强奸犯，因为 B 对漂亮女人有占有欲。

B供称：

①A是著名的大盗，我坚信那天晚上盗窃油画的就是他。

②A从来不说真话。

③C是强奸犯。

C供称：

①盗窃案不是B所为。

②A是杀人犯。

③总之我交代，那天晚上，我确实在这个公寓里作过案。

3名罪犯中，有一个的供词全部是真话，有一个最不老实，他说的全部是假话，另一个人的供词中，既有真话也有假话。

A、B、C分别做了哪一个案子，看完口供后刑警亨利已经做出了判断。

你知道刑警亨利是如何判断的吗？

✿ 第40天　他们都在做什么

今天周末，寝室里A、B、C、D四个同学分别在做不同的事情。他们当中有一个人在玩游戏，一个人在写作业，一个人上网聊天，还有一个人在看书。

(1) A没有在玩游戏，也没有在看书；

(2) B没有上网聊天，也没有在玩游戏；

(3) 如果A没有上网聊天，那么D没有在玩游戏；

(4) C既没有在看书，也没有在玩游戏；

(5) D没有在看书，也没有上网聊天。

他们各自在做什么呢？

✿ 第41天　猴子与桃子

海岛上有一群猴子。一次，这群猴子无意间发现了一处桃林，桃树上结满了鲜美的桃子。猴子们非常高兴，钻进桃林大吃起来。由于这些桃子都很大，小猴子只需要吃1个或2个就能吃饱，所以绝大多数猴子只摘了1个或

2个桃子，不过有4只贪心的猴子，摘的桃子比较多，吃饱之后还剩了几个。

这4只贪心的猴子摘的桃子数量不同，在4～7个之间，它们都吃掉了1个或2个之后，每个猴子剩下的桃子数量还是各不相同。吃完桃子之后，其他的猴子问这4只猴子还剩下几个桃子，它们说了如下的话：

A猴说："C吃了1个桃子。"

B猴说："现在，A手里还剩4个桃子，D还剩2个桃子。"

C猴说："我和D一共吃了3个桃子。"

D猴说："B吃了2个桃子。现在，C拿着的桃子数量不是3个。"

4只猴子说的话有真有假，其中吃了2个桃子的猴子撒了谎，吃了1个桃子的猴子说的是实话。根据这些情况，你能判断出最初这4只猴子每只摘了几个桃子，吃了几个，还剩几个？

✿ 第42天　前额上的圆牌

在一次聚会上，有A、B、C、D、E 5个人，他们的装束有点奇怪——每个人的前额上都系着一块白色或者黑色的圆牌。他们每人都能看到系在别人前额上的圆牌，却看不见自己额上的圆牌。关于这些圆牌，他们都讲了一句话。

A说：我看见3块白牌和1块黑牌。

B说：我看见4块黑牌。

C说：我看见1块白牌和3块黑牌。

E说：我看见4块白牌。

现在知道，额头上系着白色圆牌的人，他所讲的话是真话，系着黑色圆牌的人，所讲的话是假话。请你根据这些条件，推断出D的前额上系的是什么颜色的圆牌。

✿ 第43天　乌有国

传说，林之洋等人漂洋过海来到了"乌有国"。在这个国家里只有两种民族：宝宝族和毛毛族，他们的相貌一样，难以辨认，但是宝宝族永远讲真话，毛毛族永远讲假话。

林之洋一进城，迎面碰见 3 个乌有国人，林问第一个人："你是哪个民族的人？"

"adcd xyzuv pqrst。"那个人回答。

林之洋莫名其妙，又问其他两人："他说的是什么意思？"

第二个人回答："他说他是宝宝人。"

第三个人回答："他说他是毛毛人，我知道他确实是个毛毛人。"

林之洋到底该相信谁的回答呢？他仔细地分析了一下，便做出了正确的判断，并立即指出他们 3 人各是什么民族。

你知道林之洋是怎么分析判断的吗？

✡ 第 44 天　装满财宝的箱子

一个幸运的海盗所乘的船被海浪打翻后，被冲到一个海滩上，他找到了一个山洞作为暂时的栖身之所。更加幸运的是，他在这个山洞里发现了两个箱子和一封信。从信中，他知道这两个箱子是一个海盗留下来的。信上说："这两个箱子里，其中一个装满了金银珠宝，但另一个箱子里却装着足以置人于死地的机关。只要你够聪明，按照箱子上的提示就能找出装满财宝的箱子。否则，你将死于非命。"

海盗看到两个箱子上都贴着一张纸条，第一个箱子上的纸条写着："第二个箱子上的纸条写的是真的，珠宝在这个箱子里。"

第二个箱子上的纸条写的是："第一个箱子上的纸条写的全是假的，珠宝在第一个箱子中。"

这个幸运的海盗被绕糊涂了，想了好长时间也没想出其中哪个箱子装着财宝，急得团团转。

你能判断出财宝在哪个箱子里吗？

✡ 第 45 天　衣着规定

学校的男生宿舍楼前贴了一张关于"衣着规定"的布告：

（a）16 岁以上的男生才能穿燕尾服。

（b）15 岁以下的男生不准戴大礼帽。

（c）星期六下午观看棒球比赛的男生必须戴大礼帽，或穿燕尾服，或两者俱全。

（d）带伴的，或 16 岁以上的男生，或两条都具备者，不准穿毛衣。

（e）男生们一定不可以不看球赛和不穿毛衣，或者既不看球赛也不穿毛衣。

星期六下午观看棒球赛的男生的穿戴情况如何？

✡ 第 46 天　分苹果的难题

爸爸让 5 岁的小红分 8 个苹果，要求她把两个最大的分给爸爸，再把两个最红的分给妈妈，然后把两个最圆的分给姐姐，剩下两个自己要。

小红眼珠一转，想了想，蛮有把握地先捡了两个最大的分给了爸爸；接着又找最红的，发现爸爸的两个苹果中有一个最红的，就从爸爸那里要回一个给了妈妈，她接着又去挑最圆的，一看剩下的都不圆，最圆的在妈妈那里有一个，爸爸那里有一个，于是又向爸爸、妈妈各要了一个分了姐姐。最后，爸爸一个苹果都没分到，妈妈只分了一个，只有姐姐分到了两个，而给自己却剩下了 5 个。小红皱着眉头不知怎么均分这 8 个苹果。

你能用逻辑知识解释一下小红遇到的难题吗？

✡ 第 47 天　3 个教官的讨论

军训最后一天，A 班学生进行实弹射击。几位教官谈论 A 班的射击成绩。

王教官说："这次军训时间太短，这个班没有人的射击成绩会是优秀。"

李教官说："不会吧，有几个人以前训练过，他们的射击成绩会是优秀。"

赵教官说："我看班长或者体育委员能打出优秀成绩。"

结果发现 3 位教官中只有一人说对了。

由此可以推出以下哪一项肯定为真。

A. 班里所有人的射击成绩都优秀。

B. 班里有些人的射击成绩优秀。

C. 班长的射击成绩优秀。

D. 体育委员的射击成绩不优秀。

✡ 第 48 天　聪明的法官

法院开庭审理一起盗窃案件，疑犯 A、B、C 三人被押上法庭。

法官先问 A："你是怎样进行盗窃的？从实招来！"

A 做了回答，但他讲的是某地的方言，法官根本听不懂他讲的是什么意思。

法官又问 B 和 C："刚才 A 是怎样回答我的提问的？他说的方言是什么意思？"

B 说："A 的意思是说，他不是盗窃犯。"

C 说："A 刚才已经招供了，他承认自己就是盗窃犯。"

B 和 C 说的话法官是能听懂的。听了他们二人的话之后，法官马上断定 B 无罪，C 是盗窃犯。

请问：这位聪明的法官为什么能根据 B 和 C 的回答，做出这样的判断？

✡ 第 49 天　说真话的鲸鱼

有 5 条鲸鱼在海面冲浪后聚到一起聊天。这 5 条鲸鱼分别居住在不同的海洋深度（800 米、900 米、1000 米、1100 米、1200 米），对居住深度比自己浅的鱼的叙述都是真的，对比自己深的鱼的叙述就是假的，而且，只有一条鲸鱼说了真话。它们的对话如下。

甲："乙住在 900 米或者 1100 米的地方。"

乙："丙住在 800 米或者 1000 米的地方。"

丙："丁住在 1100 米或者 1200 米的地方。"

丁："戊住在 800 米或者 1200 米的地方。"

戊："甲住在 800 米或者 1000 米的地方。"

那么，每条鲸鱼各住在哪个深度？

☆ 第 50 天　亚历克斯夫妇的弟弟妹妹们

亚历克斯·怀特有两个妹妹，贝尔和卡斯；亚历克斯·怀特的女友费伊·布莱克有两个弟弟，迪安和埃兹拉。他们的职业分别是：

亚历克斯：舞蹈家

迪安：舞蹈家

贝尔：舞蹈家

埃兹拉：歌唱家

卡斯：歌唱家

费伊：歌唱家

六人中有一位担任了一部电影的主角；其余五人中有一位是该片的导演。

（1）如果主角和导演是亲属，则导演是个歌唱家。

（2）如果主角和导演不是亲属，则导演是位男士。

（3）如果主角和导演职业相同，则导演是位女士。

（4）如果主角和导演职业不同，则导演姓怀特。

（5）如果主角和导演性别相同，则导演是个舞蹈家。

（6）如果主角和导演性别不同，则导演姓布莱克。

谁担任了电影主角？为什么？

☆ 第 51 天　预测比赛结果

全国运动会举行女子 5000 米比赛，辽宁、山东、河北各派了 3 名运动员参加。比赛前，4 名体育爱好者在一起预测比赛结果。

甲说："辽宁队训练刻苦认真，这次的前三名非他们莫属。"

乙说："今年与去年不同了，金银铜牌辽宁队最多拿一块。"

丙说："山东队或者河北队会进前三名。"

丁说："第一名如果不是辽宁队，就是山东队。"

比赛结束后，发现四人中只有一人言中。

下列哪一选项最可能是该项比赛的结果？

A. 第一名辽宁队，第二名辽宁队，第三名辽宁队。

B. 第一名辽宁队，第二名河北队，第三名山东队。

C. 第一名山东队，第二名辽宁队，第三名河北队。

D. 第一名河北队，第二名辽宁队，第三名辽宁队。

✡ 第 52 天　交通问题

(1) 任何在高速公路上运行的车辆的时速必须超过 60km；

(2) 自行车的时速不超过 20km；

(3) 小张的汽车只有在双日才被允许驾驶在高速公路上；

(4) 今天是 6 月 8 日。

如果上述断定都是真的，下面各项中哪一项断定也一定是真的？（　　）

Ⅰ自行车在高速公路上不允许行驶；

Ⅱ今天小张的汽车仍然有不被允许在高速公路上行驶的可能；

Ⅲ如果小张的汽车的时速超过 60km，那么当日一定是逢双日。

A. 只有Ⅰ

B. 只有Ⅰ、Ⅱ

C. 只有Ⅰ、Ⅲ

D. 只有Ⅰ、Ⅱ、Ⅲ

✡ 第 53 天　名师出高徒

欧洲有一个叫欧提勒士的人，慕名向著名的学者普罗塔哥拉斯学习法律。开学之前，师徒二人订下合同：欧提勒士先付一半学费，另一半学费待毕业以后再付。前提条件是，欧提勒士第一次出庭必须打赢官司。

几年后，欧提勒士毕业，但却无人请他打官司。老师收费心切，于是向法院提出诉讼。普罗塔哥拉斯不愧是精通"辩术"的雄辩家，在法庭上只说了一句话，就把所有在场的人都给镇住了。他对欧提勒士说："如果这场官司你输了，那么，根据法官的判决，你得付给我那另一半学费；如果这场官司你赢了，那么根据协议，你也得付给我那一半学费。总之，不管你是输是赢，都得付给我那一半学费。"

很多在场的人都倒吸了一口气，觉得欧提勒士这下肯定输了。

所谓名师出高徒，普罗塔哥拉斯没料到他亲自传授的诡辩术，竟被他的学生第一次出庭就用来反驳自己。欧提勒士针对老师的二难推理，提出一个完全相反的二难推理："如果这场官司我赢了，按照法庭判决，我不用付老师另一半学费；如果这场官司我输了，那么依照合同，我也不用付老师的另一半学费。所以，这场官司无论胜败，我都不用付剩余的另一半学费。"

法官当场就被这场官司难倒了，无法做出判决。为什么？

✡ 第54天　民事法律关系

民事法律关系特征之一是平等主体之间的关系，一般是自愿设立的。

"某人出售假冒产品被工商行政部门查处"所引起的法律关系是民事法律关系，这句话对吗？

✡ 第55天　钻石是什么颜色

约翰博士有5个不透明的魔球，他在5个魔球中分别装了一块钻石，钻石的颜色分别是红、黄、绿、蓝、黑5种颜色。然后，约翰博士让自己的5个学生A、B、C、D、E来猜一下这5个魔球里装的钻石分别是什么颜色的，如果谁猜中了，就把里面的钻石奖给他。但每人只限猜两种。

5名学生跃跃欲试，纷纷说出了自己的猜测。

A说：第二个魔球里面装的是蓝色钻石，第三个里面装的是黑色钻石。

B说：第二个魔球里面装的是绿色钻石，第四个里面装的是红色钻石。

C说：第一个魔球里面装的是红色钻石，第五个里面装的是黄色钻石。

D说：第三个魔球里面装的是绿色钻石，第四个里面装的是黄色钻石。

E说：第二个魔球里面装的是黑色钻石，第五个里面装的是蓝色钻石。

最后，约翰博士说出了正确的答案，大家发现每个人都猜对了一个，而且每人猜对的颜色都不同。现在请你猜一猜，每个魔球里装的都是什么颜色的钻石呢？

✿ 第 56 天　排队的顺序

在一家超市的收银处，有 A、B、C、D、E、F 6 个人正在排队等待结账。已知条件如下。

①F 没有排在最后，在他和最后一个人之间还有两个人；

②最后一个人不是 E；

③A 前面至少有四个人，但他也没有排在最后；

④D 没有排在第一位，他前后至少都有两个人；

⑤C 没有排在最前，也没有排在最后。

根据题意和已知条件，你能从第一位开始，列出这六个人排队的顺序吗？

✿ 第 57 天　开关与灯泡

屋外的 3 个开关各自对应着屋内的 3 个灯泡，线路很好，要求在屋外控制开关的时候不能看到屋内灯的情况，此时只允许进门一次，如何确定开关和灯的对应关系？

✿ 第 58 天　5 个人的乐队

一个乐队由杰克、凯伦、路易丝、马克和南希 5 个人组成。每当他们演出时，每人演奏下列 5 种乐器：班卓琴、鼓、吉他、口琴和钢琴中的一种乐器。每场演出，5 种乐器都得用上。已知条件是：

(1) 凯伦只能演奏班卓琴；

(2) 杰克只能吹口琴；

(3) 南希除钢琴不会演奏外，能演奏其他任何一种乐器；

（4）马克能弹吉他，也能击鼓，但不会演奏其他乐器；

（5）路易丝会演奏任何一种乐器。

根据题意和已知条件，回答下列问题：

题1：下列哪一判断有可能正确？

A. 马克在一场演出中击鼓；B. 凯伦在一场演出中吹口琴；C. 杰克在一场演出中弹钢琴；D. 南希在一场演出中弹钢琴；E. 路易丝在一场演出中吹口琴。

题2：在演出时，路易丝一定演奏什么乐器？

A. 班卓琴；B. 鼓；C. 吉他；D. 口琴；E. 钢琴。

题3：下列哪一判断肯定不能成立？

A. 杰克在一次演出中吹口琴；B. 凯伦在一次演出中弹钢琴；C. 南希在一次演出中击鼓；D. 马克在一次演出中弹吉他；E. 路易丝在一次演出中弹钢琴。

题4：如果南希在一次演出中击鼓，那么谁弹吉他？

A. 杰克；B. 凯伦；C. 路易丝；D. 马克；E. 南希。

✿ 第59天　掷骰子

在3个骰子中，黄色的骰子上2、4、9点分别有两面；红色的骰子上3、5、7点分别有两面；还有在绿色的骰子中1、6、8点分别有两面。这时，两个学生玩掷骰子的游戏，游戏规则是：两名学生先各选比较高的骰子，然后同时掷，结果谁的点数大谁就取得胜利。

在下列说法中，哪一项是正确的？

A. 第一个选骰子的学生获胜的概率比第二个选骰子的学生高。

B. 选黄色骰子的学生获胜的概率要比选红色骰子的学生高。

C. 无论哪种骰子的颜色与获胜概率的高低不相干。

D. 无论哪一种骰子的获胜概率都不能同时抵过其他两个。

✡ 第 60 天　才女设谜招郎君

聪明可爱的少女鲍西娅，家资丰厚，父亲过世以后，她决定选一位如意郎君同她一起生活。

一天，来了许多求婚者。鲍西娅对大家说："我这里有 3 只匣子，一只金的，一只银的，一只铅的。我的肖像就放在其中的一只匣子里。你们看，每只匣子上都写着一句话：金匣子上写的是'肖像在这个匣中'，银匣子上写的是'肖像不在这个匣中'，铅匣子上写的是'肖像不在金匣中'。请注意，这 3 句话当中只有一句话是真话。如果哪一位能通过这 3 句话猜中我的肖像在哪个匣子里，那么他就将成为我的丈夫。"

鲍西娅的话音一落，众求婚者即刻陷入沉思之中。继而，有的抓耳挠腮，有的眉头紧锁。这时，一位逻辑学家非常自信地说："我猜中了，你的肖像在银匣之中。"

逻辑学家猜中的依据是什么？

✡ 第 61 天　通往出口的路

一位探险家去寻宝，在一大片原始森林里迷了路。他在里面走了很久，一直没有找到出口，这可把他吓坏了。这时，他来到一个三岔路口旁，发现每个路口都写了一句话，第一个路口上写着："这条路通向出口。"第二个路口写着："这条路不通向出口。"第三个路口上写着："另外两个路口上写的话，一句是真的，一句是假的。"如果第三个路口上的话是正确的，那么，探险家要选择哪一条路才能走出去？

✡ 第 62 天　谁某杀了医生

警察接到报案，说是一位精神病医院的医生被杀了。警察询问了一些目击证人，根据目击者的证词，得知在医生遇害那天，由他负责诊治的 4 个病人都曾单独去过一次他的住处。于是，警察传讯了这 4 个病人。收到警察的传讯后，这 4 个病人每个人给警方提供了一份假供词。如下：

A："我们 4 个人都没有杀害医生。我离开医生住处的时候，他还活着。"

B："我是第二个到医生住处的人。我到的时候，他已经死了。"

C："我是第三个到医生住处的人。我到的时候，他还活着。"

D："我到达医生住处的时候，他已经死了。"

根据上述 4 个病人的证词，你能推理出谁是杀害医生的人吗？

✡ 第 63 天　两人的扑克牌推理

M、N 两人在推理面试时碰到了这样的题目：

他们被告知抽屉里的扑克牌共 16 张，这 16 张牌分别是：

红桃 A、Q、4；黑桃 J、8、4、2、7、3；草花 K、Q、5、4、6；方块 A、5；

王老师从中抽出一张牌来，把点数告诉 M 先生，把花色告诉 N 先生。

这时，王老师问 M 和 N：你们能推知这张牌是什么吗？

M："我不知道。"

N："我知道你不知道。"

M："现在我知道了。"

N："我也知道了。"

请问：这张牌是什么？

✡ 第 64 天　家谱中的秘密

安娜在查家谱时，了解到关于她的 4 个祖先的一些情况。

①罗伊生于约翰之前；

②斯特拉死于罗伊之前；

③海泽尔死于约翰、罗伊和斯特拉之后。

根据已知条件回答如下问题：

题 1：下列哪个判断是正确的？

A. 约翰生于海泽尔之前；B. 斯特拉死于约翰之前；C. 斯特拉生于海泽

尔、约翰和罗伊之前；D. 海泽尔生于约翰、罗伊和斯特拉之后；E. 斯特拉生于罗伊死之前。

题2：如果海泽尔生于罗伊之前，下列哪个判断肯定正确？

①海泽尔比罗伊寿命长；②海泽尔比约翰寿命长；③海泽尔比斯特拉寿命长。

A. 只有①是正确的；B. 只有②是正确的；C. 只有③是正确的；D. 只有①和②是正确的；E. ①、②和③都正确。

题3：如果约翰死于罗伊之前，并且罗伊死于海泽尔出生之前，那么，下列哪个判断肯定正确？

A. 斯特拉不是生活在罗伊的有生之年；B. 约翰不是生活在海泽尔的有生之年；C. 斯特拉不是生活在约翰的有生之年；D. 约翰生于并死于斯特拉的有生之年；E. 斯特拉生于并死于罗伊的有生之年。

题4：如果海泽尔生于罗伊死后，那么下列哪个判断有可能正确？

A. 约翰是罗伊的父亲；B. 罗伊是斯特拉的父亲；C. 海泽尔是斯特拉的母亲；D. 海泽尔是罗伊的妻子；E. 斯特拉是海泽尔的孙女。

✿ 第65天　鸟的飞行原理的研究

一般情况下，有很多人会认为，既然人工智能是一门新兴学科并且是以模拟人的思维为目标，那么，就可以探索人类思维的生理机制与心理机制。其实，这是一种误导新兴学科的看法。假如说飞机现世的最早灵感是根据鸟的飞行原理，那么，现代飞机的发明与改进，没有一项是基于对鸟的研究之上。

在以上的陈述中，把人工智能的研究很可能比作以下哪一项？

A. 针对鸟飞行原理的深入研究。

B. 针对鸟飞行的模拟。

C. 针对鸟飞行的模拟。

D. 针对飞机的设计制造。

✿ 第 66 天 比赛的名次

学校举办排球比赛，进入决赛的是五（1）班、五（2）班、六（1）班、六（2）班的代表队，到底谁得第一，谁得第二，谁得第三，谁得第四呢？

甲、乙、丙三人做如下的猜测。

甲说："五（1）班第一，五（2）班第二。"

乙说："六（1）班第二，六（2）班第四。"

丙说："六（2）班第三，五（1）班第二。"

比赛结束后，发现甲、乙、丙三人谁也没有完全猜对，但他们都猜对了一半。你能根据上面情况排出 1～4 名的名次吗？

✿ 第 67 天 共有几名男生

三年级（1）班的 50 名同学开联欢会，男生都参加了布置会场的工作。女同学开始走进会场，第一个进来的女同学，给每个男同学送了一件小礼物；第二个进来的女同学，除了 1 名男生外，也给其余的每个男生送了一件小礼物；第三个进来的女同学，除了 2 名男生外，也给其余的每位男生送了小礼物。照这样下去，最后进来的女同学给 9 个男生送了小礼物。

现在你知道三年级（1）班一共有几名男生吗？

✿ 第 68 天 孪生四姐妹

罗斯先生有 4 个孪生女儿。二姐虽然调皮，但非常诚实，大姐和三姐却经常撒谎。最小的妹妹善良淳厚，从来不会撒谎。

一天，一位客人来罗斯家做客，问这 4 个一模一样的姐妹谁大谁小，她们的说法如下：

罗拉说："罗莎比罗特年龄小。"

罗莎说："我比罗拉年龄小。"

罗特说："罗莎不是三姐。"

罗音说："我是大姐。"

根据她们的话，请你判断一下她们的年龄顺序。

✡ 第 69 天　舀酒难题

据说有人给酒肆的老板娘出了一个难题：此人明明知道店里只有两个舀酒的勺子，分别能舀 7 两和 11 两酒，却硬要老板娘卖给他 2 两酒。聪明的老板娘毫不含糊，用这两个勺子在酒缸里舀酒，并倒来倒去，居然量出了 2 两酒，聪明的你能做到吗？

✡ 第 70 天　4 只兔子的名次

为了让自己的种族能跑得更快，兔子王国每周都要举行一次赛跑。有 A、B、C、D 4 只兔子两次都被分在同一组赛跑。上一次比赛中，没有出现两只兔子并列第一的情况，这次也一样，而且上次赛跑的第一名不是 C 兔。

本次赛跑完毕之后，4 只兔子进行了一次交谈，它们的对话如下。

A 兔："B 上次是第二名。"

B 兔："C 这次是第二名。"

C 兔："这次赛跑中，D 的名次比上次上升了。"

D 兔："这次比赛中，A 的名次上升了。"

这 4 只兔子的话，有的是真话，有的是在撒谎，名次下降的兔子在撒谎，而名次没有下降的兔子说的是真话。

现在，你能根据它们的对话，说出它们两次赛跑的名次吗？

✡ 第 71 天　称球问题

12 个球和 1 个天平，现知道只有 1 个坏球和其他的重量不同，问怎样称才能用 3 次就找到那个坏球？（注意：此题并未说明那个球的重量是轻是重，所以需要仔细考虑。）

✿ 第72天　问路

一个人站在岔道口，分别通向 A 国和 B 国，这两个国家的人非常奇怪，A 国的人总是说实话，B 国的人总是说谎话。路口站着一个 A 国人和一个 B 国人：甲和乙，但是不知道他们真正的身份，现在那个人要去 B 国，但不知道应该走哪条路，需要问这两个人，只许问一句。他应该怎么判断该走哪条路？

✿ 第73天　集体犯罪

阿斯特夫妇、布赖斯夫妇和克兰夫妇，座位如下。

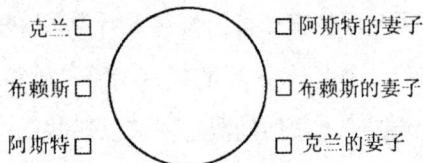

六人中：

（1）恰有三人身旁至少坐着一个谋杀犯；

（2）恰有四人身旁至少坐着一个勒索犯；

（3）恰有五人身旁至少坐着一个诈骗犯；

（4）恰有六人身旁至少坐着一个盗窃犯。

关于犯罪类型：

（5）没有两人犯同一种以上的罪行。

（6）有一个人犯的罪多于其他人。

关于各个人物：

（7）阿斯特和他的妻子都只犯了一种罪，尽管是不同的罪；

（8）布赖斯和他的妻子都是诈骗犯；

（9）克兰和他的妻子都是盗窃犯；

（10）犯诈骗罪的女人多于男人。

谁犯的罪最多？有几个谋杀犯、几个勒索犯、几个诈骗犯和几个盗窃犯？

✿ 第 74 天　谁得优秀

六年级学生毕业前，凡报考重点中学的同学，要参加体育加试。加试后，甲、乙、丙、丁 4 名学生这样谈论他们的成绩：甲说："如果我得优，那么乙也是优。"乙说："如果我得优，那么丙也是优。"丙说："如果我得优，那么丁也是优。"以上 3 名学生说的都是真话，但这 4 个人中得优的只有两名。问 4 个人中谁得优秀？

✿ 第 75 天　荞麦和高粱

张姐去集市，要买 5 斤荞麦和替王婶买 5 斤高粱，张姐先替王婶买了 5 斤高粱，但由于只带了一个大于 15 斤的布袋，所以她将高粱放在了布袋里，然后扎紧，又将荞麦装在了上边。她准备回家以后找到多余的麻袋，然后给王婶送过去，可是就在张姐回家的路上，正好遇到了拿着相同布袋的王婶。她们在没有任何其他容器的情况下，却把各自的粮食都装到了自己的布袋里，你知道是怎么回事吗？

✿ 第 76 天　他们来自哪里

一天，某著名的旅游城市来了 5 个外国游客，他们分别是来自罗马、新德里、费城、华盛顿和巴西利亚。他们 5 个人恰好住进了一个旅馆。

以下是他们闲聊时的对话。

A 说："我曾经到过北美洲，但还没有去过南美洲。下个月，我准备去罗马旅游。"

B 说："去年，我曾经在费城旅游过。下个月，我也要准备去罗马旅游。"

C 说："去年，我到过费城，那是我去美国的第一站。"

D 说："我从没有去过费城，这是我第一次出国旅游。下个月，我要去欧洲或者去南美洲。"

根据上述 4 个人的谈话，请你确认这 5 位外国游客分别来自哪里。

✿ 第 77 天　海盗分金币

5 个海盗抢得 100 枚金币后，讨论如何进行公正分配。他们商定的分配原则是：

（1）抽签确定各人的分配顺序号码（1、2、3、4、5）；

（2）由抽到 1 号签的海盗提出分配方案，然后 5 人进行表决，如果方案得到超过半数的人同意，就按照他的方案进行分配，否则就将 1 号扔进大海喂鲨鱼；

（3）如果 1 号被扔进大海，则由 2 号提出分配方案，然后由剩余的 4 人进行表决，当且仅当超过半数的人同意时，才会按照他的提案进行分配，否则他也将被扔入大海；

（4）依此类推。

这里假设每一个海盗都是绝顶聪明而理性，他们都能够进行严密的逻辑推理，并能很理智地判断自身的得失，即能够在保住性命的前提下得到最多的金币。同时还假设每一轮表决后的结果都能顺利得到执行，那么抽到 1 号的海盗应该提出怎样的分配方案才能使自己既不被扔进海里，又可以得到更多的金币呢？

✿ 第 78 天　三人住店

有 3 个人去住旅馆，住三间房，每一间房 10 元，于是他们一共付给老板 30 元。第二天，老板觉得三间房只需要 25 元就够了，于是叫小弟退回 5 元给 3 位客人，谁知小弟贪心，只退回每人 1 元，自己偷偷拿了 2 元。这样一来，便等于那三位客人每人各花了 9 元，于是 3 个人一共花了 27 元，再加上小弟独吞了 2 元，总共是 29 元。可是当初他们 3 个人一共付出 30 元，那么还有 1 元呢？

✡ 第 79 天　副经理姓什么

一家公司有 3 名职员：老张、老陈和老孙。公司的经理、副经理和秘书恰好和这 3 名职员的姓氏一样。现在已知：

（1）职员老陈是天津人；

（2）职员老张已经工作了 20 年；

（3）副经理家住在北京和天津之间；

（4）领导老孙常和秘书下棋；

（5）其中一名职员和副经理是邻居，他也是一个老职工，工龄正好是副经理的 3 倍；

（6）与副经理同姓的职员家住北京。

根据上面的资料，你能知道副经理姓什么吗？

✡ 第 80 天　领导的疑惑

张、王、赵、李 4 位同事中有一位同事为四川汶川县灾区捐款 2000 元，当 4 位同事的领导询问时，他们分别这样回答：

张：这 2000 元不是我捐的。

王：这 2000 元是李捐的。

赵：这 2000 元是王捐的。

李：这 2000 元不是我捐的。

这 4 人中只有一个人所言属实，你可以帮领导判断出是哪一位下属捐的 2000 元吗？

参考答案

第 26 天　黄鸟：4 厘米的红色虫子。白鸟：3 厘米的黑色虫子。黑鸟：6 厘米的红色虫子。绿鸟：5 厘米的黑色虫子。

第 27 天 A。

从（1）、（2）、（4）结合，可以判断作家不是中文系和机械系的，因此，作家是化学系的。（5）、（6）结合，可以推出乙不是化学系和机械系的，因此乙是中文系的，那么从（6）中还可以推出丙是化学系的，因此丙是作家。又因为从（3）可以推出机械系的不是大学校长，因此得出乙是大学校长，最后剩下甲毕业于机械系是市长。

第 28 天 按条件（2）和（3），肯尼亚选手不是乙也不是丙，一定是甲。开始匹配：排除填空。对照选项，正确选项是 C。

第 29 天 本题偷换了概念，剩余两门概率相同。

第 30 天 不能。由（1）知：标有日期的信——用粉色纸写的；由（2）知：丽萨写的信——以"亲爱的"开头；由（3）知：不是约翰写的信——不用黑墨水；由（4）知：收藏的信——不能看到；由（5）知：只有一页信纸的信——标明了日期；由（6）知：不是用黑墨水写的信——做标记；由（7）知：用粉色纸写的信——收藏；由（8）知：做标记的信——只有一页信纸；由（9）知：约翰的信——不以"亲爱的"开头。

综上所知：丽萨写的信——不是约翰写的信——不是用黑墨水——做了标记——只有一页信纸——标明了日期——用粉色写的——收藏起来——皮特不能看到。所以，皮特不能看到丽萨写的信。

第 31 天 由（6）可知，音乐家肯定是老张。由（4）可知，数学家和音乐家肯定是两个人，老张不会是数学家。由（3）可知，老张不是化学家。由（2）可知，老张也不是教育家和美术家，至此我们可以确定老张是个文学家。由（1）和（2）可知，美术家不会又是教育家或数学家，可见美术家和化学家是同一个人。因此，教育家和数学家也一定是同一个人。由（5）可知，教育家是老王，数学家也是他。那美术家和化学家必然是老李了。

第 32 天 如果是黑色的，那么 3 句话都是正确的；如果是银色的，前两句是正确的，第三句是错误的；如果是红色的，3 句话都是错误的。所以只有银色符合条件。

第 33 天 智者可以随便问其中任何一位武士：请你告诉我，对于手中拿的是美酒还是毒酒的问题，另一名武士将如何回答？如果接受提问的武士回答说他手里拿的是毒酒，那么事实上另一名武士手里拿的肯定是美酒。因为如果武士 A 说的是真话，另一名说假话的武士 B 就会说他手里拿的是毒酒，由武士 B 的回答，可以推知武士 A 拿的应该是美酒；如果武士 A 说的是假话，武士 B 的回答就是他手里拿的是美酒。也就是说，不管这 A、B 两名武士谁说真话谁说假话，只要被提问的其中一个武士回答说对方手里拿的是毒酒，则事实上另一名武士手里拿的肯定是美酒。同理，如果接受提问的武士回答说：他手里拿的是美酒，则事实上另一名武士手里拿的肯定是毒酒。

第 34 天 说真话的（老二和老四）不可能说"我是长兄"，所以，丁的话是假的，由此可知，丁不是老大，而是老三。那么，乙就不是老三了，丙的话就是真的，丙就是老二或者老四。

假设甲说的是真话，丙和甲就是老二和老四（顺序暂时未知），乙就是老大了，则甲又在撒谎，这是相互矛盾的。所以，甲是老大。

从甲的话（假话）可知，乙是老二，丙是老四。

所以甲是老大，乙是老二，丙是老四，丁是老三。

第 35 天 由第一个人的回答可以判断：四人之中一定有说实话的人（若四人都是说谎的人，那么谁也不会说"我们四人全是说谎的人"），所以第一个人是说谎的人。由第二、第三人的回答可以判断：第二人是说谎的（因为他的话如果是实话，则第二、第三和第四人应该是说实话的，即第二和第三人的回答应一致，但实际上他们的回答是矛盾的，故第二人的话不可能是实话）。

下面再来看第三人，如果第三人是说谎的，则由第一个判断可知第四人是诚实的。如果第三人说的是真话，那么由他的回答可以推定第三、第四两人是说实话的。即无论第三人是说实话还是说谎话，都能推出第四人说实话。

第 36 天 D。

在上述内容中，兄弟俩说的"野鸭子吃小鱼"和"野鸭子吃小虾"都有可能性，也许一部分野鸭子吃小鱼，另一部分野鸭子吃小虾，也许是野鸭子小鱼和小虾都吃。因此他们的话不矛盾，只是他们的思想很片面，只看到了野鸭子某一种行为，各执一词，争论不休。在 D 选项中，爸爸用他们俩的爱好进行类比，说明每个人都有不同的爱好，每个人也有不同的行为。因此比喻得当，兄弟俩也就服气了。

第 37 天 是孙射中的。理由如下：周、吴观点与王、赵观点相对，也就是说其中有两人的观点是正确的，那么根据题意剩下的一个正确观点的人在钱、李、孙、郑中产生。假设钱说的为对，则会导致郑也为对，因此不符合；假设李为对，则也会导致郑为对，仍然不符合；假设孙为对，则导致李也对，还是不符合；只有郑对非孙射中满足，按此就有郑、周、吴三人观点正确，用排除法，最后只有孙了。

第 38 天 20 位大臣都立刻杀了自己的侍卫。假设大臣只有 A、B 两个人，A 大臣肯定会想：B 肯定知道我的侍卫好坏。如果我的侍卫是好人，他肯定会杀了他的侍卫，结果就会刊登在第二天的报纸上。如果早上的报纸没有刊登这条消息，那么我就在第二天杀了我的侍卫……以此类推。到第 20 天，报纸没有刊登消息，那么所有的大臣就都杀了自己的侍卫。

第 39 天 这个案件可以从分析 A、B、C 三者的口供入手。从 A 的口供入手更好一些。A 说："我既然被捕了，当然要编造口供，所以我并不是一个十分老实的人。"分析这句话，就可以推定 A 的口供有真有假。因为，如果 A 的口供全是真的，那么他就不会说自己编造口供；如果 A 的口供全是假的，那么他就不会说自己不十分老实。既然 A 的口供有真有假，那么 B 的口供或者是全真的，或者是全假的。而 B 说："A 从来不说真话。"由此可见，B 的这句话是假的，这就可判定 B 的话不可能是全真的，而是全假的。既然 B 的话全假，那么 C 的话是全真的。而 C 说 A 是杀掉下院议员的罪犯，B 不是盗窃作案者，所以 B 是强奸犯，而盗窃油画的罪犯只能是 C 本人了。

第 40 天 可用排除法求解。

由 (1)、(2)、(4)、(5) 可知，A、B 没有在玩游戏，C 也没有在玩游戏，因此玩游戏的只能是 D；但这与 (3) 的结论相矛盾，所以 (3) 的前提肯定不成立，即 A 应该是上网聊天；在 (4) 中 C 既没有在看书又没有在玩游戏，由前面分析，C 不可能在上网聊天，所以 C 在写作业，而 B 则是在看书。

第 41 天　先假设 D 猴说的是真话，它吃了 1 个桃子。那么 D 猴说的就不可能是真话，只能是撒了谎，它吃了 2 个桃子。也就是说：B 猴吃的不是 2 个桃子，而是 1 个桃子。现在，C 拿着的桃子数量是 3 个。因为 B 猴吃了 1 个桃子，所以它说的是实话，即 A 猴还剩 4 个桃子，D 猴还剩 2 个桃子，那么 D 猴最初摘了 4 个桃子。如果 C 说的是真话，那么它吃了 1 个桃子，最初摘的桃子数量为 4 个，与 D 猴最初摘的桃子数量相同，与前提矛盾，所以 C 没有说真话，它吃了 2 个桃子，最初应该是摘了 5 个桃子。因为 C 猴吃了 2 个桃子，所以 A 撒了谎，它吃了 2 个桃子，那么它最初摘了 6 个桃子。A 猴原有 6 个桃子、C 猴原有 5 个桃子、D 猴原有 4 个桃子，根据前提 "4 只贪心的猴子摘的桃子数量不同，在 4~7 个之间"，B 原有的桃子数量只能是 7 个。所以，A 猴原有 6 个，吃掉 2 个，还剩 4 个；B 猴原有 7 个，吃掉 1 个，还剩 6 个；C 猴原有 5 个，吃掉 2 个，还剩 3 个；D 猴原有 4 个，吃掉 2 个，还剩 2 个。

第 42 天　D 的前额上系的是白色的圆牌。推理过程如下：如果 E 说的是真话，那么他额头上系着白牌，A、B、C、D 四人额头上也系着白牌，他们讲的就是真话。那么，他们应该都说："我看见 4 块白牌。" 但他们都没有这么说，所以 E 说的不是真话，即 E 额头上系的不是白牌，而是黑牌。如果 B 说的是真话，即他额头上系着白牌，那么除 B 以外的 A、C、D、E 系的都是黑牌，这与 C 所说相互矛盾。所以，B 说的不是真话，即 B 额头上系的是黑牌。如果 A 说的是真话，即他额头上系着白牌，那么除 A 之外，还有 3 人额头上系着白牌，只有 1 人系着黑牌。但是，从前面的推论中，我们已经知道 B、E 系的是黑牌。所以，A 说的不可能是真话，A 系的也是黑牌。如果 C 说的是假话，即他额头上系着黑牌，而 D 系的应该也是黑牌。那么，B 所说的话 "我看见 4 块黑牌" 就成了真话，但前面已经推出 B 说的是假话。所以，C 说的不可能是假话，他说的一定是真话。既然 A、B 系的都是黑牌，那么就只有 D 系的是白牌了。

第 43 天 无论第一个人是哪个民族，他回答的话必定是："我是宝宝人。"因而第二个人说的是真话，他是宝宝族；第三个人说的是假话，他是毛毛族。于是第一个人必定是宝宝人了。

第 44 天 财宝在第二个箱子里。如果第一个箱子上的话全是真的，可以看出第二箱子上的话也是真的，这显然是不可能的，所以第一个箱子上的话不可能全是真的。那么，它的假话就有 3 种可能：前半部分是假的，后半部分是真的；后半部分是假的，前半部分是真的；前后都是假的。如果前半部分是假的，后半部分是真的，则财宝在第一个箱子里。而且，第二个箱子上的话就是假的，根据它的提示，可得出财宝在第二个箱子里，这与前面的结论相矛盾；如果后半部分是假的，前半部分是真的，可得出珠宝在第二个箱子里，且第二个箱子上的话是真的。既然第二个箱子上的话是真的，那么第一个箱子上的话就全是假的，这与前面的假设相矛盾。因此，可能的情况只能是：第一个箱子上的话全是假的。由此可推出财宝在第二个箱子里，且第二个箱子上的话也全是假的。所以，财宝应该是在第二个箱子里。

第 45 天 将所列条件加上"如果……那么……"问题就方便多了：（1）如果穿燕尾服，那么一定是超过 16 岁的。(2) 如果戴大礼帽，那么就是超过 15 岁的。(3) 如果星期六下午观看棒球比赛，那么就戴大礼帽，或穿燕尾服，或两者俱全。(4) 如果带伴，或超过 16 岁，或既带伴又超过 16 岁，那么就不准穿毛衣。换句话说，如果穿毛衣，那就既不带伴，又不超过 16 岁。(5) 如果看球赛，那就穿毛衣。所以，星期六下午看球赛的男生穿戴情况：根据 (5)，穿毛衣；根据 (4)，不带伴，不超过 16 岁；根据 (1)，不穿燕尾服；根据 (3)，戴大礼帽；根据 (2)，超过 15 岁。

第 46 天 小红分苹果遇到的困难，是由于她还不懂逻辑划分的知识。所谓划分，就是把一个大类分成若干小类。逻辑划分的要求是小类相加必须等于被划分的大类；小类之间不能交叉重叠；每次划分只能有一个根据，不允许对一类事物在一次划分时使用不同的根据。如果违背了这些规则，就要犯"小类相容"、"混淆根据"的逻辑错误。

第 47 天 由于只有一人说对了，就先找矛盾。

王教官与李教官的话矛盾，两人的话肯定有一真一假。

假设王教官说得对，则赵教官的话是假的，这与题干恰好相符。

我们可以得出结论：选项中符合王教官的命题或者与李、赵二位教官相反的命题即为真命题。故正确选项是 D。

第 48 天 不管 A 是不是盗窃犯，他都会说自己不是盗窃犯。如果 A 是盗窃犯，那么 A 是说假话的，这样他必然说自己不是盗窃犯；如果 A 不是盗窃犯，那么 A 是说真话的，这样他也必然说自己不是盗窃犯。在这种情况下，B 如实地转述了 A 的话，所以 B 是说真话的，因而他不是盗窃犯。C 有意地错述了 A 的话，所以 C 是说假话的，因而 C 是盗窃犯。

第 49 天 甲：1100 米；乙：1200 米；丙：800 米；丁：900 米；戊：1000 米。

第 50 天 根据陈述中的假设，（1）和（2）中只有一个能适用于实际情况。同样，（3）和（4），（5）和（6），也是两个陈述中只有一个能适用于实际情况。根据陈述中的结论，（1）和（5）不可能都适用于实际情况。同样，（2）和（3），（4）和（6），也是两个陈述不可能都适用于实际情况。因此，要么（1）、（3）和（6）组合在一起适用于实际情况，要么（2）、（4）和（5）组合在一起适用于实际情况。如果（1）、（3）和（6）适用于实际情况，则根据这些陈述的结论，导演是费伊，一位布莱克家的女歌唱家。于是担任电影主角的是埃兹拉，一位布莱克家的男歌唱家。如果（2）、（4）和（5）适用于实际情况，则根据陈述中的结论，导演是亚历克斯，一位怀特家的男舞蹈家。于是担任电影主角的是埃兹拉，一位布莱克家的男歌唱家。因此，无论是哪种情况，担任电影主角的都是埃兹拉。

第 51 天 甲和丙的预测相矛盾，其中必有一真，这样，丁和乙都预测错误，也就是说辽宁队前三名不只拿了一个，辽宁队和山东队都没拿到第一名，这样可知前三名顺序是：河北、辽宁、辽宁。故选 D。

第 52 天 B。

根据条件（1）与条件（2）可以直接推出自行车在高速公路上不允许行驶，所以 I 对。"小张的汽车只有在双日才被允许驾驶在高速公路上"是必要条件的判断，肯定前者不能肯定后者，因此即使今天是双日小张的汽车仍然可能不被允许在高速公路上行驶，所以Ⅱ对，即使汽车的时速超过 60km，也不一定就在高速路上，在其他的路上也可以。所以Ⅲ不对。

第 53 天 在这场官司中，师生二人都运用了一个二难推理，使对方陷于进退两难的地步，法官也被弄得无所适从。要判决就要依据协议；要依据协议，就要涉及本案的判决，必然使法官陷入一种互为根据的恶性循环。但是逻辑上能解决这个问题，逻辑上要求一个正确推理，前提必须真实，既然是打官司，就必须以判决为依据，如果再根据协议，那么根据协议的前提就是假的。如果师生按协议解决，再根据判决，那么根据判决的前提就是假前提。

第 54 天 不对，某人与工商行政部门不是平等主体。

第 55 天 假设 A 说的前半部分"第二个魔球里装的是蓝色钻石"是对的，那么 E 所说"第二个魔球里装的是黑色钻石"就是错的，而"第五个里装的是蓝色"就是对的，也就是说第二个、第五个魔球里装的钻石都是蓝色的。这与"每人猜对的颜色都不同"不符，所以前半部分是错的，而后半部分"第三个里面装的是黑色钻石"是正确的。由此推及，D 所说的"第三个魔球里装的是绿色钻石"是错的，而"第四个里装的是黄色钻石"是对的；推而论及，B 所说的"第四个里面装的是红色钻石"是错的，而"第二个魔球里装的是绿色钻石"是对的。所以，E 所说"第二个魔球里装的是黑色钻石"是错的，而"第五个里装的是蓝色钻石"是对的；因此，C 所说的"第五个里面装的是黄色钻石"是错的，而"第一个魔球里装的是红色钻石"是对的。最后的答案是：从第一个到第五个魔球里装的钻石颜色分别是：红色、绿色、黑色、黄色、蓝色。

第 56 天 由条件 1 可知，在 F 和最后一个人之间有 2 个人，因此 F 的后面应该有 3 个人，F 排在倒数第 4 位，正数应该排在第 3 位；A 前面至少有 4 个人，队伍共有 6 人，那么前面可以有 4 人或 5 人，但他没在最后，故只能是排在第 5 位；D 的前后至少都有两个人，那么在 6 人的队伍中，D 可能的位置是第 3、第 4 位，前面已知 F 排在第 3 位，所以 D 应排在第 4 位。现在，剩下的次序还有第 1、第 2、第 6 位，没确定顺序的还有 B、C、E。由条件 5 可知，C 没有排在最前，也没有排在最后，所以只能排在第 2 位。再由条件 2 可知，E 不是最后一个人，他应该排在第一位。剩下的 B 排在第 6 位。综上，这 6 个人排队的顺序分别是 E、C、F、D、A、B。

第 57 天 根据以上所述，首先打开第一个开关 10 分钟，再关上，当打开第二个开关时，进去。这时所亮的灯由第二个开关控制，不亮的灯可以用手摸一摸，如果灯泡热的话，那么由第一个开关控制，则另一个由第三个开关控制着。

第 58 天 题 1 选 A。因为选 B 违反已知条件 1；选 C 违反已知条件 2；选 D 违反已知条件 3；选 E 违反已知条件 2。因此，只有选 A 有可能正确。题 2 选 E。根据已知条件可推断：除了路易丝外其他人都不会弹钢琴。而每场演出中他们每人都得演奏一件乐器，且所有的 5 种乐器都得用上。因此，尽管她会演奏任何一种乐器，但每次演出时，路易丝一定弹钢琴。题 3 选 B。根据已知条件 1 得知，凯伦只能演奏班卓琴，因此这一判断不能成立。题 4 选 D。由已知条件已经知道凯伦演奏班卓琴，杰克吹口琴，路易丝弹钢琴，而吉他和击鼓，或由南希或由马克来承担。这就是说，要么南希击鼓马克弹吉他，要么南希弹吉他马克击鼓，现已知南希击鼓，因此可推知马克肯定弹吉他。

第 59 天 根据本题的内容可以知道这是一个相对概率而不是绝对概率，相对来说，红＞黄；黄＞绿；绿＞红，相当于剪刀包袱锤的情况，由此推理应选择 D。

第 60 天 逻辑学家之所以猜中，是形式逻辑中的排中律帮助了他。金匣上面写的"肖像在这个匣中"，铅匣上面写的"肖像不在金匣中"，这是一组互相矛盾的判断。按照排中律，两者之间必然有一个是真的，一个是假的，没有第三种情况会出现。而鲍西娅又指出，3 句话中只有一句是真话。金匣、铅匣中已经有一句真话了，那么银匣上的话肯定是假话，而银匣上的话是"肖像不在这个匣中"。据此断定，肖像肯定就在其中。

第 61 天 走第三条路。

如果第一个路口写的是真话，那么，它就是出口，那么第二个路口上的话也是正确的，这和只有一句话是真话相矛盾。

如果第一个路口写的是假话，第二个路口上的话是真的，那么它们都不是通往出口的路，所以真正的路就是第三条。

第62天 既然4个病人提供的证词都是假的，不妨先把他们每个人的话反过来，使其变为真实的证词。A：杀害医生的人就在我们4个人之中。我离开医生住处的时候，医生已经死了。B：我不是第二个到医生住处的人。我到的时候，医生还活着。C：我不是第三个到医生住处的人。我到的时候，医生已经死了。D：我到达医生住处的时候，医生还活着。根据上述真实证词，A、C应该是在B、D之后去的医生住处，根据B的真实证词，他不是第二个到医生住处的人，他是第一个到的人，D是第二个到的人；根据C的真实证词，C不是第三个到医生住处的人，他是第四个到的人，A是第三个到的人。根据C、D的真实证词，D到医生住处的时候，医生还活着。但在第三个去医生住处的A离开的时候，医生已经死了。因此可以确定杀害医生的人就是A。

第63天 方块5。理由为：

根据M："我不知道。"可以推出牌一定在A、Q、5、4中。然后，根据N先生："我知道你不知道。"可以得出牌的花色一定不是黑桃和草花，而是花色在红桃和方块中。

M也对此进行了分析，红桃：A、Q、4；方块：A、5。

而此时M说："现在我知道了。"如果是A，就会有红桃和方块两种可能，M就得不出答案，显然的M从老师那得知的这张牌的点数不会是A，那么M先生手里的牌可能是红桃Q，可能是红桃4，也可能是方块5。

根据N说："我也知道了。"显然假设是红桃的话，N不可能得到答案，因为红桃有两张牌，即Q和4，所以这张牌必定是方块的，因此唯一的选择是方块5。

第64天 题1选E。由已知条件2便可推知，其他选择根据不足。题2选D。既然海泽尔生于罗伊之前（本题题意）又死于罗伊之后（已知条件3），那么他的寿命肯定比罗伊长。由已知条件1，可知罗伊生于约翰之前，由已知条件3，可知海泽尔死于约翰之后，因此又可推出海泽尔比约翰寿命长。至于斯特拉，没有资料表明他的出生时间，因而无法推断他是否比海泽尔寿命短。因此判断1和判断2肯定正确，而判断3则不一定正确。题3选B。既然约翰死于罗伊之前，海泽尔又出生于罗伊死之后，那么海泽尔也肯定生于约翰死之后，因此该判断正确。其他各判断都由于证据条件不足而无法推断。题4选B。根据已知条件1，罗伊生于约翰之前，可推出A肯定错；根据已知条件2，斯特拉死于罗伊之前；又根据题意海泽尔生于罗伊死后，可推断C、D、E是错误的。只剩下B这一判断有可能是正确的。

第65天 D。

根据上述内容所做的类比分析是：针对飞机的发明、设计制造和改进并不是基于对鸟的研究，由此，所谓人工智能的研究也不是针对人思维的生理和心理机制的研究。显然是把对人类思维的生理和心理机制的研究基于对鸟的研究；把人工智能的研究基于对飞机的发明、设计制造和改进。D项和C项都与上述的问题相干，但显然D项比C项列恰当。

第66天 甲说"五（1）班第一"是对的，丙说"五（1）班第二"是错的；那么，丙说"六（2）班第三"是对的。由此又推出，乙说"六（2）班第四"是错的，当然乙说"六（1）班第二"是对的。前三名已有了，第四名只能是五（2）班了。

第67天 根据题意，第一个进来的女同学给每个男生送了一件小礼物；第二个进来的女同学，除了1名男生外，也给其余的每个男生送了一件小礼物。由此可以知道，进入会场的女同学的数目，总是比没有得到礼物的男同学的数目多1。设共有Y个女生，当最后一个（第Y个）女生进入会场时，她给9个男生送了小礼物，不给Y−1个男生送小礼物，可见男生数为Y+8，说明这个班的男生比女生多8人。又知道全班共有男女生50人，这样就可以求出这个班的男生有（50＋9−1）÷2＝29人。

第68天 从题意中可知，说真话的只有小妹和二姐，这两人是不可能说"我是大姐"的，所以罗音在撒谎，她不是大姐，应该是三姐。那么，罗特所说的"罗莎不是三姐"就是真话了，罗特应该是二姐或者是小妹。假设罗拉说的是真话，罗特和罗拉就是二姐和小妹，罗莎就是大姐了，则可以推出罗拉又是在撒谎，两者互相矛盾。所以罗拉在撒谎，她应该是大姐。因为罗拉说的是假话，所以罗莎比罗特年龄大，罗莎应该是二姐。最后，罗特是小妹。综上所述，这4个孪生姐妹的年龄从大到小的顺序依次是：罗拉、罗莎、罗音、罗特。

第69天

设舀7两的勺子为A，舀11两的勺子为B。倒法如下：

A B

7 0

0 7 （A倒入B）

7 7

3 11 （A倒入B）

3 0

0 3 （A倒入B）

（2×7−11＝3）

7 3

0 10 （A倒入B）

7 10

6 11 （A倒入B）

6 0

0 6 （A倒入B）

（2×7＋3−11＝6）

7 6

2 11 （A倒入B）

（1×7＋6 −11＝2）

A勺中有2两酒。

第70天 如果C说的是真话，那么D说的也是真话，从而得出A说的也是真话。由此推理上次的第一名应该是 A 或 D。但是，无论 A、D 谁是上次的第一名，则 C 与 D 的话至少有一个会变成假话，这与前面的结论矛盾。所以，C 说的只能是假话，它的名次下降，而 D 的名次也没有上升。因为 C 不是上次的第一名，这次又名次下降，所以这次的名次肯定是在第三名或第四名。而 B 说："C 这次是第二名。"由此可得出 B 说的也是假话，它的名次也下降了。如果 D 说的是假话，而同时其他三只兔子的名次也全都下降了，也是不合理的。所以，D 说的是真话，它的名次既没上升，也没下降。上次赛跑中，C 既不是第一名，也不是第二名，而是第三名，这次是第四名；同样名次下降的 B 这次是第三名；这次赛跑中，A 从上次的第四名上升了；在两次赛跑中，D 的名次都没有变化，都是第一名。所以，这次 A 的名次是第二名。最后的结论是：A 兔上次是第 4 名，这次是第 2 名；B 兔上次是第 2 名，这次是第 3 名；C 兔上次是第 3 名，这次是第 4 名；D 兔上次是第 1 名，这次也是第 1 名。

第 71 天 将 12 个球编号为 1~12。

先将 1~4 号放在左边，5~8 号放在右边。

(1) 如果右重，则坏球在 1~8 号中。

将 2~4 号拿掉，将 6~8 号从右边移到左边，把 9~11 号放在右边。就是说，把 1、6、7、8 放在左边，5、9、10、11 放在右边。

①如果右重，则坏球在没有被触动的 1 号和 5 号中。如果是 1 号，则它比标准球轻；如果是 5 号，则它比标准球重。

将 1 号放在左边，2 号放在右边。

如果右重则 1 号是坏球，且比标准球轻；如果平衡则 5 号是坏球，且比标准球重；这次不可能左重。

②如果平衡则坏球在被拿掉的 2~4 号中，且比标准球轻。将 2 号放在左边，3 号放在右边。

如果右重则 2 号是坏球，且比标准球轻；如果平衡则 4 号是坏球，且比标准球轻；

如果左重则 3 号是坏球，且比标准球轻。

③如果左重则坏球在拿到左边的6~8号中，且比标准球重。将6号放在左边，7号放在右边。

如果右重则7号是坏球，且比标准球重；如果平衡则8号是坏球，且比标准球重；如果左重则6号是坏球，且比标准球重。

（2）如果天平平衡，则坏球在9~12号中。将1~3号放在左边，9~11号放在右边。

①如果右重则坏球在9~11号中，且坏球较重。将9号放在左边，10号放在右边。

如果右重则10号是坏球，且比标准球重；如果平衡则11号是坏球，且比标准球重；如果左重则9号是坏球，且比标准球重。

②如果平衡则坏球为12号。

将1号放在左边，12号放在右边。

如果右重则12号是坏球，且比标准球重；这次不可能平衡；如果左重则12号是坏球，且比标准球轻。

③如果左重则坏球在9~11号中，且坏球较轻。将9号放在左边，10号放在右边。

如果右重则9号是坏球，且比标准球轻；如果平衡则11号是坏球，且比标准球轻；如果左重则10号是坏球，且比标准球轻。

（3）如果左重，则坏球在1~8号中。

将2~4号拿掉，将6~8号从右边移到左边，把9~11号放在右边。就是说，把1、6、7、8放在左边，5、9、10、11放在右边。

①如果右重则坏球在拿到左边的6~8号中，且比标准球轻。

将6号放在左边，7号放在右边。

如果右重则6号是坏球，且比标准球轻；如果平衡则8号是坏球，且比标准球轻；

如果左重则7号是坏球，且比标准球轻。

②如果平衡，则坏球在被拿掉的2~4号中，且比标准球重。

将2号放在左边，3号放在右边。

如果右重则 3 号是坏球且比标准球重；如果平衡则 4 号是坏球且比标准球重；如果左重则 2 号是坏球且比标准球重。

③如果左重，则坏球在没有被触动的 1 号和 5 号中。如果是 1 号，则它比标准球重；如果是 5 号，则它比标准球轻。

将 1 号放在左边，2 号放在右边。

这次不可能右重；如果平衡则 5 号是坏球，且比标准球轻；如果左重则 1 号是坏球，且比标准球重。

第 72 天 如果甲是 A 国人，说的是真话，问甲："如果我问乙哪条路是安全之路，他会指哪条路?"他指出的乙说的路就是错误的，另一条路就是正确的。

如果甲是 B 国人，说的是假话，同样的问题问甲，因为乙说真话，甲会和乙的答案相反，那么另一条路就是正确的。

第 73 天

根据（1），谋杀犯的坐法当如下二者之一（m 代表谋杀犯）：

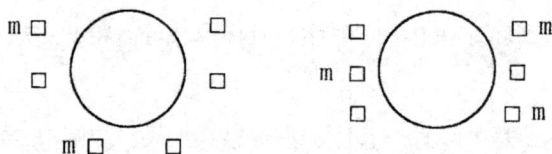

根据（2），勒索犯的坐法当如以下二者之一（e 代表勒索犯）：

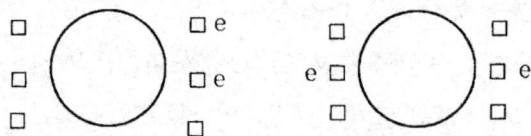

根据（3），诈骗犯的坐法当如以下三者之一（s 代表诈骗犯）：

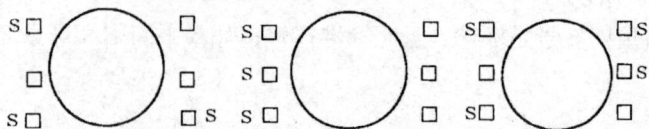

根据（4），盗窃犯的坐法当如以下四者之一（t 代表盗窃犯）：

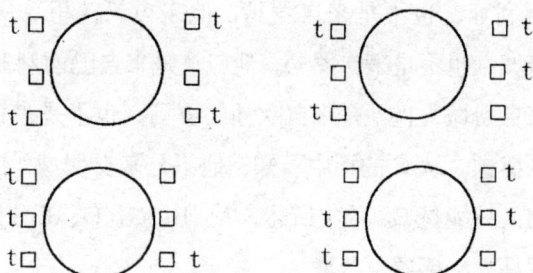

根据（5），如果有一个人犯了所有这 4 种罪，则其他 5 人每人犯的罪不会超过一种。但是，根据以上的坐法，至少有 2 个谋杀犯、2 个勒索犯、3 个诈骗犯、4 个盗窃犯围桌而坐。因此，不可能有人犯了所有这 4 种罪。同样，也不可能有一个人犯了 2 种罪，而同时其他 5 人每人只犯一种罪。因此，根据（6），犯罪最多的那个人是犯了 3 种罪。于是，根据以上的坐法，有一个人犯了 3 种罪，有 3 个人每人各犯了 2 种罪，有 2 个人每人各犯了一种罪。因此，恰有 2 个谋杀犯、2 个勒索犯、3 个诈骗犯和 4 个盗窃犯。根据（8）和（9），某些犯罪类型可以与具体人物结合如下：

根据从（3）导出的可能犯罪情况，并根据（10），情况变成以下二者之一：3 个女人全是诈骗犯，或是阿斯特的妻子和克兰的妻子是诈骗犯。

根据从（4）导出的可能犯罪情况，并根据（5）和（7）；根据从（2）导出的可能犯罪情况，并根据（5）和（7）；根据从（1）导出的可能坐法，并根据（5）和（7），得出结论，布赖斯的妻子所犯罪的数目超过了其他人。

第 74 天 甲、乙、丙三人说的话，并不是肯定的判断。那么我们可以这样分析：如果甲得优秀，则乙、丙、丁都得优秀，这与实际不符；如果乙得优秀，则丙、丁也得优秀，也与实际不符。因此，只有丙、丁得优秀，才符合实际情况。所以丙、丁优秀。

第 75 天 这道题重要的是如何利用现有的布袋。先把王婶的布袋翻过来，把张姐的荞麦倒入王婶的布袋里，扎上绳子。然后把王婶的布袋的上半截翻过来，倒入高粱。再解开王婶布袋的绳子，把下面装的荞麦倒入张姐的布袋里。

第 76 天 从 A 的话中可知，他不是来自北美洲的费城和华盛顿，也不是来自南美洲的巴西利亚，也不是来自罗马，他来自新德里。从 B 的话中可知，他不是来自费城，也不是来自罗马，他应该是来自巴西利亚。从 D 的话中可知，他不是来自费城，也不是来自欧洲的罗马，也不是来自南美洲的巴西利亚，他来自华盛顿。从 C 的话中可知，他不是来自费城，应该是来自罗马。而从费城来的人只能是 E。综上所述，A、B、C、D、E 分别是来自新德里、巴西利亚、罗马、华盛顿、费城。

第 77 天 1 号海盗分给 3 号 1 枚金币，4 号或 5 号 2 枚金币，自己则独得 97 枚金币，即分配方案为（97，0，1，2，0）或（97，0，1，0，2）。

第 78 天 27 不应加 2，而应减，也不存在少 1 元。

第 79 天 副经理姓张。

由条件（1）：老陈住在天津，条件（6）：与副经理同姓的人住在北京，可知：副经理不姓陈。

由条件（5）：副经理的邻居的工龄是副经理的 3 倍，条件（2）：老张有 20 年工龄，因为 20 不是 3 的倍数，所以副经理的邻居不是老张，而是老孙。

回到条件（6）：与副经理同姓的人住在北京，而老孙是副经理的邻居，再由条件（3）可知，老孙住在北京和天津之间。

因此，由条件（1）和以上结论可知，老张住在北京。

再结合条件（6）可得出结论，副经理姓张。

第 80 天

第一步：先从这道题的题干出发，运用演绎推理的方法，看一下王说的：这 2000 元是李捐的以及李说的：这 2000 元不是我捐的，这种说法是互相矛盾的，所以可以排除王、李捐的款。

第二步：可以由以上演绎推理出不是王、李捐的款，但真话是在这两个人之间，那么张、赵说的就是假话。可以很明确地推理出是张捐的款。

数字推理

✿ 第 81 天　凶手就是他

日本一名私家女侦探在越南调查一起黑帮凶杀案时，在她所住的酒店里被枪杀。附近的警长带着助手赶到现场，只见女侦探倒在窗下，胸部中了两枪，手里紧握着一只口红。

警长撩起她背后的窗帘一看，在玻璃上留着一行用口红写下的数字：809。他又从女侦探的提包中找出一张卷得很紧的小纸条，上面写着："已查到 3 名疑犯，其中一个就是凶手。这三个人是：代号 608 的光，代号 906 的岛，代号 806 的刚。"

警长沉思片刻，指着纸条上的一个人说："凶手就是他！"根据警长的推断，警方很快就将凶手逮捕归案了。

那么，你认为凶手会是谁？

✿ 第 82 天　猜数

魔术师背朝观众，请观众在纸上随意写两个数字，再把这两个数相加，得到第三个数，把第二、第三个数相加，得到第四个数，把第三、第四个数相加，得到第五个数，以此类推，写满 10 个数为止。例如，观众开始写下的是 8 和 5，就得到这 10 个数为：8、5、13、18、31、49、80、129、209、338。魔术师请观众把这 10 个数给他看一下。他的目光只在这 10 个数上一扫，立刻报出这 10 个数相加的总和等于 880。

请问，他怎么算得这样快？

✡ 第 83 天　第 13 号大街

伊瓦尔住在伦敦第 13 号大街，这条大街上的房子的编号是从 13 号到 1300 号。一次，好友拜伦想去拜访伊瓦尔，就给他打电话，想得知他所住的房子的号码。

电话接通，寒暄一番后，拜伦问道："你的房间号小于 500 吗？"伊瓦尔做了答复，但他讲了谎话。

拜伦又问道："它是个平方数吗？"伊瓦尔同样也作了答复，但没有说真话。

拜伦继续问道："它是个立方数吗？"伊瓦尔回答了并讲了真话。

拜伦最后问道："如果我知道第二位数是否是 1，我就能知道你房子的号码了。"

伊瓦尔告诉了他第二位数是否是 1，拜伦也讲了他所认为的号码。但是，拜伦说错了。

请问，你知道伊瓦尔住的房子是几号吗？

✡ 第 84 天　猎人分狼

5 个猎人经常一起去打猎。有一天他们一起去杀狼。在晚上整理猎物时发现：A 与 B 共杀了 14 只狼，B 与 C 共杀了 20 只狼，C 与 D 共杀了 18 只狼，D 与 E 共杀了 12 只狼。而且，A 和 E 杀的狼一样多。然后，C 把他的狼和 B、D 的狼放在一起平分为三份，各取其一。然后，其他的人也这么做。也就是 D 同 C、E 平分他们三人的狼，E 同 D、A 平分，A 同 E、B 平分，B 同 A、C 平分。这样分下来，每个人获得的狼一样多。在分的过程中，没有出现把狼分割成块的现象。那么，你能推算出每个人各打了多少只狼吗？

✡ 第 85 天　门牌号码

有个女人有两个儿子，格拉汗和福瑞德。福瑞德的年龄是格拉汗的 3 倍。福瑞德年龄的平方是格拉汗年龄的立方。如果把福瑞德的年龄减去格拉汗的年龄，就是这家人前门上的阶梯数。如果把格拉汗和福瑞德的年龄相加，就是他们前墙的栅栏条数。如把他们的年龄相乘，就是前墙上的红砖数目。如果你把最后 3 个数字加起来，就是这家人的门牌号码 297。格拉汗和福瑞德的年龄各是多少？

✡ 第 86 天　各有多少人民币

爸爸为了考考儿子的智力，给儿子出了道题。爸爸说："我手里有 1 元、2 元、5 元的人民币共 60 张，总值是 200 元，并且 1 元面值的人民币比 2 元的人民币多 4 张。儿子，给爸爸算算这三种面值的人民币各有多少张？"儿子眨了眨眼睛，摸摸脑袋，也不知道怎么算。你能算出来吗？

✡ 第 87 天　几张唱片

小南说："你那些爵士乐唱片还在吗？"

小熊："没有了。我已经把一半唱片和一张唱片的一半送给了小吴，又把剩下的一半唱片和一张唱片的一半送给了小海，我现在只剩下一张了。假如你能说出我原来有几张唱片，这张就送你。"

你知道小熊原来有几张唱片吗？

✡ 第 88 天　台历上的数字

今天早上，探长阿德尔曼被告知本市首富萨姆遭人绑架。通知他的是萨姆的夫人。接到电话，探长阿德尔曼迅速赶到萨姆的家。

萨姆夫人告诉阿德尔曼探长："两个小时以前，我接到一个陌生男子的电话，那人恶狠狠地说，'萨姆现在还活着，如果你希望他继续活下去，那么请你付给我50万美元……'接到电话我才知道丈夫遭人绑架，那是昨天晚上的事。"

探长阿德尔曼问："昨晚你在哪儿？"

萨姆夫人说："昨天是我母亲的生日，我回了父母家，今天早上才回来，没想到竟发生这种事。"

"罪犯没有告诉你如何交赎金吗？"探长问。

"他只是让我把50万准备好，什么时候交钱，交到什么地方，通过何种发生，他说，'我会再打电话通知你的，如果你报警，萨姆就会死'，我现在很害怕，他会杀了他。"萨姆夫人哭泣着说。

探长阿德尔曼又询问了萨姆家的仆人，仆人告诉他："没有看清罪犯的脸，印象中，有四十多岁，戴着墨镜，一顶黑色的帽子，帽檐压得很低……但从他进入萨姆的书房可以看出，来人肯定是萨姆先生的熟人，因为萨姆先生从不在书房接见陌生人。"

探长问完话以后，就开始勘察现场。书房里并没有发现外人的痕迹，即使在明显是"客人"用过的咖啡杯上也没留下指纹。鞋印留下了，但明显是经过处理的平底光面鞋，从这儿无法打开缺口。窗子打开了：从窗子到别墅的后门处，留下了萨姆先生的脚印和"客人"的平底光面鞋印。看来罪犯是逼迫萨姆先生从后门出去的。突然，探长阿德尔曼看到放在书桌上的台历上，潦潦草草地写着"7891011"几个数字，于是就问萨姆夫人："你昨天离开先生之前，看到过台历上有这些数字吗？"

"没有，萨姆从来没有在台历上记事的习惯。"

"那么，这说明这些数字十分重要，是萨姆先生刻意留下来的线索，很可能代表着罪犯的名字，或者是罪犯的地址。夫人，在最近一段时间里，萨姆先生得罪过什么人没？能给我提供一个可疑分子的名单吗？"

"德里克、比利斯、加森、梅奥……可是萨姆所得罪的人不一定是绑架者呀！"萨姆夫人不解地问。

探长阿德尔曼稍加思索，对萨姆夫人说："罪犯一定是他……"

那么，你知道探长指的是谁？根据是什么呢？

✦ 第89天　烙馅饼

某饼店来了3位顾客，他们想买饼，却又急着赶火车，所以一定要在规定的16分钟内烙出3块馅饼来。几个厨师都表示无能为力，因为要烙熟一块馅饼需要10分钟，每面各5分钟，而一口锅里一次只能放下两块馅饼，那么烙熟3块馅饼就得20分钟。

这时候，来了一位老厨师，听到他们的要求后，想了想说15分钟就可以烙好馅饼。聪明的你知道怎么烙出来吗？

✦ 第90天　6位数密码

一次，女间谍戴安娜奉命前往法国，刺探法国军情。为此，她必须设法结交当时的军官政要哈德曼将军。哈德曼将军在陆军部担任要职，面对性感美丽的戴安娜小姐，他疯狂地追求着。

不久，戴安娜便了解到哈德曼将军会经常将政府的重要文件带回家中，并锁在保险箱内。但保险箱的锁用的是拨号锁，只有拨对了号码，保险箱的门才能启开，而这号码又是绝密的，只有哈德曼将军一个人知道。

有一天，戴安娜来到哈德曼将军家中做客，她乘将军不备，在酒中做了手脚，加了安眠药，使将军沉沉睡去，之后立即来到将军的书房。当时已接近深夜两点了，而保险箱就在一座古大钟的旁边，但可惜无法知道保险箱号码。该号码由6位数字组成，若按照排列组合方式开启，则过于耗费时间。

突然，戴安娜想起将军是一位健忘的人，因此，保险箱号码定会记在手册或备忘录上，但她找遍了整间书房，也找不到密码的踪迹。正感到失望之余，突然墙上的挂钟引起了她的注意。她发现来到书房的时间是深夜2点，而挂钟上的指针指的却是6时45分12秒。这很可能就是拨号盘上的号码，否则挂钟为什么不走呢？但是6时45分12秒应该为64512，只有5位数，这是怎么回事呢？她进一步思索，终于找到了 6 位数，完成了刺探情报的任务。

你知道真正的密码是多少吗？

✿ 第 91 天　对表

艾弗里是个时间观念很强的人，他身上总是带着一只手表和一只怀表，时不时地拿出来对时间。

一天，有人在艾弗里家和他谈话，而他的侄子在楼下看电视。直到夜里 10 点，客人才起身告辞。但是第二天早上，艾弗里却被侄子发现摔死在楼梯上。楼梯上的地板有磕破的痕迹，显然是艾弗里在掉下来时跌跌撞撞所致。只见艾弗里的右手拿着怀表，怀表已经摔裂了，时针指向 1 点，但法医鉴定死者是在 12 点左右死亡的。这样说明怀表快了 1 小时。

"昨晚客人走后，我刚打算出去跟朋友喝酒，伯父在楼上叫我，说他忘了打开窗子，让我把窗子上下各打开 1 英寸。然后我就找朋友去了，12 点左右，我大声叫伯父开门，但是没人答应，我想着伯父是太累了没听到，就只好返回朋友家去睡觉了。谁想……"当警察询问时，侄子说。"我 10 点离开艾弗里家后，直接就回家睡觉了，我的仆人们可以作证。"客人说。

警方经过核实，两个最大的嫌疑人都可以证明案发时间自己不在现场，于是定案为自杀案。

但是死者的好友科林探长闻讯赶回来勘查现场后，却不这么认为，认为好友是被人谋杀的。

那么，你知道这是怎么回事吗？

✿ 第 92 天　竞赛成绩

小强参加学校举行的小学生知识能力竞赛，比赛结束后，乐乐问小强得了第几名，小强故意卖关子，说："我考的分数、名次和我的年龄的乘积是 1958，你猜猜看我得了第几名。"乐乐想了没多久就说出了小强的分数、名次和年龄。

那么，你知道小强多大吗？他的竞赛名次和分数呢？

✡ 第93天　猜年龄

两个好友在路上相遇。于是互相攀谈起来。甲对乙说："我记得你有 3 个女儿，她们现在多大了？"乙说："她们的年龄的乘积是 36，她们的年龄和恰好是今天的日期，也就是 13。""嘿，伙计，你还没告诉我你女儿的年龄呢。""哦，是吗？我的小女儿是黄头发的。"乙说。"那我知道你的 3 个女儿多大了。"甲答道。你知道乙的 3 个女儿的年龄吗？

✡ 第94天　距离是多少

方静是一个很爱看书的孩子，在她的书架上，摆满了各种学科的书籍，其中的一个方格里，摆的都是历史类书籍。在这个方格里，方静按历史的先后顺序从左到右摆放着，因为摆放的时间过长生了蛀虫。其中的一本《中国历史》，分为四本；每一本的总厚度有 5 厘米，封面与封底的各自厚度为 0.5 厘米。

如果蛀虫从第一本的第一页开始咬，直到第四本的最后一页，你能算出这只蛀虫咬的距离是多少吗？

✡ 第95天　6个人的说法

当地的一家博物馆发生了失窃案，许多艺术珍品被窃。警方经过调查，找到了 6 个可疑的人，并把他们带到警局查问，以下是他们 6 个人的说法：

亚恒说："窃贼不是阿道夫，不是安东尼，不是亚力士。"

阿道夫说："窃贼不是亚恒，不是安德烈，不是亚力士。"

安德烈说："窃贼不是阿道夫，不是伯得温，不是亚力士。"

安东尼说："窃贼不是亚恒，不是伯得温，不是安德烈。"

亚力士说："窃贼不是安德烈，不是安东尼，不是伯得温。"

伯得温说："窃贼不是安德烈，不是安东尼，不是亚恒。"

警察在侦破案件之后发现，6个人中有4个人撒了一次谎，而其他所有的说法都是真的。

请问：你能不能根据上面6个人的说法，找出谁是窃贼呢？

✿ 第96天 敲钟的速度

在一个寺院里，每天和尚都要敲钟，第一个和尚用10秒钟敲了10下钟，第二个和尚用20秒敲了20下钟，第三个和尚用5秒钟敲了5下钟。这些和尚各人所用的时间是这样计算的：从敲第一下开始到敲最后一下结束。这些和尚的敲钟速度是否相同？如果不同，一次敲50下的话，他们谁先敲完？

✿ 第97天 不得其解

张小树是概率论专业的研究生，他所在的大学靠近市中心的地铁站。

城市的东边有一个游泳中心，城市的西边有一个网球中心。张小树既爱好游泳，又爱好网球。每逢周末，他总站在地铁站面临着选择：去游泳呢，还是去打网球？最后他决定，如果朝东开的地铁先到，他就去游泳；如果朝西开的地铁先到，他就去打网球。

张小树在周末到达地铁站的时间完全是任意的、随机的，例如，有时是周六上午9：16，有时是周日下午1：37，等等，没有任何规律；而无论是朝东开的地铁，还是朝西开的地铁，都是每10分钟一班，即运行的时间间隔都是10分钟。因此，张小树认为，每次他去游泳还是去打网球，概率应该是一样的，正像扔一枚硬币，国徽面朝上和币值面朝上的概率一样。

一年下来，令张小树百思不得其解的是，用上述方式选择的结果，他去游泳的次数占了90%以上，而去打网球的次数还不到10%！

你能对上述结果做出一个合理的解释吗？

✡ 第 98 天　同伙的电话

一天夜晚，警方接到举报电话后，立即追捕一名在逃的通缉犯。警方设置警戒线进行封锁，使得该名逃犯插翅难飞。

"可恶！又被发现了。我得赶快找一台电话，让同伙来救援。"说着通缉犯闯进了一家盲人按摩的小店内，碰巧店内只有瞎眼的老先生在。

"嘿嘿嘿……瞎眼的老头更好。"说着通缉犯将老先生捆绑后又将其嘴捂上，然后马上拨了电话。电话挂断后，通缉犯立即逃出与同伙接头。最后，通缉犯顺利地突破警戒线，再一次逃出警方的围追堵截。

直到第二天早晨，邻店的老板来敲门，才发现了被捆绑着的老先生，赶紧向 110 报了警。刑警马上赶到，向老先生了解情况："听说盲人听觉很敏感，您听出逃犯拨的电话号码了吗?"

"我虽然听觉较好，但是无法完全辨别。那个逃犯拨了 8 个号后，按了一下上面的键，然后又拨了一个号。"所谓上面的键，就是指放听筒处的那个突起物。

"可一按上面的键，电话不是挂断了吗?"刑警感到不可思议。

后来，经过周密的调查，警方终于找到了逃犯的两名同伙，两个人的电话号码分别是 0474 - 43 - 9819 和 003 - 353 - 9125。

那么，你知道那晚逃犯拨的同伙的号码是哪个?

✡ 第 99 天　起诉的地点

康妮小姐因车祸失去了四肢，撞倒她的是美国"全国汽车公司"制造的汽车，在法庭上，尽管有 3 个目击者证实：虽然司机踩了刹车，但汽车没有停住，而是后部打了个转，把人撞倒了。但全国汽车公司的律师马格雷先生利用警方所掌握的刹车痕迹等许多证据，巧妙地推翻了这些目击者的证词。

而康妮小姐却说不清是她自己在冰上滑了跤，还是被卡车后部撞倒的，只知道自己被卷进卡车底下，碾碎了四肢和骨盆。就这样，她败诉了。

纽约大名鼎鼎的律师詹妮芙·帕克小姐决定出庭为康妮小姐辩护。通过全国计算机中心查明：该汽车公司，近 5 年来共出过 15 次车祸，原因全都一样：产品的制动系统有缺陷，急刹车时，车子的后部会打转。随后她又设法搞到该公司卡车生产方面的全部技术资料，做了细致的研究。

詹妮芙找到全国汽车公司的律师马格雷先生，向他指出：在上次审理过程中，马格雷隐瞒了卡车制动装置存在的问题，而她将根据新发现的证据和对方隐瞒事实为理由，要求重新开庭审理。

马格雷愣了一下，马上问："那你希望怎么办？"

詹妮芙说："我希望能找到一种合理的解决办法，稍稍弥补一下那可怜的姑娘遭到的损失。汽车公司得拿出 200 万美元给那位姑娘。但如果你逼得我们不得不去控告的话，我们将要求 500 万美元的抚恤金。"

马格雷说："好吧！明天我要去伦敦，一个星期后回来。到时候，我也许会做出某种安排的。"

谁知到了约定的那天，马格雷却让秘书打电话给詹妮芙，说他整天开会，无法脱身，请她原谅。詹妮芙忽然想起诉讼时效问题。一查，康妮案件的诉讼时效恰好在这一天届满，她知道自己上当了，但她还是给马格雷挂了个电话。

马格雷在电话里哈哈大笑说："小姐，诉讼时效今天过期了，谁也无法控告我啦！请转告你的当事人，祝她下次交上好运。"

詹妮芙气得浑身发抖，她抬头看了看墙上的钟，已经是下午 4 点了。如果上诉，必须赶在 5 点以前向法院提出。她问秘书："你准备这份案卷需要多久？"

秘书说："需要三四个小时。"

"全国汽车公司不是在美国各地都有分公司吗？我们在旧金山对他们提出起诉，以后再提出需要改变审判的地点，那里现在是下午 1 点钟。"

"来不及了。文件都在我们手上，即使我们在旧金山找到一家律师事务所，向他们扼要地说明事实，再由他们草拟新文件，也绝不可能在 5 点钟之前完成。"

但是，最终詹妮芙小姐胜诉，全国汽车总公司赔偿康妮小姐 600 万美元。

你推断一下，为什么会这样？

✿ 第 100 天　第 10 个数是多少

观察下列数字：

1、5、11、19、29、41……这列数中第十个数是多少？

✿ 第 101 天　箱子上的代码

夜晚，一个身手矫健的黑影趁门卫换岗的空隙，溜进了一家民俗博物馆，盗走大批的珍宝。

侦探艾米斯接受这个任务后，马不停蹄，迅速地把本市所有的珠宝店和古董店都调查了一遍，但一无所获，没有一点儿线索。

无奈，艾米斯找到了大名鼎鼎的探长詹姆斯向他请教。

"请问，假如你偷了东西，你会藏在珠宝店或者银行的保险箱里吗？"詹姆斯探长反问起来。

"哦，当然不会。"艾米斯答道。

詹姆斯探长说："我说你不必费心了，不要到那些珠光宝气的地方去找，应到那些不起眼的地方走走。"

他们说着来到了郊区的贫民区。艾米斯一脸的疑惑："这里能找到破案的线索吗？"

这时，有一个瘦弱的青年从身后鬼鬼祟祟地闪了出来。他低声地问："先生，要古董吗？价格很便宜。"

"有一点兴趣。"詹姆斯探长漫不经心，"带我去看看。"

只见那个青年犹豫了一下，詹姆斯马上补充了一句："我是一个古董收藏家，要是我喜欢的话，我会全部买下来的。"

那个人听说是个大客户，就不再犹豫，带着他们走过了一个狭小的胡同，来到一个不大的纸箱厂。在这里还有一个青年，在他面前堆满了从1～100编上数字的小箱子。

等在这里的青年和带路的人交谈了几句，就取出笔算了起来，写道："×××＋396＝824"。显然，第一个数字应该是428，他打开428号箱子，取出了一只中世纪的精美金表。突然，他看见了艾米斯腰间鼓着的像是短枪，吓得立刻把金表砸向艾米斯，转身就跑。艾米斯一躲，再去追也没有追上，就马上返回了。

詹姆斯探长立刻对带路人进行了审讯。

"我什么也不知道。"带路人看着威严的警察，"我是帮工的，拉一个客户给我100美元。"

"还有呢？"詹姆斯探长追问。

"我只知道东西放在10个箱子里，他说过这些箱子都有联系并且都是400多号的……"

"联系？"詹姆斯探长琢磨起来。接着，他发现一个有趣的现象：把428这个数字的不同数位换一换位置，就是82，这就是说其他的数字也有同样的规律！詹姆斯探长用了不到一分钟就找到了答案。

詹姆斯探长是怎样找到答案的呢？

✡ 第102天 农夫留下了几头牛

从前，一农妇因为一份遗书找到县官请求帮助，说自己的丈夫死后，留下了几头牛，但是因为不知道，家里到底有多少头牛，致使丈夫的弟弟钻了空子，霸占了自己家的几头牛，现在恳请青天大老爷裁决。

县令接过遗书，在死者的遗书中写道："妻子，分给全部牛的半数再加半头；长子：分给剩下的牛的半数再加半头；次子：分给还剩下的半数再加半头；长女：分给最后剩下的半数再加半头。结果是一头牛也没有杀，也没有剩下，正好全部分完了。"

看完遗书，县令眉头一皱，说："我知道有几头牛了！"

请问农夫死时留下了几头牛？

✿ 第 103 天　浑水摸鱼

一个深夜，小偷潜入一家名牌手表店，偷了 45 块昂贵的手表。得手后，小偷美滋滋地开车逃跑。岂料乐极生悲，他的汽车一头撞在桥柱上，他也当场昏了过去。不久后，交警发现被撞坏的汽车，便把受伤的小偷送到一家医院进行抢救。

第二天，公司一名男售货员首先发现商品被盗，马上报了警，同时经理开始彻底清点各柜台丢失的手表，并列出了一份失窃商品的清单。店内的失窃情况为 19 块女式手表、28 块男式手表。

警方在处理小偷的事故现场时，发现了丢失的手表，于是，当天下午 3 点，警方便致电商店，通知窃贼已被抓获。所有失窃物品完好无损，并派人送回。

两天后，这名公司男售货员却由于这场失窃案被公司解雇，这是为什么呢？（已知该名销售员并非小偷的内应。）

✿ 第 104 天　残忍的谋杀案

昨晚，市内某小旅馆有一女旅客被人杀死了。经警方调查，死者似乎是忽然死去的，尸体上半身挂在床边，右手垂下，脸部向着地面。身上还穿着睡衣，看来像突发心脏病而死的样子。但是死者双手的手指被残忍地砍掉了，断口处渗出少量的血液。房间里的一切东西都没有什么动过的痕迹，房门和窗户都从里边反锁了。床头尸体的旁边放着一个小柜，上边有以下的东西：死者的护照、一张时间是当天早上 9：00 的飞往纽约的机票、项链、手镯、一个小台灯、一杯喝剩下的咖啡，咖啡里边有安眠药的成分，但是并没有过量。

法医初步断定为中毒死亡。但是鉴定死者曾用过的杯子时，并没发现有毒。死亡时间应当是早上 7：30 左右。

根据旅馆老板的证词，在这段时间里没有人进出过这个房间。经过调查，前一天晚上死者的男友到过这个房间，但是他在 10：00 就出来了，以后一直都有不在场的证明。

探长肖恩观察了一下现场，并听取了以下几个人的证词：

A、旅馆服务员：安眠药是死者让他去买的，因为她有头痛的毛病，不吃药很难入睡；

B、旅馆老板：早上发现尸体的时间为 8：00 左右，死者的男友来叫她，却没有回应，两人觉得不对就撞开门，结果发现尸体背向门口伏在床上，上身被床挡住了。死者的男友表现得很吃惊，立刻让老板去报警，他自己进去查看现场。大约两分钟后老板回到现场，两人就一直在一起；

C、死者男友：他前一晚来看死者，她说要赶第二天的飞机，所以睡得比较早。第二天他来的时候和老板一起去叫她，发现没有人回应，就破门而入，当时他立刻叫老板去报警，自己则留下保护现场。两分钟后老板回来两人就一直在一起；

D、邻房客人对死者表现出不满，说她总是在早上把闹钟开得很大声，影响他休息，至于今天早上他可以证明没有人进出过房间。

探长肖恩听完他们的证词后，指着一个人说："从这个人的身上，一定能找出证据，凶手就是他。"

推理一下，凶手是谁？

☆ 第 105 天　王老师的数学魔术

新年联欢会上，同学们一致要求数学老师出一个节目。老师微笑着走到讲台前说："我给你们表演一个数字魔术吧！"说完，数学老师拿出一沓纸条，发给每人一张，并神秘地说："由于我教你们数学，所以你们脑子里的数也听我的话。不信，你们每人独立地在纸条上写上任意 4 个自然数（不重复写），我保证能从你们写的 4 个数中找出两个数，它们的差能被 3 整除。"

王老师的话音一落，同学们就活跃起来。有的同学还说："我写的数最调皮，就不听老师的话。"不一会儿，同学们都把数写好了，但是当同学们一个个念起自己写的 4 个数时，奇怪的事果然发生了。同学们写的数还真听老师的话，竟没有一个同学写的数例外，都让数学老师找出了差能被 3 整除的两个数。

你知道这一数字小魔术的秘密吗？

✡ 第 106 天　得数

数字游戏当中包含着许多有趣的现象，让人情不自禁要探索其中的奥秘。有一次，小明在解一道方程时，对这道题的答案 1089 这个数字发生了兴趣。他发现，如果用 1089 乘以 9，其得数竟是倒序排列的 9801。

除此以外，小明还发现了一个数字，如果乘以 4 的话，其得数也是这个数的倒序排列。不过小明很狡猾，没有说出得数。你能计算出来吗？

$1089 \times 9 = 9801$

○△□◎ × 4 = ◎△□○

✡ 第 107 天　切西瓜

用水果刀平整地去切一个大西瓜，一共切 10 刀，最多能将西瓜切成多少块？最少能切多少块？

✡ 第 108 天　寻找鸳鸯飞贼

警探梅特雷出外执行任务，一日，来到某宾馆准备住宿。他刚刚抵达宾馆的大厅，接到警长打来的电话，说他们通缉多日的那对飞贼夫妇正投宿在此宾馆 2 楼。

他向宾馆的前台工作人员出示了证件，要求查看宾馆的住宿记录，发现 2 楼有 3 间房间有人住。这 3 间房分别有两男、两女以及一男一女住宿，计算机上显示出的记录是"201－男、男"、"203－女、女"、"205－男、女"。

梅特雷心想:"看来,这对鸳鸯飞贼一定是在 205 房间。"

为了避免惊动这对鸳鸯飞贼,梅特雷决定自己捉拿他们。于是,他悄悄爬到 2 楼,准备一举捉拿他们。

然而,就在梅特雷要撞破 205 号房门时,宾馆经理突然出现了。经理把他拉到一旁,悄声对他说:"我刚刚发现,计算机上的显示完全不符合房间里宾客的身份,这表明住宿记录已经提前被人偷改过了!"

梅特雷想了一会儿,只敲了其中的一个房门,听到里面的一声回答,就完全搞清楚 3 个房间里的人员情况了。

请问,梅特雷到底敲了哪一间房门呢?

✡ 第 109 天　求表面积

有一个长方体的铁块,这个铁块正好可以锯成 3 个正方体的铁块,如果锯成正方体的铁块,表面积就会增加 20 平方厘米,那么,这个长方体铁块原来的表面积是多少?

✡ 第 110 天　手机上的数字

某天早上,警察局接到报警,本市著名的书画家胡老先生被人杀死在家中。胡老先生嗜书画如命,不仅自己创作,还喜欢收藏自古以来书画家的作品。在他的公寓专门有一个 50 多平方米的书画收藏室。

警方迅速赶到现场,发现胡老先生收藏书画的屋子有两道防盗门的,窗子都用铁栅栏钉死了。但门窗都没有被撬、被损伤的痕迹,所以可以断定凶手应该跟胡老先生认识,并且以熟人的身份光明正大地走进收藏室的。

胡老先生背朝上倒在地上,背上插着一把匕首,流了一地的血已经干涸。旁边散落着摔碎的茶杯,手上抓着一部老式的摩托罗拉手机。根据家人的反映,这部手机是胡老先生本人的,最奇怪的是警方在手机上看到一串数字——74623362928131,猜测这应该是胡老先生在临死前挣扎着留下凶手的线索。

据了解，那天晚上，有两位客人前来拜访。一位是书画店老板杨志颖，另一位是胡老先生的弟子陈晨。二者必有其一是杀人凶手。

那串数字是破案关键，那么要怎么才能破解这串数字的含义呢？

第111天　填入正确的数

问号所在的位置应该填入什么数字？

38276：47185

23514：14623

76385：85476

28467：？

第112天　课代表的难题

9月1日开学那天，数学课代表向老师汇报说："我们六年级100个同学，在暑假里一共做了1600道数学题。"

老师听了非常高兴，立刻表扬了他们。接着老师问他："你知道这100个同学中，至少有几个人做的数学题一样多吗？"

课代表挠了挠头，一时回答不出来。你能帮助他解答这个问题吗？

第113天　小猴数桃子

猴妈妈采来了一篮桃子，它让小猴子数一数共采了多少个桃子。小猴子3个、3个地数，最后多出1个，它就把多出的1个扔在一边；它又5个、5个地数，到最后还是多出1个，它又把多出的1个扔在一边；最后它7个、7个地数，还是多出1个。它数了3次，到底有多少个桃子，还是不清楚。

你知道这篮子里至少有多少个桃子吗？

第114天　牧牛吃草问题

牛顿的名著《一般算术》中，编有一道很有名的题目，即牛在牧场上吃草的问题，以后人们就把这种应用题叫作牛顿问题。

　　有一片牧场的草，如果放牧 27 头牛，则 6 天可以把草吃光；如果放牧 23 头牛，则 9 天可以把草吃光；如果放牧 21 头牛，问几天可以把草吃光？

　　提示：解答这道题时，我们假定牧场上的草各处一样密，草长得一样快，并且每头牛每天的吃草量也相同。

参考答案

　　第 81 天 608 的光。女侦探临死的时候靠在窗边，用口红在身后的窗玻璃写字。这时候写出来的字一般是倒着的。

　　第 82 天 按魔术师的要求写下的是一个数列，即著名的斐波那契数列。这一数列有一个奇妙的性质，前十项的和等于第七项的 11 倍。因此，只要把第七项（上例中的 80）乘以 11，就得出这十个数之和。

　　第 83 天 房子的号码是 64。

　　推理过程：首先由前三个条件可以得出符合规定的数只有两个，一个数的第二个数为 1，一个数不为 1，否则由第四个条件拜伦绝不会有完全的把握得出伊瓦尔的地址，而 13 到 1300 间既是平方数又是立方数的只有两个，64 和 729，故伊瓦尔所说的条件中这个数肯定不是既是平方数又是立方数，根据拜伦问伊瓦尔第二个数是不是 1，而这两个数都不是 1，而且一个小于 500，一个大于 500，同时这个数也不可能既不是平方数又不是立方数，这样的数太多，拜伦由最后一个条件也得不出唯一解，所以伊瓦尔给出的答案中平方数和立方数肯定只满足一点，而无论大于 500 还是小于 500 的平方数都较多，所以也不可能，那么伊瓦尔对拜伦说的答案是：这个数不是平方数，而是立方数（当然前一条是假的）。小于 500 的立方数有 5 组，3 到 7 的立方，太多，故排除，500 到 1300 的只有 3 个，512，729，1000，而 729 既是平方数又是立方数，不符合条件，于是就只有两个数了，一个数第二位是 1，一个不是，拜伦由第四个条件肯定能知道伊瓦尔的地址，而实际上前两个条件都是假的，那么伊瓦尔的真实号码是小于 500 的，既是平方数又是立方数，那么就是 64 了。

第 84 天 A 打到 8 只狼，B 打到 6 只狼，C 打到 14 只狼，D 打到 4 只狼，E 打到 8 只狼。

第 85 天 格拉汗 9 岁，而福瑞德 27 岁。因此，27 的平方数跟 9 的立方数是一样的，也就是 729。有 18 个阶梯、36 条栅栏和 243 块红砖，全部加起来就是这家人的门牌号码 297。

第 86 天 假设 1 元的人民减少 4 张，那么这三种人民币的总和就是 60 - 4 = 54 张，总面值就是 200 - 4 = 196 元，这样 1 元和 2 元的人民币数量相等。再假设 56 张全是 5 元的，这时人民币的总面值就是 5×56 = 280 元，比先假设的多 280 - 196 = 84 元，原因是把 1 元和 2 元都当成了 5 元，等于是多算了 5 ×2 - （1 + 2）= 7 元，84÷7 = 12，由此就可以知道是把 12 张 1 元的和 12 张 2 元的假设成了 5 元。所以 2 元的有 12 张，1 元的有 12 + 4 = 16 张，5 元的就有 32 张。

第 87 天 你有没有上过当，以为某物的一半加 $\frac{1}{2}$ 就不可能是一个整数？假如是这样的话，也许你会从掰开唱片的角度来考虑解决这个问题，那可就误入歧途了。本题窍门在于：数量为奇数的唱片，取其一半再加上半张唱片，一定是个整数。因为小熊在最后一次送礼后只剩下了一张唱片，所以在他把唱片送给小海之前有 3 张唱片，所以小熊最后一次送礼是 2 张唱片，末了自己留有一张完整的唱片。现在倒过来往前算就很简单了，他原来有 7 张唱片，给了小吴 4 张。

第 88 天 罪犯是加森。

理由：探长问了可疑人的名单，然后结合台历上的数字"7891011"，联想到在英语里，这些数字分别是 7 月、8 月、9 月、10 月、11 月的字头即：J—A—S—O—N，根据这条证据，就是 Jason（加森）。

第 89 天 先将两个馅饼放入锅中，到 5 分钟的时候取出第一块馅饼，把第二块馅饼翻面，再把第三块馅饼放进去。再过 5 分钟后，把熟了的第二块馅饼取出来，给第三块馅饼翻面，再把第一块馅饼放进去。这样，一共 15 分钟就能烙好馅饼了。

第 90 天 密码是 184512，因为在时间概念上讲，下午 6 时也可以说成是 18 时。

第 91 天 罪犯就是艾弗里的侄子。表从高处掉下来，不是停，就是变慢了，不可能变快。这是他侄子上楼开窗时故意拨快的。在 12 点回来后，侄子故意大叫开门，知道伯父只要被吵醒必定要下楼来对表，事先在地毯上弄了皱褶，让他绊倒，从楼梯上摔下来跌死。

第 92 天

第一步：小强考的分数、名次数和他年龄的乘积是 1958，就说明分数、名次数和年龄是 1958 的质因数；

第二步：将 1958 因式分解，得质因数 1、2、11、89；

第三步：因为这是小学生知识竞赛，所以小强的年龄不可能是 1、2，更不可能是 89，只能是 11，所以小强的年龄是 11 岁；

第四步：小强的分数是 89，相应的竞赛名次是 2。

第 93 天 首先将 36 分解，可以得到 1，2，3，4，6，9，12，18 这几个数，经过加和，得到：

$1+1+36=38$；$1+2+18=21$；$1+3+12=16$；$1+4+9=141+6+6=13$；$2+2+9=13$；$2+3+6=11$；$3+3+4=10$ 这几个式子，由于他们相遇的日期是 13 号，所以符合条件的有两个式子，$1+6+6=13$、$2+2+9=13$，答案仍然未知，但由于乙后来说他的小女儿是黄头发，所以答案是 $1+6+6=13$，因为 1 岁的孩子头发是黄色的。乙的 3 个女儿的年龄分别是 1，6，6。

第 94 天 13 厘米。很多人认为是 23 厘米，其实是错误的，因为方静是从左到右摆放的，而书又是从左向右翻的，所以是 13 厘米。

第 95 天 窃贼是安德烈，因为安德烈的名字被提了 4 次。

第 96 天 他们的敲钟速度是不同的，应该按敲钟的间隔来算时间，第一个和尚用 10 秒钟敲了 9 个间隔，第二个和尚用 20 秒敲了 19 个间隔，第三个和尚用 5 秒敲了 4 个间隔。所以他们敲钟每个间隔所用的时间分别为：$\frac{10}{9}$，$\frac{20}{19}$，$\frac{5}{4}$ 即 1.11，1.053，1.25。所以第二个和尚敲钟的速度是最快的，他最先敲完 50 下。

第 97 天 对本题的一个合理的解释是，向东的地铁和向西的地铁到达该地铁站的时间间隔是 1 分钟。也就是说，向东的地铁到达后，间隔 1 分钟向西的地铁到达，再间隔 9 分钟后另一班向东的地铁到达，等等。这样，当然东去的可能性是 90%。

张小树产生迷惑的原因是，他只注意到同向的地铁到站的时间间隔是相同的，而没有注意到相向而开的两辆地铁到站的时间间隔是不同的。

第 98 天 自动拨号电话，拨"1"时，不拨数字盘上的"1"，只要按一下上面的键，也可以代替"1"。逃犯拨了 8 个号后，按了一下上面的键，然后又拨了一个号。所以，其电话号码一共是十位数，而倒数第二位的数字是"1"。这就是说是 0474－43－9819。

第 99 天 位于太平洋上的夏威夷在西十区，那里同纽约（西五区）时差整整 5 个小时，在夏威夷控告全国汽车总公司，赢得这半天时间就是赢得诉讼的关键。

第 100 天 这几个数字是有规律的，1 = 0 + 1×1，5 = 1 + 2×2，11 = 2 + 3×3，19 = 3 + 4×4，29 = 4 + 5×5，41 = 5 + 6×6，依次往下，第 7 个数字就是 6 + 7×7 = 55，第 8 个数字就是 7 + 8×8 = 71，第 9 个数字就是 8 + 9×9 = 80，第 10 个数字就是 9 + 10×10 = 109。

第 101 天 詹姆斯探长根据带路人提供的每个箱子都有联系，而且都是 400 多号的情况，发现了其中的规律：两数之和的十位数上的数字与第一个加数的十位上的数字相同，这就要求个位上的数字相加一定要向十位进 1，第二个加数 396 十位上的 9 相加得整数 10 向百位进 1，所以两数之和的百位上的数字一定是 8，而它的十位上的数字从 0～9 都符合条件，因此，藏有赃物的另外 9 个箱子的号码是：408、418、438、448、458、468、478、488和498。

第102天 农夫死时留下了15头牛。妻子应分得8头，长子4头，次子2头，长女1头。

第103天 原来是这名手表销售员借商店遭窃的机会，浑水摸鱼为自己偷了2块男士手表，向经理汇报说丢失了47块。因为实际上小偷只偷了45块表（19块女式表，26块男式表）。

第104天 死者的男友是凶手。

推理过程：他和旅馆老板破门而入时，并没有看到死者的尸体就立刻叫老板去报警，而不是叫救护车，这是最大的疑点，因为他已经知道她死了；闹钟应该放在小柜上，而小柜上没有，说明被人拿走了；手指截断，出少量血，说明是死了以后截断的；死者7点半死亡，8点入门，期间没有人进过房间，只有其男友有2分钟单独与其接触的时间；门窗均上锁，说明没有人进来。综上，说明凶手是死者的男友，他将毒擦在闹钟上，待其早上闹钟响触摸时中毒，毒死。在独处2分钟时间藏起闹钟，割断手指，消灭罪证。因为时间紧迫所以罪犯来不及把切掉的手指和那枚带毒的戒指处理掉，所以那些东西应该还在他身上。探长说的证据也正是这些。

第105天 其实，同学们写在纸条上的数字并不是听王老师的话，而是听数学规律的话。

因为任意一个自然数被3除，余数只能有3种可能，即余0、余1、余2。如果把自然数按被3除后的余数分类，只能分为3类，而王老师让同学们在纸条上写的却是4个数，那么必有两个数的余数相同。余数相同的两个数相减（以大减小）所得的差，当然能被3整除。

第106天 这个数字究竟是哪一个数字呢？答案就是2178。

$2178 \times 4 = 8712$。得数正好是2178的倒序排列。计算的窍门在于利用乘以4这个条件。另外，9是个特殊的数字，利用1089和2178两个数，在它们的百位和十位之间插入9，即10989乘以9，21978乘以4；在此数基础上，再插入9，即109989和219978，两个数再分别乘以9和4。看看这些乘式的得数，发现什么规律了吗？$1089 \times 9 = 9801$。$10989 \times 9 = 98901$。$109989 \times 9 = 989901$。$2178 \times 4 = 8712$。$21978 \times 4 = 87912$。$219978 \times 4 = 879912$。

第 107 天 最多能将西瓜切 1024 块，就是 2 的 10 次方。最少能切 11 块。

第 108 天 梅特雷敲了 205 房间，因为经理说计算机上的显示完全不符合房间里宾客的身份，表示 205 房间里一定是两女或者两男；如果敲了 205 房间，听出了声音是男或女，就可知道 205 房间里是两男或两女。

假设 205 房间里是两男，则原本的 201 房间里一定是两女，而 203 房间里则是一男一女。

而另一种可能性是，205 房间里是两女，则原本的 203 房间里一定是两男，201 房间里则为一男一女。

第 109 天 一个长方体锯成 3 个相同的小正方体，结果增加了 6 个面，而这 6 个面恰好相当于一个小正方体，所以最终相当于增加了 4 个小正方体的一个面的面积，其一个面的面积为 $20 \div 4 = 5$ 平方厘米，所以长方体的表面积为 $5 \times 6 \times 3 - 20 = 70$ 平方厘米。

第 110 天 答案：7462 3362 9281 31，在手机上用五笔打出来就是 SN 杨，FN 志，QTD 颖，所以凶手应该是杨志颖。

第 111 天 17358，所有奇数加 1；所有偶数减 1。

第 112 天 把六年级的 100 人，按 3 人一组来分，可以分成 33 组还剩下 1 人。假设第一组 3 个人都没做题，也就是每个人都做了 0 道题；第二组每人都做 1 道题；第三组每人都做 2 道题。这样，第 33 组每人都做 32 道题。剩下的 1 个人要是和前面的 99 人做的题数不一样，那么至少也要做 33 道题。这样 100 人共做了 $30 + 1 + 2 + 3 + \cdots + 31 + 32 + 33 = 1617$（题），超过了 1600 题。要不超过 1600 题，必须有 1 个同学或更多的同学少做题，合起来一共要少做 17 道题。其实只要有 1 个同学少做题，那么这个同学就可以归到做题少的那组去。这样一来，那个组就会有 4 个人做的题数一样多。问题的答案是，这 100 个同学中，至少有 4 个人做的数学题一样多。

第 113 天 本题可概括为"一个数用 3 除余 1，用 5 除余 2，用 7 除余 3，这个数最小是多少?"我们从余数开始逆推:由于用3除余1,所以这个数为3n＋1(n为正整数)。要使3n＋1这个数继而满足用5除余2的条件,可用n＝1,2,3……来试代,发现当n＝2时,3×2＋1＝7满足条件。由于15能被3和5整除,所以15m＋7这些数(m为正整数)也能满足用3除余1,用5除余2这两个条件。在15m＋7中选择适当的m,使之用7除得到的余数为3。也是采取试代的方法,试代的结果得出:当m＝3时满足条件。这样15×3＋7＝52为所求的答案,也就是说这篮桃子至少有52个。对于这类用3、5、7三个数来除分别得到不同余数的题目,我国有个著名的余数定理,它可以用四句诗来形象地记忆:三人同行七十稀,五树梅花廿一枝,七子团圆正半月,除百零五便得知。这四句诗叫"孙子点兵"歌,外国称它为"中国剩余定理"。这首诗的意思是:70乘上用3除所得的余数,21乘上用5除所得的余数,15乘上用7除所得的余数,然后把这三个乘积加起来,其和加或减105的整数倍,就可以得到所需要的数了。现在我们回到本题,并运用上述办法求解。由于用3除余1,用5除余2,用7除余3,所以,70×1＋2×12＋15×3＝70＋42＋45＝157。因为要求的是最小值,所以157－105＝52。

第114天 在牧场上放牛,牛不仅要吃掉牧场上原有的草,还要吃掉牧场上新长出的草。因此解答这道题的关键,是要知道牧场上原有的牧草量和每天草的生长量。设每头牛每天的吃草量为1。27头牛6天的吃草量为27×6＝162,这既包括牧场上原有的草,也包括6天长的草。23头牛9天的吃草量为23×9＝207,这既包括牧场上原有的草,也包括9天长的草。因为牧场上原有的草量一定,所以上面两式的差207－162＝45,正好是9天生长的草量与6天生长的草量的差。由此可以求出每天草的生长量是45÷(9－6)＝15。牧场上原有的草量是162－15×6＝72,或207－15×9＝72。前面已假定每头牛每天的吃草量为1,而每天新长的草量为15,因此新长出的草可供15头牛吃。今要放牧21头牛,还余下21－15＝6头牛要吃牧场上原有的草,这牧场上原有的草量够6头牛吃几天,就是21头牛吃完牧场上草的时间。72÷6＝12(天)。也就是说,放牧21头牛,12天可以把牧场上的草吃光。

文字游戏

第 115 天　寿比南山松不老

初唐诗人宋之问，诗文不凡，善于题对。

一次，官授考功员外郎的宋之问路过杭州，慕灵隐寺之名，乘夜往游。见寺中殿阁、寺前鹫岭在月色中古朴雄劲，顿时诗兴大发，随口吟出一句："鹫岭郁岧峣，龙宫锁寂寥。"但苦思良久，不能再续下句。

寺中有一老僧见状微微一笑，接续道："楼观沧海日，门对浙江潮。"两句续诗大气磅礴，气势非凡，把灵隐寺开阔的远景鲜明地展示出来。宋之问闻言大喜，于是怀着敬佩之情，拱手向前相问："长老鹤发童颜，神采矍铄，敢问高寿？"

老僧捋须一笑，报了年岁。宋之问一听，不禁一惊，随后命人取过文房四宝，为老僧制成一副贺联："花甲重开外加三七岁月，古稀双庆内多一个春秋。"

你能从中悟出老僧历经了多少个春秋吗？

第 116 天　成语大接龙

成语接龙是一种妙趣横生的文字游戏，它不仅能积累成语，丰富词汇，同时还能锻炼快速反应，敏捷思维。请仿照例句试一试。

例：气象万（千）变万（化）为乌（有）机可（乘）虚而入

79

（1）春暖花（　）云见（　）新月（　）口同（　）势浩大

（2）走马观（　）言巧（　）重心（　）年累（　）缺花残

（3）一五一（　）全十（　）意延（　）轻力（　）志凌云

（4）人定胜（　）府之（　）计民（　）龙活（　）踞龙盘

（5）千千万（　）家灯（　）上加（　）头粉（　）目一新

（6）南征北（　）天斗（　）动山（　）旗打（　）舞人心

（7）谨慎小（　）直口（　）人快（　）在人（　）所欲为

（8）平心静（　）象万（　）军万（　）到成（　）成名就

（9）无中生（　）备无（　）难之（　）头接（　）闻目睹

（10）南腔北（　）虎离（　）高水（　）夜难（　）目张胆

（11）虎口余（　）死存（　）羊补（　）不可（　）门而入

（12）青黄不（　）二连（　）心二（　）气风（　）扬光大

（13）分秒必（　）先恐（　）继有（　）山人（　）阔天空

（14）水深火（　）火朝（　）壤之（　）开生（　）面俱到

☆ 第117天　右边有，左边无

　　有位秀才好喝酒，也善猜谜。一日，他照例来到"太白楼"酒店。店老板一见是秀才，便笑着说："我出个谜给你猜。倘若猜中，今日酒钱分文不收；若猜不中，则加倍收款。"说罢吟道："唐虞有，尧舜无；商周有，汤武无。"

　　秀才略一沉吟，拱手笑道："我将你的谜底也制成一谜，你看对不对？'跳者有，走者无；高者有，矮者无'。"

　　店老板雅兴大发，连说："还有，还有，善者有，恶者无；智者有，蠢者无。"

　　秀才又接着说："右边有，左边无；凉天有，热天无。"

　　店老板拍手叫好，又道："哭者有，笑者无；活者有，死者无。"

　　秀才接着说："哑巴有，麻子无；和尚有，道士无！"

店老板哈哈大笑，摆出丰盛酒菜，请秀才开怀畅饮。你知道这是个什么字吗？

第118天　猜动物小游戏

（1）以下都是活动在空中或陆地的一种动物，请你猜猜看。

①一身毛，尾巴翘，不会走，只会跳。

②两撇小胡子，油嘴小牙齿，贼头又贼脑，喜欢偷油吃。

③脸上长勾子，头边绑扇子，四根粗柱子，一条小辫子。

④说它是条牛，无法拉车走，说它力气小，却能背屋跑。

⑤名字叫小花，喜欢摇尾巴，夜晚睡门口，小偷最怕他。

⑥白天草里住，晚上空中游，金光闪闪动，见尾不见头。

⑦尖嘴尖耳尖下巴，细腿细角细小腰，生性狡猾多猜疑，尾后拖着一丛毛。

⑧天空捍卫小飞军，井然排列人字形，冬天朝南春回北，规规矩矩纪律明。

⑨瞳孔遇光能大小，唱起歌来喵喵喵，夜半巡逻不需灯，四处畅行难不倒。

⑩小小年纪，却有胡子一把，不论见谁，总是大喊咩咩。

⑪一肚子没学问，开口闭口知道，瞧瞧这小家伙，实在真是骄傲。

⑫长长身体两排脚，阴湿暗地是家窝，剧毒咬人难忍痛，治病倒是好中药。

⑬任劳又任怨，田里活猛干，生产万吨粮，只把草当饭。

⑭一身金钱袍，猫脸性残暴，爬树且游水，嗜肉不食草。

⑮此物生得怪，肚下长口袋，宝宝袋中养，跳起来真快。

⑯顶上红冠戴，身披五彩衣，能测天亮时，呼得众人醒。

⑰小小娃娃兵，四处寻猎物，物虽比己大，团结便解决。

⑱纵横沙漠中，展翅飞不起，快走犹如飞，是鸟中第一。

⑲活动地盘在墙壁，专门收拾飞蚊虫，尾断无碍会再生，医学名称是守宫。

⑳个子虽不大，浑身是武器，见敌缩成团，看你奈我何。

㉑似鸟又非鸟，有翅身无毛，一脸丑模样，专爱夜遨游。

㉒一身白袍衣，两只红眼睛，是和平化身，人人都喜欢。

（2）下面这些动物有的生活在海里或水里，也有的水陆两栖，请你猜猜看。

①小小玲珑一条船，来来往往在江边，风吹雨打都不怕，只见划桨不挂帆。

②口吐白云白沫，手拿两把利刀，走路大摇大摆，真是横行霸道。

③小时着黑衣，大时穿绿袍，水里过日子，岸上来睡觉。

④头戴红顶帽，身穿白布袄，走路像摇船，说话像驴叫。

⑤黑背白肚皮，一副绅士样，两翅当划桨，双脚似鸭蹼。

⑥细细身体长又长，身后背着四面旗，斗大眼睛照前方，专除害虫有助益。

⑦椎子尾、橄榄头，最爱头尾壳内收，走起路来慢又慢，有谁比他更长寿。

⑧从头到脚硬盔甲，走起路来横着走，张牙舞爪八只脚，两把利剪真吓人。

⑨驼背老公公，胡子乱蓬蓬，生前没有血，死后满身红。

⑩全身片片银甲亮，瞧来神气又威武，有翅寸步飞不起，无脚五湖四海行。

⑪远瞧犹如岛一座，总有水柱向上喷，模样像鱼不是鱼，哺乳幼儿有一手。

✿ 第119天　少年才子白居易

一日，唐朝著名诗人顾况正在书房批阅文卷，家童又送进一册诗稿。

他见封面上署名"太原白居易"五字，于是笑道："如今长安米贵，居之本就不易，何况白居？"说罢伏案览卷，读着读着，顿觉清新淡雅，春风扑面，不由得喜笑颜开。当读到其中精彩的一首时，禁不住拍案称妙："倘若胸中无秀气，腹内欠才识，岂能写出如此妙语惊人的佳作？有如此才华，居天下易矣！"

当得知白居易乃是一位进京求学的清贫少年时，老学士不胜惊异，挥毫写下"明珠出海"四字，决定约见这位少年才子。

当家童问何日约见时，顾况随手写下一个"期"字，然后说："你交给白居易，他自会明白。"

请你帮白居易确定一下，这到底是哪一天？

✿ 第120天　智斗铁公鸡

有位土财主为了儿子能中举升官，便请先生来家教书，但因他太刻薄，应聘者连连告退。有位学问渊博的老学究听了，很是气愤，决意替同行治治这个一毛不拔的"铁公鸡"。

于是，他走进财主的家门，说："老朽不才，茶饭随便。"

财主眉开眼笑地问："先生此话当真？"

老学究说："倘若不信，愿立字为据。"说罢，取过文房四宝，挥笔写道："无鸡鸭也可无鱼肉也可。"并摇头晃脑念了一遍。

财主接过一看，果然是这么写的，便同老学究一道按了手印。

到了吃饭时，老学究见桌上摆的全是青菜萝卜，勃然大怒，拍桌斥骂道："堂堂缙绅，竟如此不讲信用！"

财主愕然相问："先生怎么出尔反尔？"随即掏出字据，向闻声赶来的乡邻展示。

老学究将字据夺过，用笔点了几下，然后说："走，上衙门打官司去！"

县令看了字据，朝财主猛拍三下惊堂木，呵斥道："白纸黑字，又按了手印，倘要耍赖，先打三十大棍！"说罢将字据扔给了财主。

财主接过字据一看，顿时两眼发黑，叫苦连天。

你知道老学究是怎样智斗铁公鸡的吗？

☆ 第 121 天 摇手对下联

明代有位大学士名叫商辂，常在同僚中夸赞自己家乡文风极盛，百姓皆能吟诗应对。

一位恃才傲物的吏部尚书根本不相信会有此事，便微服私访商辂的家乡梅城。

这天，尚书大人微服来到梅城郊野，见一锄地老农，便上前打个招呼，然后指着不远处古塔，道出一句上联："双塔矗矗，七层四方八角。"要农夫对出下联。

老农莫名其妙，摇了摇手，表示自己不会。

尚书大人回到京城后，当众对商辂揶揄道："仙乡之人，多是哑巴，怎会吟诗答对？"商辂问过原委之后，大笑几声，然后回道："那农夫不出一言，却巧妙地对出了下联。"接着解释了一番。在场文武百官齐声喝彩，皆称妙绝。

你能猜出商辂是怎么说的吗？

☆ 第 122 天 八窍已通七窍

清朝著名文学家蒲松龄，自幼刻苦勤奋，才华横溢，但因是汉族儒生而连试不第，只好靠教书为生。

一年春天，一位土财主望子成龙，慕名请蒲松龄教家馆。不到三个月，蒲松龄即拱手告辞："令郎学有成就，老夫要另谋去处。"

财主一听十分高兴，忙设宴为先生饯行。

酒过三巡，财主笑问："小儿的文章如何？"

蒲松龄回曰："高山响鼓，闻声百里。"

财主大喜，又问："小儿在易、礼、诗诸方面想必通了吧？"

蒲松龄诙谐一笑："八窍已通七窍。"说罢道声"多谢",便挑起书箱起程。

蒲松龄前脚刚走,财主后脚赶到衙门,将这喜讯告诉当师爷的弟弟,要其为侄儿报名参加科举考试。

那师爷听罢叙述,哭笑不得,说:"大哥,你让那教书匠戏弄了。"

听完弟弟的解释,财主气得直骂儿子是蠢猪!

你知道蒲松龄说的话其中有什么含义吗?

✡ 第 123 天　姑娘猜字谜

一位精明的老板为了招揽生意,将一件一寸高的玉雕仕女摆在陈列台上,旁边附有说明:"本店愿以谜会友。用这个一寸人做谜面,打一字,猜中者,此玉雕仕女便是赠品。"这一招果然灵验,店内天天顾客盈门,只是一连几天都没有谁能够猜中。

这一天,老板正拿着"一寸人"向顾客夸耀时,一位文静的姑娘从老板手中抢过玉雕,转身便走。安保人员正要前去阻拦,老板便发话了说:"她猜中了。"

你知道这个谜底是什么字吗?

✡ 第 124 天　妙语守秘密

1972 年 5 月下旬,美苏关于限制战略武器的 4 个协定刚刚签署,美国国家安全事务特别助理基辛格就在莫斯科的一家旅馆里,向随行的美国记者团介绍这方面会谈的情况了。

"苏联每年生产导弹的速度大约是 250 枚。"基辛格微笑着透露这一信息,并幽默地说,"先生们,如果在这里把我当间谍抓起来,我们知道该怪谁啊?"

敏捷的记者们立刻接过了话头,探问美国的国防机密。

"我们的情况呢?我们有多少潜艇导弹在配置分导式多弹头?有多少

'民兵'导弹在配置分导式多弹头?"一个记者迫不及待地问。

基辛格耸了耸肩:"我不确切知道正在配置分导式多弹头和'民兵'导弹有多少。至于潜艇嘛,我的苦处是,数目我是知道的,但我不知道这是不是保密的。"

记者说:"不是保密的。"

基辛格一笑,说出了一句话。记者听后,方知上当,只好"嘿嘿"一笑。

猜想一下,基辛格此时会说出一句什么话来。

✡ 第125天　高明的遗书

一老翁花甲得子,兴奋异常,结果中风不起。五年后,老翁去世。

临终前,他留下遗书,分别留与5岁的幼儿和女婿。书中写道:"六十老儿生一子人言非是我子也家产田园尽付与女婿外人不得争执。"

数年后,其子成年,要与姐夫分家。

到底家产田园归谁呢?二人争执不休,只好去衙门打官司。

女婿申辩道:"岳父大人遗书上写得清清楚楚,大人倘不信,且听我念:六十老儿生一子,人言非是我子也!家产田园尽付与女婿,外人不得争执。"

县令收下遗书,下令暂时退堂,明日再断。是夜,县令展开无标点的遗书,细细思量:家产田园尽付与女婿,恐非老翁心意,其子年幼,若无老父遗产,如何度日?他反复推敲,终于看出了其中的端倪。

次日升堂,县令判定遗产归老翁的儿子继承。说罢,将两份由他标点了的遗书发还老翁儿子和女婿。

女婿接过一看,哑口无言,只好从命。

你能猜出县令在老人遗书上是怎样断句的吗?

✡ 第126天　舅父改春联

有位少年从小被父母娇生惯养,好吃懒做,交上了一帮酒肉朋友,整日在外吃喝玩乐，嫖赌逍遥。

父亲死后，这位花花公子仍是恶性不改，拿着银子当水花，很快就把遗产花了个一干二净。一年除夕，家家换新符，鸣鞭炮，欢庆新年。可他连年夜的米也没有。于是自嘲地写了副对联："行节俭事，过淡泊年。"

善良的舅父闻知外甥穷困潦倒，便买了两斤肉，背了十斤米过来，见到门前春联，感慨万分，于是对外甥说："你这对联的头上，还应各加一个字！"说完令外甥取来红纸和笔砚，挥毫写了起来。落魄的少爷一看，顿时羞愧不已。

你能猜出那位善良的舅父，在对联头上各加了一个什么字吗？

✿ 第 127 天 医戏昏官

李时珍曾任四川蓬溪知县，后因有志于医药事业，毅然放弃仕途升迁，辞官回乡，潜心编修《本草纲目》。

临行前，新任知县设宴为李时珍饯行。席间，新知县道："素闻李公精通药道，请为我开一剂补养之药如何？"

李时珍早就听说这个新知县是个好酒贪色的昏庸之徒，于是假装允诺，要来文房四宝，当场挥毫开了一剂单方。单方上写的是："柏子仁三钱、木瓜二钱、官桂三钱、柴胡三钱、益智二钱、附子三钱、八角二钱、人参一钱、台乌三钱、上党三钱、山药二钱。"

写毕，扬长而去。

第二天，新知县将单方交给师爷前往药店取药。师爷接过细看，反复琢磨一阵，随后道出了其中的奥秘。

新知县一听，顿时气得浑身哆嗦。

你能琢磨出这服药单其中的隐语吗？

✿ 第 128 天 妙言戏权贵

清朝乾隆年间，皇宫侍读学士纪晓岚，能诗善文，通晓经史，生性诙谐，常以奇言妙笔戏谑权贵，揶揄公子王孙。

一次，尚书和珅为示风雅，在官邸后花园建书亭一座，邀请纪学士题匾。

纪晓岚素闻和珅的几个宝贝儿子，全是嫖赌逍遥、不通文墨的花花公子，有意捉弄一下。他挥笔写下"竹苞"二字，莞尔而去。

和珅以为纪学士是取"竹苞松茂"之意，赞的是书亭四周的翠竹美景，于是乐呵呵地说："清高、雅致，妙不可言！"继而令工匠将这龙飞凤舞的"竹苞"两字，精雕细刻，镶挂于书亭之上。

不久，乾隆皇帝御驾光临，见书亭匾额，大笑不已。和珅瞠目不解，乾隆解释说："爱卿，这是纪学士在嘲笑你家宝贝！"稍停，向和珅道出了二字的真意。

和珅听了，哭笑不得，直骂自己糊涂。

你知道"竹苞"二字的真正含意吗？

✿ 第129天 芙蓉开新花

宋朝时，山东诸城人士赵明诚，吟诗作赋、琴棋书画皆精。

一日，赵明诚外出会友，回家后便食欲大减，形体渐瘦。其父赵侍郎十分焦虑，问儿子想吃什么。赵明诚说："昨夜梦见一游方道士，为儿开了一剂药方。"

赵父急忙询问详情。赵明诚怯生生地说："因在梦中，未得片纸，但药单所列方剂，儿仍记得。"说罢吟道："言与司合，安上已脱，芝麻除草麻，芙蓉开新花。"

赵父是位翰苑名贤、文章巨公，听了儿子一席话，当即笑道："为父即刻派人去办！"

结果，赵明诚的病很快好了。

你知道治好赵明诚病的灵丹妙药是什么吗？

✿ 第 130 天　猜字小游戏

小熊对小猴说："有些字，站着是它，躺下是它，趴着还是它。你能举出 3 个这样的字吗？"

"这太简单了，你听我说，"猴子歪头想了想，很快答了出来，"口、回、田。"

小猴说："这个题太容易了，我考你一道难一点的吧。"

"你说吧，我最喜欢难题了。"小熊说。

"站着是一个字，躺下是另一个字，趴下又是一个字。你猜，这 3 个字是什么？"

小熊用树枝在地上写了好多字，都不合小猴的要求，急得抓耳挠腮。可是，它坚持一定要自己想出来，不让小猴说出答案。

请你也帮小熊想一想。

✿ 第 131 天　古怪的四言诗

唐代文学家令狐绚，被唐宣宗任命为南方招讨使，去讨伐背叛朝廷的徐州守将庞勋。大军经过扬州时，令狐绚听说古刹大明寺曾是高僧鉴真的讲经之处，于是专程前往游览。

他带着一班幕僚来到寺中，行至西廊，忽然看见廊壁上题有一首四言诗。诗曰："一人堂堂，二曜同光，泉深尺一，点去冰旁，二人相连，不欠一边，二梁四柱，烈火烘燃，除却双折，两日不全。"

令狐绚与谋士们苦思冥想半日，不解其意，甚是难堪。住持见状，请客人入禅房小憩品茗。令狐绚呷了一口香茶，顿觉满口生津，沁人心脾。便问住持这茶是用何处之水所沏。住持说："是小寺清泉之水。"令狐绚一听，顿时恍然大悟，原来，方才所见之四言诗是首诗谜！接着道出了谜底。

和尚听后连连点头。

你知道这首诗谜的含意吗？

✡ 第132天　怪异的长歌

仲春的一个下午，翰林学士苏轼收到诗友佛印禅师的长歌一首，全篇单字双叠，写得十分怪异。

野野鸟鸟啼啼时时有有思思春春气气桃桃花花发发满满枝枝莺莺雀雀相相呼呼岩岩畔畔花花红红似似锦锦屏屏堪堪看看？

苏学士反复吟诵，苦心推敲，难解其意，弄得食不知味，夜不能寐。

苏小妹知道后，来到哥哥书房探访，听罢缘由后，取过佛印禅师的诗笺细细琢磨。良久，忽然笑着说："哥哥无须犯难，此歌好解！"边念边破解了此谜。

苏学士一听，恍然大悟，连声称妙，并拊掌赞道："吾妹才思慧敏，破诗解谜胜洪炉点雪，若非玉房裙钗，殿试必中头名状元，峨冠博带也！"

你能猜出苏小妹是如何解诗的吗？

✡ 第133天　点诗成词

清朝末年的一个盛夏，慈禧太后到翰林院赏鉴历代名画墨宝。小憩之时，命一书法名家在她的玉绢团扇上题一首诗。书法家信笔写下唐朝诗人王之涣的《凉州词》：

黄河远上白云，一片孤城万仞山，羌笛何须怨杨柳，春风不度玉门关。

由于一时疏忽，书法家在第一句末，漏写了一个"间"字。

慈禧一看，以为是欺她才学不深，顿生怒色，要定书法家欺诳之罪。

书法家急中生智，解释道："老佛爷息怒，适才是借王之涣的七言绝句，填为一首单调《南乡子》。"说罢举笔点扇，化诗为词念起来。

慈禧听后无言以对，只好赐银压惊。

你能猜出书法家是怎么点诗成词的吗？

✡ 第 134 天　不怕雪后藏

清朝乾隆进士袁枚，才情卓异，誉满天下。晚年辞官迁居江宁，筑园林于小仓山，自号"随园居士"。

一日，常熟青年诗人孙原湘，偕妻席蕊珠踏雪前去拜师。袁枚素闻这对文苑伉俪才华不凡，但不知真假，想当面一试。寒暄坐定后，袁枚借曹雪芹《石头记》手抄本中的诗句，巧制一则花谜："绿萼添妆融宝烛，缟仙扶醉跨残红。"孙原湘听罢，也以曹诗作答："桃未芬芳杏未红，冲寒先已笑东风。"

蕊珠见丈夫以谜射谜，也效其法，吟了南宋杰出词人陈亮的一首《五律》作答："一朵忽先变，百花皆后香。欲传春信息，不怕雪后藏。"

袁枚连声称妙，当即收下这对夫妻做弟子。

3 位诗人吟的是同一种花，你能猜出它是万花丛中的哪一朵吗？

✡ 第 135 天　惊天动地人家

从前有位七品县令，为示风雅，大年初一上街看春联，忽见一户人家门上贴的对联与众不同。上联：数一数二门户；下联：惊天动地人家。横批：先斩后奏！

县官心想：此户如此气魄，一定有人在朝廷做大官，我要借他之力，攀龙附凤往上爬！于是赶紧备了一份厚礼，叩门拜访。

寒暄之后，县官急不可耐地问主人："贵府哪位大人在京都奉职？"主人一听，莫名其妙，自称兄弟三人皆是穷苦小民，也没有当官的亲戚。

县官一愣，忙诧异地问："那门口贴的对联？"主人恍然大悟，解释说："要说那副对联，倒是一点不假。"于是将自己三兄弟的职业陈述了一番。

县官听后，方知自己拍错了马屁，只好丢下礼物，扫兴而去。

你能猜出这三兄弟各是什么职业吗？

❂ 第 136 天　猜数学名词小游戏

(1) 八刀。

(2) 车印。

(3) 互盼。

(4) 手算。

(5) 中途。

(6) 查账。

(7) 弯路。

(8) 再见了，妈妈。

(9) 五分钱。

(10) 大同小异。

(11) 员。

(12) 边搬边数。

(13) 不带零头。

(14) 失去联络。

(15) 并肩前进。

(16) 老地方见。

(17) 医生提笔。

(18) 五四三二一。

(19) 各份一样多。

(20) 考试不作弊。

❂ 第 137 天　蔬果游戏

以下都是猜一种蔬果的小游戏，动脑想一想。

(1) 生根不落地，有叶不开花，市场有得卖，园里不种它。

(2) 紫色衣，肉白细，煮过后，衣儿肉儿都变色。

（3）红灯笼，绿宝盖，十人见了九人爱。

（4）黄金布，包银条，中间弯弯两头翘。

（5）青藤挂满棚，结果像青龙，嫩时当菜吃，老了也有用。

（6）红漆桶，地下埋，绿的叶子顶上栽，切开红漆桶，清甜可口好小菜。

（7）圆圆脸儿像苹果，又酸又甜营养多，既能做菜吃，又可当水果。

（8）不长枝来不生杈，叶子顶上开白花，脑袋睡在地底下，胡子长了一大把。

（9）千姊妹，万姊妹，同床睡，各盖被。

（10）红关公，白刘备，毛张飞，三结义。

（11）黄包袱，包黑豆，尝一口，甜水流。

（12）青树结青瓜，青瓜包棉花，棉花包梳子，梳子包豆芽。

（13）不是葱，不是蒜，一层一层裹紫缎。说葱长得矮，像蒜不分瓣。

（14）红嘴绿鹦鹉，吃了营养多。

（15）一个黄妈妈，一生手段辣，老来愈厉害，小孩最怕她。

（16）脱下红黄衣，七八个兄弟，紧紧抱一起，酸甜各有味，大家都喜欢。

（17）瘦长的身材，翠绿的皮肤，全身是疙瘩，丑了自己美了别人。

（18）像球样的圆，像血样的红，像珠样的亮，像蜜样的甜。

✡ 第138天　猜植物游戏

以下都是猜一种植物的小游戏，很有趣，动脑想一想。

（1）长生不老。

（2）生在山中，颜色相同，来到人间，有绿有红。

（3）小小一姑娘，坐在水中央，身穿粉红袄，阵阵放清香。

（4）泥里一条龙，头顶一个蓬，身体一节节，满肚小窟窿。

（5）小时头青青，老来发白白，远看似棉花，风来起白浪。

（6）麻壳子，红里子，裹着白胖子。

（7）高高绿骨儿，圆圆金黄脸，最爱向太阳，盈盈笑不停。

（8）样子像元宝，外壳黑又硬，生长在水里，秋来大采收。

（9）不是桃树却结桃，桃子里面长白毛，到了秋天桃熟了，只见白毛不见桃。

（10）一个孩子生得好，衣服穿了七八套，头上戴着红缨帽，身上装着珍珠宝。

（11）白公鸡，绿尾巴，一头钻进泥底下。

（12）白如玉，穿黄袍，只有一点大，都是宝中宝。

（13）小时能吃味道鲜，老时能用有人砍，虽说不是刚和铁，浑身骨节压不弯。

（14）四季青，巴掌大，用手摸，毛虫扎。

（15）牵藤藤，上篱笆，藤藤开花像喇叭，红喇叭，白喇叭，太阳出来美如画。

（16）说它是棵草，为何有知觉，轻轻一碰它，害羞低下头。

（17）有根不着地，绿叶开白花，到处去流浪，四海处处家。

（18）头上青丝如针刺，皮肤厚裂像龟甲，越是寒冷越昂扬，一年四季精神好。

（19）身穿着蓑衣，肉儿香又甜，要脱去那蓑衣，就会手儿痒。

（20）一个婆婆园中站，身上挂满小鸡蛋，又有红来又有绿，既好吃来又好看。

✡ 第139天　秀才射虎夺魁

明末清初，江西有位画家牛石慧，是著名画家"八大山人"朱耷的胞弟。

一年，牛石慧从洪都青云谱道院迁到奉新甘坊定居。刚住下不久，慕名求画的乡绅文士便纷纷登门。牛石慧想，今岁是壬戌犬年，我何不借此考考这帮当地名流的才学？遂取过四宝，铺纸泼墨，画了只黑狗。他放下画笔，对上门求赠者拱了拱手，笑着说："诸位乡贤才子，此幅拙作蕴涵字谜一则，哪位先生倘能猜中，老夫双手奉赠，决不食言。"

众人面面相觑，独有一清瘦的布衣秀才细细端详画谜片刻，便卷起画轴将画拿走了。

牛石慧佯装不解，追上秀才问："请问才子，何故夺画？"秀才虽停下脚步，却仍摇头不语。牛石慧又激道："才子倘非哑仙，请说出谜底。"布衣秀才只管眯眼嬉笑，扬长而去。众人更是瞠目不解，神情愕然。

牛石慧望着秀才远去的背影，笑着说："好一个装聋卖哑的书生！"有一乡绅连声诘问："丹青妙手，你怎容穷酸秀才如此无礼？"

牛石慧哈哈大笑道："他猜中了，猜中了。"

你知道这到底是怎么一回事吗？

✿ 第 140 天　半边味美半边香

清康熙皇帝喜欢游山玩水，吟诗作赋。

在一次南巡杭州的途中，康熙对身边的大学士说："爱卿乃饱学之士，朕有四句诗谜，你猜猜看，半边有毛半边光，半边味美半边香。半边吃的山上草，半边还在水里藏。"

大学士苦苦思索，始终未能悟出谜底。

正在桥边洗衣服的一位村姑，看到大学士一副狼狈的样子，为他道出了谜底。

康熙想不到一个村姑竟然如此聪慧，禁不住对大学士揶揄道："看来爱卿还得回翰林院再苦守三年寒窗，方能赛过这位才女的学问啊！"

你也来猜猜看，康熙皇帝那首诗谜的谜底到底是什么？

参考答案

第 115 天 上联：花甲是六十年，两个花甲再加上三七二十一岁，是 141 岁；下联：古稀是七十岁，两个古稀再加一岁，也正好是 141 岁。

第 116 天 (1) ——（开）——（日）——（异）——（声）

(2) ——（花）——（语）——（长）——（月）

(3) ——（十）——（美）——（年）——（壮）

(4) ——（天）——（国）——（生）——（虎）

(5) ——（万）——（火）——（油）——（面）

(6) ——（战）——（地）——（摇）——（鼓）

(7) ——（心）——（快）——（事）——（为）

(8) ——（气）——（千）——（马）——（功）

(9) ——（有）——（患）——（交）——（耳）

(10) ——（调）——（山）——（长）——（明）

(11) ——（生）——（亡）——（牢）——（破）

(12) ——（接）——（三）——（意）——（发）

(13) ——（争）——（后）——（人）——（海）

(14) ——（热）——（天）——（别）——（面）

第 117 天 是个"口"字。

第 118 天 1~22 答案依次为麻雀、老鼠、大象、蜗牛、狗、萤火虫、狐狸、大雁、猫、羊、蝉、蜈蚣、牛、豹、袋鼠、公鸡、蚂蚁、鸵鸟、壁虎、刺猬、蝙蝠、鸽子。（2）1~11 答案依次为鸭子、螃蟹、青蛙、鹅、企鹅、蜻蜓、乌龟、螃蟹、虾、鱼、鲸鱼。

第 119 天 "期"分为"八月廿二"。

第 120 天 老学究在字据上加上了标点，成为："无鸡，鸭也可；无鱼，肉也可。"

第 121 天 商辂解释说，农夫摇手的意思是，单手摇摇，五指三长两短。

第 122 天 "高山响鼓，闻声百里" 乃 "不通！不通！" 八窍已通七窍则为 "一窍不通！"

第 123 天 （一寸人）即为 "夺" 字。

第 124 天 基辛格反问道："不是保密的吗？那你说是多少呢？"

第 125 天 县令在老人的遗书上是这样断句的：六十老儿生一子，人言非，是我儿也！家产田园尽付与，女婿外人，不得争执。

第 126 天 分别是 "早" 和 "免" 二字，这样就变成了 "早行节俭事，免过淡泊年"，意思也随之而变。

第 127 天 每种药的头一个字按谐音连起来，为 "柏木棺材一副，八人抬上山"。

第 128 天 "竹苞" 拆开就成为 "个个草包"。

第 129 天 所谓的药方，其实是赵明诚玩的文字游戏。那天他外出访友，碰巧与女词人李清照邂逅，二人一见钟情，相见恨晚，只因封建时代婚姻要由父母包办，不能自主，于是赵氏转弯抹角地流露出想做 "词女之夫" 之意。赵父精通文墨，一点即通，当即派人上李宅求亲，这才治好了儿子的相思病。

第 130 天 凶、区、冈（其他符合条件的字，也算正确）。

第 131 天 "一人" 为 "大" 字；"二曜"，一日一月为 "明" 字；"尺一" 即十一寸，为 "寺" 字；"冰旁" 去 "点" 为 "水" 字；"二人相连" 为 "天" 字；"不欠一边" 为 "下" 字；"二梁四柱，烈火烘燃" 为繁体 "無"（无）字；"两日" 除去 "双折" 为 "比" 字。合起来即为：大明寺水天下无比。

第 132 天 苏小妹这样破解："野鸟啼，野鸟啼时时有思。有思春气桃花发，春气桃花发满枝。满枝莺雀相呼唤，莺雀相呼唤岩畔。岩畔花红似锦屏，花红似锦屏堪看？堪看？"

第 133 天 老书法家是这样断句的："黄河远上，白云一片，孤城万仞山。

羌笛何须怨？杨柳春风，不度玉门关。"巧妙地将一首七言绝句点化成《南乡子》词。

第 134 天 梅花。

第 135 天 三弟是卖烧饼的，烧饼要一个一个数给顾客，所以要"数一数二"；二弟是做爆竹的，放起炮来"惊天动地"；老大是个屠夫，杀猪无须衙门核准，所以叫"先斩后奏"。

第 136 天 答案依次为分解、轨迹、相等、指数、半径、对数、曲线、分母、半角、相似、圆心、运算、整数、线段（断）、平行、原点、开方、倒数、平均数、真分数。

第 137 天 (1) ～ (18) 答案依次为豆芽、茄子、柿子、香蕉、丝瓜、红萝卜、番茄、葱、石榴、荔枝、梨、柚子、洋葱、菠菜、姜、橘子、黄瓜、樱桃。

第 138 天 (1) ～ (20) 答案依次为万年青、茶叶、荷花、莲藕、芦苇、花生、向日葵、菱角、棉花、玉米、萝卜、稻子、竹子、仙人掌、牵牛花、含羞草、浮萍、松树、芋头、枣树。

第 139 天 黑犬为"默"，秀才夺画而不言，正射中了谜底。

第 140 天 是个"鲜"字。

归纳思维

☆ 第 141 天　谷物价格

粮食可以在收割前在期货市场进行交易。如果预测谷物产量不足，谷物期货价格就会上升；如果预测谷物丰收，谷物期货价格就会下降。今天早上，气象学家们预测从明天开始谷物产区会出现非常需要的降雨。因为充分的潮湿对目前谷物的存活非常重要，所以今天的谷物期货价格会大幅下降。下面哪一项如果正确，最严重地削弱了以上的观点？

A. 在关键的授粉阶段没有接受足够潮湿的谷物不会取得丰收。

B. 本季度谷物期货价格的波动比上季度更加剧烈。

C. 气象学家们预测的明天的降雨估计很可能会延伸到谷物产区以外。

D. 农业专家们今天宣布，一种已经毁坏一些谷物作物的病菌在生长季节结束前会更广泛地传播。

E. 许多在谷物期货市场交易的人很少实际拥有他们所交易的谷物。

☆ 第 142 天　节能灯泡

高塔公司是一家占用几栋办公楼的公司，它现在考虑在它所有的建筑内都安装节能灯泡，这种新灯泡与目前正在使用的传统灯泡发出同样多的光，而所需的电量仅是传统灯泡的一半。这种新灯泡的寿命也大大加长，因此通过在旧灯泡坏掉的时候换上这种新灯泡，高塔公司可以大大降低其总体照明的成本。

下列哪一项如果正确，最能支持上面的论述？

A. 如果广泛地采用这种新灯泡，这是非常可能的，那么新灯泡的产量就会大大增加，从而使其价格与那些传统灯泡相当。

B. 向高塔公司提供电力的公共事业公司向其最大的客户们提供折扣。

C. 高塔公司最近签订了一份合同，要再占用一栋小的办公楼。

D. 高塔公司发起了一项运动，鼓励员工每次在离开房间时关灯。

E. 生产这种新灯泡的公司对灯泡中使用的革新技术取得了专利，因此它享有生产新灯泡的独家权利。

✿ 第 143 天　事件排序

①下岗②优化组合

③设备更新　④重上岗

⑤学习技能

　A. ③—②—①—⑤—④

　B. ②—①—③—④—⑤

　C. ①—②—④—⑤—③

　D. ④—⑤—①—③—②

✿ 第 144 天　公司业绩

评判一家公司业绩的一种方法是将其与其他公司进行对比。这种技术，通常称为"对照基准点"，它使公司经理可以发现更好的行业行动并且能为采取好的行动提供正当的理由。

下面每个如果正确，都是把一家公司的业绩和不与之形成竞争的公司（而非竞争者）进行基准点对照的正当理由，除了（　　）。

A. 和竞争者的对比最可能集中在进行对比的经理已经采取的行动上。

B. 得到关于竞争者的独特行为的信息是相当困难的。

C. 因为互相竞争的公司可能有可与之相比的效率水平，只有与非竞争者进行基准点对照才可能发现有助于击败竞争者的行动。

D. 经理们一般对从本行业以外发现的想法更易接受。

E. 许多优秀公司的成功应归因于它们采取了可利用它们的产品所在市场的特别环境的行动。

✿ 第 145 天　热量摄取

大量减少热量的摄入，如果同时伴随维生素的补充，可使实验室老鼠的寿命延长一倍。喂食 40%标准食物量的老鼠的预期寿命是喂食标准食物量的老鼠的两倍。

如果以上信息正确，下列陈述如果正确，除哪项外都将有助于解释喂食比标准食物量少的实验室老鼠活的时间是喂食标准食物量的老鼠的两倍？

A. 由于吃得少，降低了老鼠的新陈代谢速度，也就减少了老鼠自身的消耗。

B. 低热量的进食延缓了老鼠免疫系统的老化，从而保护老鼠免受一些常会致命的疾病的侵扰。

C. 大量减少热量的摄入促使荷尔蒙系统延缓衰老进程。

D. 比标准允许量吃得少的老鼠细胞的寿命比正常进食的老鼠的细胞寿命长。

E. 伴随着减少了热量的饮食所做的对维生素的补充并没增加饮食中的热量。

✿ 第 146 天　电子接线系统

全国各地区及本地的电话公司都开始向顾客提供一个电子接线系统，使顾客可以选择使用电子系统来拨打需要接线员帮助才能拨通的电话。然而，在可预见的未来，人工接线员的在职人数不会减少。

以下陈述如果正确，除哪项外都可以解释人工接线员人数不会下降的原因？

A. 拨打需要接线员帮助才能拨通的电话的数量急剧增长。

B. 新的电子接线系统，虽然通过了测试，但在全面使用之前还需要做大量的调整工作。

C. 如果接线员所在的公司在目前的合同期未满把他们辞退，其工会就会迅速抨击该公司。

D. 在一个地区，对该电子系统进行试运行，如果让消费者自己选择，几乎所有的消费者都选择人工接线员来接通电话。

E. 新的电子接线系统完成一次接线电话的速度比人工接线快一倍。

✿ 第 147 天　安慰药

安慰药是一种化学性质为惰性的物质，更多地用来给予病人精神上的安慰而非治疗病人身体的紊乱。给病人用这种药是期望给病人灌输对其康复前景的积极态度。在某些情况下，安慰药确实起到了改善病人病情的效果。一位著名医药研究专家在最近讨论安慰药的应用及效果时，给了内科医生一些不寻常的赞扬，说内科医生就是最终的安慰药。

该研究学家通过将内科医生比作安慰药试图暗示：（　）

A. 不管诊断结果如何，内科医生应该总是保持乐观并将乐观的态度传达给他的病人。

B. 有些病人的健康仅仅由于他们知道医生在给他们治疗而有所好转。

C. 很多病人患的实际上是想象病，这些病最好的医治是安慰药。

D. 医生可以少开一些药物而取得同样的疗效。

E. 很难确定医生的行为对病人的状况如果有效果的话，是有什么样的效果。

✿ 第 148 天　帐篷露营

甲、乙、丙、丁和戊五人沿着一条河岸分别扎下帐篷露营。翌日早晨，前四人都到戊的帐篷碰头,然后各自返回自己的帐篷。

(1) 甲和乙的帐篷在戊帐篷的下游,丙和丁的帐篷在戊帐篷的上游。

(2) 甲、乙、丙和丁各有一艘汽艇;如果河水静止不动,每艘汽艇只用1个小时便可把主人带到戊的帐篷。

(3) 河流非常急。

(4) 翌日早晨,四人驾汽艇抵达戊帐篷所花的时间:甲是75分钟,乙是70分钟,丙是50分钟,丁是45分钟。

四人中( )花在往返路程上的时间最短。

A. 甲 B. 乙

C. 丙 D. 丁

E. 其中有两人的时间为并列最短。

✿ 第 149 天 自动售烟机

因为未成年人不应该吸烟,因此拟议中的禁止向未成年人销售香烟的法律是合理的,然而拟议中的对售烟机的禁令就如同为捉拿 100 个中才有一个没有驾照开车的人而设置路障一样。路障阻止了每个人,而不仅是那些违法的人。

下列哪个问题的回答对评价上述对于售烟机的禁令的反对意见最重要?

A. 自动售烟机比自动售食品机出现功能失灵的情况更频繁吗?

B. 目前是否有法律禁止把成年人专用的东西出售给未成年人?

C. 提高香烟销售税能阻止未成年人购买香烟吗?

D. 禁止设置自动售烟机是否给许多购买香烟的成年人带来不便?

E. 自动售烟机出售的商品比零售店出售的更贵吗?

✿ 第 150 天 血红细胞

被疟疾热寄生虫寄生的血红细胞在 120 天后被排除出人体,因为这种寄生虫无法移到新一代的血红细胞内。在一个人迁移到一个没有疟疾的地区

120 天后，发生在这个人身上的任何发烧情况都不是由疟疾热寄生虫引起的。

以下哪一项如果是正确的，将最严重地削弱以上结论？

A. 疟疾寄生虫引起的发烧可能同流感病毒引起的发烧相似。

B. 主要的疟疾寄生虫携带者是疟蚊，在世界上很多地区已经被消灭了。

C. 除发烧外的很多疟疾的其他症状，能被抗疟疾药物抑制，但在停用药物后 120 天内会重新出现。

D. 在某些情况下，引起疟疾热的寄生虫可以移动到脾细胞中，而脾细胞被清除出人体的频率比血红细胞的频率低。

E. 在任何携带疟疾的蚊子大量存在的地区，有一些人对疟疾有免疫能力。

✿ 第 151 天　生物技术公司

随着生物技术公司的出现，人们害怕这些公司对它们的专职研究员和他们的学术顾问的专利化成果施加沉默。这种抑制，依次地将会减缓生物科学和工程的发展。

以下哪一项如果是正确的，将有助于最严重地削弱以上描述的关于科学保密的预测？

A. 由实业界资助的生物技术研究已经取得了一些具有重大科学意义的结果。

B. 当科学研究的结果作为秘密保存起来时，独立的研究人员无法利用这些结果做进一步发展。

C. 由于生物技术公司研究的优先次序与学术机构的不同，对这些公司的研究工作提供经济资助扭曲了研究的正常次序。

D. 为提高公司在科学界的地位，生物技术公司鼓励员工将他们的成果，特别是重要的成果公开发表。

E. 生物技术公司将一部分研究资源投入到具有基础科学意义和并不能期望立即产生实际应用的问题的研究上。

✡ 第 152 天　四兄弟

17 世纪的物理学家伊萨克·牛顿爵士主要因他在运动和地球引力方面的论文而受到纪念。但是牛顿也基于神秘的炼丹术理论秘密地做了许多年的试验，企图使普通金属变成金子，并制出返老还童的长生不老药，这些尝试都以失败告终。如果 17 世纪的炼丹家发表了他们的试验结果，那么 18 世纪的化学将会比它实际上更为先进。

下面哪一个假设可以合理地推出关于 18 世纪化学的结论？

A. 科学的进步因历史学家不愿承认一些伟大的科学家的失败而受阻。

B. 不管试验成功与否，有关这些试验的报道若能被其他科学家所借鉴，将会促进科学的进步。

C. 如果牛顿在炼丹术方面的工作结果也被公布于众的话，那么他在运动和地球引力方面的工作将不会得到普遍的接受。

D. 科学日趋专业化，使得一个领域的科学家很难理解其他领域内的原理。

E. 如果 17 世纪的炼丹家让他们的试验结果接受公众审查的话，他们将有可能达到他们的目标。

✡ 第 153 天　媒分子的研究

某些媒分子通过使环绕肺气管的骨肉细胞收缩来抵御有毒气体对肺部的损害。这使得肺部部分封闭起来。当这些媒分子被不必要地激活时，对某些无害的像花粉或家庭粉尘做出反应，就出现了哮喘病。

有一项计划是开发一种药物通过阻碍接收由上文所说的媒分子发出的信息来防止哮喘病的发生。

以下哪一项如果是正确的，将指出这项计划最严重的缺陷？

A. 研究人员仍不知身体是如何产生这种引发哮喘病的媒分子的。

B. 研究人员仍不知是什么使一个人的媒分子比其他人的更易激活。

C. 很多年内无法获得这样的药物，因为开发和生产这种药物都需要很长的时间。

D. 这样的药物无法区分由花粉和家庭粉尘引发的信息与由有毒气体引发的信息。

E. 这样的药物只能是预防性的，一旦得上哮喘，它无法减轻哮喘的程度。

✿ 第 154 天　可循环利用

一座公寓建筑里的居民正在考虑两种可能的收集可再循环的垃圾的计划。

计划 1：居民们把可再循环的垃圾放置到停车场里的市政垃圾车里。垃圾会被在每个月的第 1 天和第 15 天收集。

计划 2：向居民们各自发放装可再循环垃圾的容器。这些容器每周两次放在路边以方便收集垃圾。

下面是一次居民集会上提出的观点，其中哪个如果正确，最能支持再循环计划中的一个而非另一个？

A. 居民们会被要求小心地把可再循环的垃圾从不可再循环的垃圾中分离出来。

B. 为了使垃圾再循环成功进行，居民们必须把可再循环的瓶瓶罐罐从可再生的纸制品中分离出来。

C. 未能正确把垃圾分类的居民会被处以罚款。

D. 个别的再循环容器需要以坚硬耐久的原料制造。

E. 存放两周的可再循环垃圾会引来老鼠。

✿ 第 155 天　酸雨报国

一份关于酸雨的报告总结道："加拿大的大多数森林没有被酸雨损害。"这份报告的批评者坚持认为这一结论必须改变为，"加拿大的大多数森林没有显示出明显的被酸雨损害的症状，如不正常地落叶、生长速度的减慢或者更高的死亡率"。

下面哪个如果正确，为批评者坚持要改变报告结论提供了逻辑上最强有力的正当理由？

A. 加拿大的一些森林正在被酸雨损害。

B. 酸雨可能正在造成症状尚未明显的损害。

C. 报告没有把酸雨对加拿大森林的损害与酸雨对其他国家森林的损害进行比较。

D. 过去的 15 年内，加拿大所有森林都下过酸雨。

E. 酸雨造成的损害程度在不同森林之间具有差异。

✿ 第156天　市长的建议

某市长曾建议向进城的私人车辆每天收取 5 美元的费用，宣称这种费用的征收将缓解该城市的交通拥挤状况。该市长解释说，由于该费用比许多附近站点乘坐环线公共汽车的费用要高，许多人会由自己驾驶汽车转为乘坐公共汽车。

以下哪一项陈述如果是正确的，为证明该市长的推理是有缺陷的提供了最好的证据？

A. 汽油价格的预期上升将提高进城的私人车辆的成本。

B. 停车费用已经使大多数开私人车辆进城的人觉得比乘坐公共汽车昂贵很多了。

C. 目前乘坐公共汽车的人多数没有自己的私家车。

D. 许多反对该市长计划的通勤者指出他们宁愿忍受交通拥挤，也不愿付每天 5 美元的费用。

E. 在一般的工作日，居住在城区里的人拥有和驾驶的私人车辆占到了该城整个交通流量的 20%。

☆ 第 157 天 飞机的危险

飞机制造商：我反对你把我们的 X－387 型喷气机描述为危险的。商业使用的 X－387 飞机从未坠毁，也未曾有过严重的功能失调。

航空调度员：X－387 飞机的问题并不在于其自身，而在于发动起来时会引起空气湍流，给附近的飞行器造成危险的环境。

航空调度员通过下面哪一个对制造者做出了回答？

A. 把制造商的论断特征描述为来自主观兴趣，而不是来自于对事实的客观评价。

B. 把注意力集中于这个事实：制造商对"危险"的阐释太狭隘了。

C. 引用一些制造商把它们当作与争论问题无关而明显忽略的证据。

D. 引用统计证据以反驳制造商的断言。

E. 向制造商对最近空难数量的了解程度提出质疑。

☆ 第 158 天 溃疡治疗

针对某种溃疡最常用的一种疗法可在 6 个月内将 44% 的患者的溃疡完全治愈。针对这种溃疡的一种新疗法在 6 个月的试验中使治疗的 80% 的溃疡取得了明显改善，61% 的溃疡得到了痊愈。由于该试验只治疗了那些病情比较严重的溃疡，因此这种新法显然在疗效方面比最常用的疗法更显著。

对下列哪一项的回答最能有效地对上文论述做出评价？

A. 这两种疗法使用的方法有何不同？

B. 这两种疗法的使用成本是否存在很大差别？

C. 在 6 个月中以最常用疗法治疗的该种溃疡的患者中，有多大比例取得了明显康复？

D. 这种溃疡如果不进行治疗的话，病情显著恶化的速度有多快？

E. 在参加 6 个月的新疗法试验的患者中，有多大比例的人对康复的比例不满意？

✿ 第 159 天　四兄弟

反核活动家：关闭这个核电站是反核的胜利，它同时也体现了核工业很迟才肯承认它们不能安全运作这样的发电站的事实。

核电站经理：它并不体现这样的事情。从非核资源可得到便宜的电力，加上强制性的安全检查和安全维修，使继续运作变得不经济。因此，不是出于安全方面的考虑，而是出于经济方面的考虑，才下令关闭了这个核电站。

经理的论证的推论是有缺陷的，因为该论证（　　）。

A. 没有承认即使这家核电站不是出于安全方面的原因被关闭，电力公司现在也可能会认为核电站是不安全的。

B. 忽略了那些可以利用的便宜电力资源本身也存在安全问题的可能性。

C. 把关闭这个核电站对公众来说体现了什么问题错认为是经理的关闭理由是什么问题。

D. 把电力工业对待核安全的态度与反核活动家的观点相抵触的态度的观点作为它的一个前提。

E. 把由于需要采取安全预防措施而引起的一些费用的上升看作是纯粹的经济上的因素。

✿ 第 160 天　说实话的人

近期土地价格的下跌已经使许多在房地产上大量投资的机构受到了损害。去年，在这次价格下跌尚未开始的时候，一所地方大学为其资产增加了200 英亩的土地。当然，这所大学并未购买这块土地，而是作为馈赠接受下来的。所以价格下降并没有影响到该大学。

下面哪个如果正确，对以上的结论提出了最严重的质疑？

A. 去年给予这所大学的 200 亩土地与该所大学处于同一社区。

B. 与房地产馈赠相比，这所大学经常接受更多的资金捐赠。

C. 这所大学所处地区目前的土地价格要高于全国的平均水平。

D. 去年，这所大学预算用来进行翻修的资金包括今年出售一些土地的预期收入。

E. 去年，这所大学没有交纳学校建筑物所占土地的地产税，相反却付费补偿地方政府所提供的服务。

✿ 第 161 天　论文

涉及国际合作的科学研究所发表的论文比没有合作的研究所发表的论文具有更大的影响力。如果一篇论文影响力的大小通过随后发表的文章对该论文的引用次数来衡量，国际合作研究发表的论文平均被引用 7 次，而单独作者所发表的论文却仅被引用 3 次，这个差异表明国际合作研究项目比单个研究人员进行的研究项目具有更大的重要性。

上面的论述基于下面哪一个假设？

A. 多产的作家可以在随后发表的论文中通过自我引述来提高他们的论文的引用次数。

B. 可以通过一篇论文被引用的次数来确定该论文是否是国际合作研究的成果。

C. 一篇论文被引用的次数是其所报道的研究项目的重要性的评价标准。

D. 由同一国家的科学家合作发表的论文的重要性抵不上国际合作所发表的论文的重要性。

E. 与单一研究者相比，国际研究小组更易得到丰厚的资助。

✿ 第 162 天　花瓶位置

在西西里岛的一个坟墓中发现的一个陶瓷花瓶的样本证明，这个花瓶是在希腊制造的。由于该坟墓的主人死于 2700 年前西西里人统治的年代，所以这个花瓶的所处位置表明，在 2700 年前，西西里岛与希腊之间已有贸易往来了。

下面哪一个是上述论断所基于的假设？

A. 生活在西西里人统治时代的西西里陶瓷工没有制造出与希腊陶瓷工制造的具有相同水平的作品。

B. 在西西里人统治的年代，陶器制造中所使用的西西里黏土与同时代陶器制造中所使用的希腊黏土相似之处甚少。

C. 在坟墓的主人生活的年代，西西里岛与希腊之间有能够运输大量货物的轮船。

D. 西西里坟墓里发现的花瓶不是坟墓的主人的后代在很多年以后放进去的。

E. 坟墓的主人不是西西里统治者所属的皇家成员。

✿ 第 163 天　石油存储

大多数地理学家相信，石油是埋在古代海洋下面的有机物所产生的碳氢化合物的化学转变物。与之不同，有人假设石油实际上产生于在地球内分离的其他复杂的碳氢化合物上面的细菌活动。众所周知，这些碳氢化合物的规模超过了被埋有机物的规模。所以，我们的石油储备要多于大多数地理学家所认为的。

下面哪个如果正确，对以上关于我们的石油储备的论证提供了最强有力的支持？

A. 大多数地理学家对地球的石油储备持乐观态度。

B. 大多数地理学家已经对以往发现的石油储备进行了精确的化学分析。

C. 古代的海洋在许多地方被埋到地球里了，那里的化石非常丰富。

D. 已经在石油储备中发现的唯一细菌很可能是从地面污染物中通过钻孔渗透下来的。

E. 化学变化减少了来自有机物的被埋碳氢化合物的规模，减少的比例与细菌活动对其他复杂碳氢化合物的规模的减少比例大致相同。

✿ 第 164 天　喷水装置

一项拟议中的法令要求在新的住宅中安装一旦出现火情就自动触发的喷水装

置，然而，一个住宅建筑商争辩说，因为超过90%的居室火灾是由住户中的人扑灭的，因此居室中的喷水装置只能稍微减轻由居室火灾引起的财产损失。

以下哪一项如果是正确的，将最严重地削弱该住宅建筑商的论述？

A. 绝大多数人没有受过如何扑灭火灾的正规训练。

B. 由于新的住宅在城市中可以使用的房屋中只占很小的一部分，这种新的法令在适用范围上将非常狭小。

C. 在新住宅中安装烟雾探测器将比安装喷水装置的成本低很多。

D. 在这个拟议该法令的城市，消防部门要求的对火灾做出反应的平均时间低于全国平均水平。

E. 由居室火灾引起的财产损失中，最大的一部分是由住户中无人在家时发生的火灾造成的。

参考答案

第 141 天 D

第 142 天 A

第 143 天 A

第 144 天 E

第 145 天 A

第 146 天 D

第 147 天 B

第 148 天 B

第 149 天 D

第 150 天 D

第 151 天 D

第 152 天 B

第 153 天 D

第 154 天 E

第 155 天 B

第 156 天 B

第 157 天 B

第 158 天 C

第 159 天 E

第 160 天 D

第 161 天 C

第 162 天 D

第 163 天 E

第 164 天 E

第六章

缜密思维

☆ 第 165 天　手中的保温杯

周末的一天，一家珠宝专卖店里来了一对中年夫妇。夫人身穿时髦的大红色长风衣，提着价格不菲的小皮包，丈夫身穿笔直的西服，两人看上去都很高贵阔气。但是，奇怪的是丈夫手上始终拿着一个中等大小的不锈钢保温杯。

店小姐小雨看见来了贵客，忙笑脸迎上去问需要什么服务？

这时，丈夫彬彬有礼地告诉小雨，今天是他们的结婚十年纪念日，今天来此店想为亲爱的妻子买些珠宝首饰送给她。小雨听了热情地为他们介绍了各种款式和最近优惠的几个品种后，妻子对丈夫说："咱们不妨都试戴一番，看哪个好看，再做决定。"

说完妻子从小皮包里拿出了一张贵宾卡，小雨明白这张卡的价值，它代表着顾客的地位和诚信，所以也是极少数顾客才会拥有。小雨连忙为他们提供了单独的试戴间，根据他们的要求将不同的首饰送进去给他们试戴。

一晃眼，这对中年夫妇在店里待了整整一个下午，他们试戴了几乎一半的珠宝首饰，小雨也跟着忙乎了一下午。最后夫妇商量完后，他们决定购买一套项链和一枚戒指，项链和戒指虽然也昂贵，但只属于店里商品中下等的价格，小雨觉得有点奇怪。

中年夫妇来到收银台准备结账。这时，丈夫将手中捧着的不锈钢保温杯递给身后的妻子。整理好商品的小雨也来到一旁，发现夫人神色突然不对劲，看起来有点紧张。更让小雨不解的是夫人捧着不锈钢保温杯的右手也似乎在微微颤抖着。小雨关心地问夫人是不是不舒服？丈夫笑着解释说："我妻子在神经方面有点问题，大夫嘱咐每隔半个小时应该吃一次药，今天忙乎了一下午，估计是她太累了。现在又到了吃药的时候。"说着丈夫拿出来口袋里的药物给妻子递过来。

夫人向小雨微笑着表示歉意，同时打开保温杯，小雨看到里面满满的一杯咖啡，夫人吞下药片，喝了一口咖啡。小雨笑着嘴上说了几句客套话，可心里面还是感觉哪里不对劲，但是对这对夫妇进行搜查是不可能的，因为他们持有贵宾卡。何况自己刚才在整理商品时并没有发现少了珠宝，要求检查更是毫无道理。

这时，丈夫拿出信用卡，付好了钱准备拉着妻子走了。站在一旁的小雨忽然想到了什么，她毫不犹豫地报了警，同时让店里的保安过来挡住这对夫妇的去路。

警察很快赶到了，小雨告诉警察她的疑点。不一会儿，警察在装咖啡的杯子里找到了3件珠宝，小雨拿出橱窗里相对应的珠宝，才发现都是赝品，真的珠宝竟然被他们藏在咖啡杯里。经过调查，警察发现这对夫妇是个惯偷，手段高明，他们伪装的本领很高强，包括手中的贵宾卡也是他们伪造的。事后，大家都对小雨的聪明细致赞不绝口。

那么，小雨是如何看出破绽的呢？

✡ 第 166 天　跑步定案

前秦的时候，苻融担任了冀州的刺史。

一天，苻融穿着便衣在街上散步。这时，听到前面吵吵嚷嚷的，他带着随从拨开围观的人群一看：只见两个男子正在互相撕扯着衣裳，嘴里骂骂咧咧的。

只听那个瘦高个说："是你偷了人家钱包，你还抵赖，还要嫁祸于我。"

"你才是贼，让我抓住了还狡辩。"那个稍微矮点的青年也不甘示弱地说。

"老婆婆，你说谁是贼？"那个瘦高个对着旁边的一位老婆婆问。

"这……"老婆婆面露难色。

这时，符融的随从走出来，说："这位是刺史大人，你们有什么事情对大人讲清楚。"

两位年轻人听了，连忙跪在符融的面前。

只听那位瘦高个说："启禀大人，刚才有个老婆婆在路上被贼抢劫，听到老婆婆大喊捉贼，我就跑过去把贼抓起来了。"

"大人，他在说谎，他自己才是贼，是被我抓住的。"另外一个反驳道。

符融问周围有人看到谁是贼了没？大家都摇摇头。

符融又问老婆婆，老婆婆说，她年老眼花，也没看清贼的样子，只看见是一个青年。

符融无奈，对着瘦高个说："你说你不是贼，是好人，你怎么证明呀？"

"啊……这怎么证明啊？"瘦高个委屈道。

"那你又怎么证明你不是贼呢？"符融又转向另外一个青年说道。

"冤枉啊……大人……我是好人啊！"矮个青年听了哭喊起来。

符融见状，突然心生一计。笑着说道："这样吧，本官命你们从这里跑到集市的东口，再跑回来，看谁先跑回来。"

两位青年听罢，愣在那里。

"还不快跑？"符融喝道。

只见一溜烟，两位青年就不见了踪影。

一会儿瘦高个先跑回来，矮个青年气喘吁吁地也跟了回来。

没想到，符融下令让随从把后跑回来的青年抓住。

在场的人都不解，刺史大人这是唱的哪出戏呢？

矮个青年也委屈地问："我跑得慢，就成了贼了？"

只听符融说了一句话，矮个青年便耷拉下脑袋，承认自己是贼了。

那么，符融说了一句什么话呢？

✿ 第 167 天　名副其实的侦探小说家

这天晚上英国女作家阿加莎参加了一个好友的生日 party，party 热闹非凡，大家一直玩到凌晨 2 点才陆陆续续地动身回家。

"夜深了，你就不要回去了，咱俩一个床上挤挤，让皮特去客厅睡吧。"阿加莎的女友指着丈夫对阿加莎说。

"放心吧，我可不想破坏你们的好时光。"阿加莎诡秘地笑着说，"况且，我本身就是个侦探小说家嘛，那些盗贼躲我都来不及呢！"

好友夫妇实在挽留不住阿加莎，就放她走了。

阿加莎离开后就匆匆地上路了。

读过侦探小说的人一定会知道阿加莎，她一生写过数十部长篇侦探小说，被人誉为侦探小说女王。

可是，谁会料到，今天晚上，这名大名鼎鼎的侦探小说家本人也真的遇到了抢劫案。

因为喝了点酒，走在那条又长又冷清的大街上，一阵凉风袭来，阿加莎感觉浑身有点冷，她加快了脚步。这时，一个拐角处跳出一个高大的黑影，挡在阿加莎的面前，手里亮出一把寒气逼人的尖刀。

阿加莎不敢大喊，她怕歹徒狗急跳墙刺向她，跑也跑不掉了，于是她索性站住。"你，你想要什么？"阿加莎装着一副很害怕的样子问。

"把身上值钱的东西拿过来。"歹徒恶狠狠地说。

阿加莎摸遍了口袋，才发现钱包不见了，应该是在朋友家玩得太疯了，没注意掉在她家了。"钱包不见了，掉了……"阿加莎紧锁着眉头说。

"那把你的耳环摘下。"歹徒看了看阿加莎说。

"好吧，很乐意给你。"阿加莎说着一只手颤抖地摘耳环，一只手努力地护住脖子。

歹徒见状，冷笑道："你脖子上挂着什么东西，是一条钻石项链吗？我看到它发光了。"

"没有，没有……"阿加莎紧张地回答。

"快把它拿下来给我。"

"求求你了，这是我一个好友送的，不值钱，但对我来说很重要。"

"少废话，不然要了你的命。"

阿加莎听了，连忙把摘耳环的手拿过来去摘项链，她显得极不情愿的样子。

项链摘下来后，歹徒一把抢过来，飞一样地闪人了，连耳环都忘了再要。

这时，阿加莎深深地舒了口气，脸上出现高兴的笑容。

阿加莎为什么要高兴？

✿ 第 168 天 劫宝杀人

这天，晴空万里，一个奇珍异宝展在 A 国某城市博物馆举行。

展览的当天夜里，一颗重 68 克拉的"紫玛瑙"和一颗重 75 克拉的"绿翡翠"被盗走了。这两颗珍宝可是稀世珍宝，如果被不法分子偷运出国贩卖，那对国家造成的损失将无法估算。

天刚亮，警方便接到博物馆的报案和罪犯逃离的线索。

探长亨利马上派两名侦探赶往一个半小时后就要发车的 606 次国际列车，他自己则带了一名助手来到现场。经过初步勘察，探长亨利发现盗贼是从博物馆的玻璃屋顶进入馆内的，展厅的门锁完好无损，说明盗贼早已配好钥匙顺利打开门。然后盗贼剪断报警器的电线，安全地来到放置宝石的有机玻璃柜面前，将宝石拿到手。从现场的一系列作案手法来看，盗贼肯定是个不简单的惯偷。

"你留下来配合馆内保安继续对现场做进一步勘察吧。"亨利探长对助手说完，就离开博物馆开着车赶往火车站。

赶到火车站后，仅剩半小时那班国际列车就要开动了。这时已经开始检票，人流涌向车厢。亨利探长也从中间一节车厢上了车，联系到先前来的两名侦探，两名侦探报告说正分别从车头和车尾逐节车厢寻找嫌疑犯呢。

亨利探长刚走到第8节车厢，看见前面的车厢内一阵骚动。这时，两名乘警边嘴里喊着："大家安静，安静。"边分开人群朝10号软卧车厢走去。亨利探长紧跟了过去。

当他们来到第5间包厢时，透过半敞开的门，亨利探长看见靠窗口处的座位上倒着一名男子，男子浑身蜷缩着，两眼圆睁，嘴角流出一道鲜血。经检查后发现男子是被人用毒药枪杀死的。男子身旁没有任何行李，应该是也被凶手劫走了。

"是谁报的案?"亨利探长问。

一名乘警答："是一名走错车厢的乘客报的案，他的车厢与死者的车厢相邻。"亨利探长猜测死者就是昨晚偷走宝石的盗贼之一。可是他是被谁杀死的? 是盗贼之间起了内讧还是被另外一伙盗贼盯上，所以才惹来杀身之祸，行李和宝石也一道被劫。

亨利探长推断杀人劫宝者还在车上，他当即向两位乘警小声交代了几句。这时，亨利探长看见两名侦探已来到这节车厢，立即给他俩安排了任务。

离列车开动只剩15分钟了，列车上的广播忽然响了起来："各位乘客请注意! 各位乘客请注意! 10号车厢有一位乘客心脏病突发，生命垂危，车上如有医生请速来协助抢救……"

顿时，有不少人向10号车厢涌来，声称前来抢救病人。装扮成"乘警"的一位侦探挡在门口说道："谢谢热心的大家，不用着急，病人在两分钟前已经苏醒过来了，他正向乘警述说发病经过呢!"话音刚落，人群中有一位瘦高个的男子迅速转身，朝着自己的车厢走去，当那男子回到自己的座位，刚从行李架上取下一只皮箱时，亨利探长和一名侦探、一名乘警便出现在他身后。

"先生，请您跟我们到乘警室走一趟吧。"那男子浑身一颤，皮箱猛然从手上滑落，重重地砸在他脚上，疼得他大叫不止。

"把皮箱捡起来，跟我们走一趟！"侦探和乘警将那人夹在中间，亨利探长拿出手铐铐在他的手上。没等亨利探长要他打开皮箱，那人便如实交代了他杀人劫宝的经过。

请问，亨利探长如何断定那人就是劫宝杀人犯呢？

✿ 第 169 天　什么水灭火

宋朝时，汴梁城里有两条神奇的水巷，一条巷里的水是甜的，一条巷里的水是苦的。这样，那条甜水巷里的水被人们用来食用并且管理得很洁净。而苦水巷里的水人们仅用来洗菜、洗衣服和浇菜园。

这天，包公来到汴梁城上任开封府尹，听闻这两条水巷，觉得很有趣，很快也入乡随俗。

一天晚上，包公穿着便衣带着几个随从在城里闲逛，欣赏夜景。突然，看到不远处半边天红彤彤的。包公定睛一看，原来是下面的一处民宅起火了，熊熊烈火把半边天空都映红了。

包公命令一个随从回衙喊捕头，自己则带着其他几个人赶紧赶了过去，准备组织百姓们救火。只见老百姓看到烈火熊熊乱了阵脚，有拿着桶的，端着盆的，挤挤嚷嚷地不知往哪个水巷跑。这时，人群中的一个矮胖子汉子喊："挑甜水还是挑苦水？"

"废话，当然是苦水了。"一个黑脸壮汉怒目圆睁地答。

救火的人们听了矮胖子和黑脸汉子这一问一答，"呼"地纷纷朝苦水巷涌去。这下可糟了，苦水巷顿时被人流堵塞了，想进去的进不去，想出来的出不来。

包公见状心想不妙，这时，捕头带领大批衙役正好赶来。

"快去告诉老百姓，就说是我的命令，让他们苦水、甜水一块儿挑！"包公立即对捕头命令道。

"甜水也一起挑吗？"捕头迟疑地望着包公。

"是呀，救火要紧啊。"包公大喝道。

"还有，把刚才那两个人群中一问一答的汉子给我抓来。"包公转头又对跟他先到的几个衙役说。

"是。"一声令下后，几个衙役开始行动，在人群中搜索那两个汉子。

不一会儿，苦水巷拥堵的人们被疏通了，在人们的同心协力之下，大火终于被扑灭了；那两个汉子也被抓到了包公的面前。

两个汉子不知何事，大声地喊着冤枉，灭火后的人群很快围了过来。

"大胆贼人，是你们放的火吧，还不知罪！"包公厉声道。

两个汉子听了，先是一愣，接着扑通一声跪倒在地连呼冤枉。

"贼人，还不承认，带回去严刑拷问。"

两个汉子听说要动用严刑，顿时像泄气的两个皮球，瘫坐在地，承认了罪行。

原来，两个汉子是当地有名的泼皮无赖，早已听闻包公断案如神，自从包公上任开封府尹以来，一直不敢轻举妄动。觉得太忍气吞声了，就想了这么一出，想给包公来个下马威；况且在汴梁城天子脚下，有人竟敢放火烧民宅，皇上肯定会怪罪在包公失职上，一动怒，就会把包公的官罢掉。这样一来，他们又可以在城里为非作歹了。

可是，岂料，包公果真是名不虚传，在那样混乱的状况下，头脑能够如此清晰，判断能够如此准确，很快识破了他们的诡计，并把他们就地抓获。

那么，包公是怎么识破两个汉子的计谋，断定他们是纵火犯？

✿ 第170天　谁是好人

女工苏瑞加班后，独自一人骑着自行车回家，平常一起的小吴，今天请假没来。半夜时分，夜静悄悄的，只有那一排排整齐的街灯，哨兵似的挺立在路旁，默默地洒下柔和的光辉。

苏瑞拐进拐出一个个黑暗幽静的胡同，匀速前进，自行车在空荡荡的马路上沙沙地响着。

突然，一个黑影从侧面蹿出来，拦住了苏瑞的去路，一把抢过苏瑞放在前面车篮里的白色小皮包，落荒而逃。苏瑞吓傻了，等到她蓦地醒悟过来，才开始大喊："抢劫了，抓坏蛋了！"

这时，一个小伙子听到喊声急急地跑到苏瑞面前，苏瑞对着他喊："他抢我钱包了。"小伙随后便毫不犹豫地拔腿向着苏瑞指示的小巷追去。

苏瑞尖利的喊声，打破了夜的宁静，惊动了正在值勤的公安战士孙亮和刘强。他俩立即赶到苏瑞面前，简单地问明了情况，也朝着那个方向跑去。

孙亮和刘强赶到小巷深处，只见两个青年扭打在一起，一只白色的小皮包在墙角处发出微弱的光亮。

孙亮和刘强互相递了个眼神，把打架的两个人制止住，问他俩谁是抢皮包的人？没想到，两个人互相指责说："他抢了人家的皮包，我跑来把他抓住！"口气都很强硬。

年轻的孙亮厉声进行盘问，但是两个青年都一口咬定自己是好人，对方是坏人。从相貌上看两个年轻人都是长方脸，个子高矮也差不多，就连说话腔调也很相仿，一时还真判断不出谁在撒谎，谁是拦路抢劫的坏蛋，谁是见义勇为的好人。

这时，捡起角落里的皮包的刘强走过来说："既然你们俩都不承认，那咱们过去让失主辨认吧。"

4个人一块儿来到苏瑞面前。可是苏瑞说："天色太暗，当时也紧张得没反应过来，没有看清抢劫者的面孔。"

于是刘强一边把皮包交还给苏瑞，一边用一种老于世故、息事宁人的口气说："皮包找到了就行了，没必要到警察局了，没事了，你们就都回家吧。"

孙亮听了，急着对刘强说："这怎么行呢？还没揪出来谁是真正的坏蛋呢。"

苏瑞也接过皮包，迟疑着不肯离开。

这时，站在旁边的两个青年中的一个，突然用手指着刘强的鼻子愤怒地说："你们这算什么公安战士？这样处理问题，公道吗？"

刘强听了，突然冷不防把站在一旁一直默不作声的那个青年反手摔倒在地，随即把他押到公安局。经过审讯、调查，果然他就是那个拦路抢劫的人。

刘强的这一手，让他的同事孙亮佩服得五体投地，他听了刘强的分析，说以后要多多向他学习。

那么，你知道刘强是怎么分析的吗？

✿ 第 171 天　公平断决

宋真宗的时候，一天，有兄弟两人气呼呼地来到了县衙打官司。

县令见来人是皇亲贵戚的后裔，自然不敢怠慢，忙让到上堂坐下，低头哈腰地问道："两位公子来敝衙有何吩咐？"

"找你断个案子。"两个人同声说道。

听说他们要断官司，县令十分高兴，心想："这可是升官发财的好机会呀。如果帮他们出了气，传到皇上耳朵里，肯定会奖赏我的。"想到这儿，县令故意挺直了腰说道：　"是谁这么大的胆子，敢在公子头上动土，看我……"

"错了，我是和他打官司！"两个人同时说。

"你们两个人打官司？"县令一时怔住了。

"正是这样。"两位公子接着把事情的经过说了一遍。

原来，他们的父亲不久前得病去世，留下了一笔家产。兄弟二人分家时，老大说老二分的财产多，老二说老大分的财产多，他们争执不休，互不相让，没办法就来找县令评理。

县令听完之后，刚才的高兴劲儿全没了，哪还敢断这个官司呢？清官难断家务事呀，更何况是他俩的。他忙对兄弟两个说道："如果是你们和小百姓打官司，不管如何，我都保你们打赢。可这是你们皇亲家族之间的事儿，下官可就不敢妄断了。我看你们……"

兄弟二人看到县令处理不了这个官司，便又来到了州府。谁知州官也不敢受理。于是，他们又找到了开封府、御史台，但也都不敢过问。最后，他们只得找到真宗皇帝裁决。

真宗听了兄弟二人的述说后，感到也很难处理，便劝说道："同根兄弟应和睦相处，怎能为了一点家产就反目呢？我看你们还是都谦让一点为好。"

"不行，不行！"兄弟二人连皇帝的劝说也听不进去，依然要争个是非高低。怎么办呢？忽然，真宗想起了宰相张齐贤，忙宣他进宫。

张齐贤是个很有办法的人，曾为真宗处理过很多疑难的事情。当他来到这里，听真宗把事情一讲，便松了口气说："此乃小事一桩，分家不均，兄弟争财，好断。万岁爷，不出 3 天，我定让他们皆大欢喜，一同高高兴兴地来见您。"

真宗听了张齐贤的话，摇了摇头，不相信地说："这官司不大，断得公平也并不难，可若是皆大欢喜，怕是办不到的。你想，向老大要一点给老二，老二是高兴了可老大肯定生气；反之，老大高兴了，老二又要生气。所以，难办哪！"

"万岁爷，您若不信，待我裁断之后，您再亲自问他们满意不满意。"说完，张齐贤领兄弟二人退出皇宫，来到了宰相府。

张齐贤让兄弟二人分别坐定后，问道："据我所知，你们二人都认为对方分得的财产比自己的多，所以要打官司，是不是?"

"正是这样，他确实比我的多。"兄弟二人几乎同时应道。

"千真万确吗?"

"千真万确！"

"那好，我按你们说的断了，可谁也不许反悔啊?"

"绝不反悔！"

张齐贤命人拿来纸墨，又十分认真地对兄弟二人说："如果你们不反悔的话，我一定能断得公平，请你们签字画押吧！"

于是，哥哥在一张纸上写道："弟弟的财产比我的多！"然后，在下面签上了自己的名字。弟弟也在另一张纸上写道："哥哥的财产比我的多！"照样在下面签上名字。

然后，张齐贤一只手举着一张纸说道："你们都把自己的意见和要求写在这上面了，现在该本相来断决了……"

听了张齐贤的断决，两个人都哑口无言。第二天，张齐贤又把兄弟二人领到真宗面前。真宗一问，两个人果然都说"满意"。

张齐贤是怎样断决的呢？

第172天　池塘中的尸体

蒙西是底特律警局一处的长官，这天他接到报案，卢新伟太太说她的丈夫阿奇尔失踪了，由于失踪的时间不足，警局没有受理。卢新伟太太还说，她的丈夫是去公司取酬劳后失踪的，那时是昨天下午3点钟。

蒙西接到电话的第二天，一大早就有人在文化公园的荷花池塘里发现一具男尸。法医及警局的人员立刻赶到了现场，对尸体进行了检查。卢新伟太太也被叫到现场，经过确认，死者正是她的丈夫——阿奇尔。经过法医判断，阿奇尔已经死亡了6小时，也就是说，死亡时间是当天凌晨2点左右。而且阿奇尔的死亡原因不是溺水，从脖子上明显的紫红色勒痕来看是被人活活勒死的。

尸体所在的文化公园位于市中心，整夜都有值班警察巡逻，再说还有公园的保安人员守门，可是他们都没有发现什么可疑的情况。但从尸体背部的明显拖痕来推断，这里也不是案发的第一现场，说明凶手作案手段很是隐蔽，这引起了警局的高度重视并立刻展开了侦破工作。

经过调查排查后，警方基本确定了5个嫌疑人，分别是：阿奇尔的妻子卢新伟太太、邻居严彬、公司的门卫阿瑟、阿奇尔的好友凯丝和阿奇尔的秘书丽娜。

这些嫌疑人中，卢新伟太太与被害人的关系为夫妻，她知道阿奇尔每月要去公司的固定日期，但她却没有上班，每天都在家。据邻居反映，卢新伟夫妇的夫妻关系近来不是很好，经常吵架，吵架的原因好像是卢新伟太太怀疑自己的丈夫有外遇了。在案发前一天早上，邻居还听到他们吵得很凶。卢新伟太太说今天凌晨她在家睡觉，一直睡到早上 7 点钟才醒来，但是没人能为她作证。

接下来是阿奇尔的邻居严彬，严彬身强体壮，是一个屠宰加工厂的司机，他每天都负责把保险速冻车开往加工厂，把宰杀好的生猪运过去。严彬在邻居的眼里是个十足的好人，为人忠厚，勤俭节约。但是他唯一的嗜好就是喝酒，正因为这样，他与同样喜欢喝酒的阿奇尔经常在一起不醉不归。严彬说凌晨 1 点左右他回到了家中，竟然发现一个小偷，最后把邻居都吵起来了，但是还是没有把小偷抓住。这样的话，就有很多人证明严彬凌晨 2 点已经在家了。

再来看看死者的好友凯丝，她是阿奇尔的大学同学，两人关系相当密切。但是凯丝曾因为诈骗而被关押了 2 年，出狱后由阿奇尔给她介绍了工作，就在阿奇尔的公司里当司机。本来案发前一天应该是由凯丝送阿奇尔去取钱的，但是那天凯丝正好感冒了，告假未去。经过检查，凯丝的感冒是真的，但是并不是很严重。凯斯说今天凌晨她也在家睡觉呢，但是同样没有人证明，因为她是单身。

门卫阿瑟是一个大约 50 多岁的中年人，但看起来很健壮、很精明，让他来当这个公司的门卫看起来有点屈才，大家都很不明白这一点，平常他跟阿尔奇也会神秘地见面，从种种迹象表明他与阿奇尔的关系好像不简单。阿瑟说凌晨时他正在值班呢，并且说阿奇尔的秘书丽娜办公室的灯一直没有熄灭，直到大约 3 点的时候丽娜才离开公司。丽娜和阿奇尔关系很不正常，阿奇尔的妻子正是因为这个常和他吵架。丽娜在凌晨 3 点离开公司的时候还和门卫阿瑟打了招呼，她是因为要赶报表才留到那么晚的。丽娜和阿瑟相互证明了这些。

请问，根据这些线索，怎么判断出谁是凶手呢？

✡ 第 173 天　心理测试

法庭上，正在开庭审理一件预谋杀人案。

丹尼斯被控告在一个月前杀害了安东尼奥。警方和检察方面，从犯罪动机、作案条件到人证、物证都对他极为不利，虽然至今警方还没有找到被害者的尸体，但公诉方认为已经有足够的证据可以将丹尼斯定为一级谋杀罪。

丹尼斯请来一位著名的律师里克为他辩护。在大量的人证和物证面前，连大律师都感到捉襟见肘，但里克毕竟是位精通本国法律的专家，而且经验丰富，战绩累累。

只见里克急中生智，他从容不迫地说道："毫无疑问，从这些证词听起来，我的委托人似乎是犯下了谋杀罪。可是，迄今为止，还没有发现安东尼奥先生的尸体。当然，也可以做这样的推测，便是凶手使用了巧妙的方法把被害者的尸体藏匿在一个十分隐蔽的地方或是毁尸灭迹了，但我想在这里问一问大家，要是事实证明那位安东尼奥先生现在还活着，甚至出现在这法庭上的话，那么大家是否还会认为我的委托人是杀害安东尼奥先生的凶手？"

听到大律师毫无根据地将辩护内容完全转换了一个角度，陪审席和旁听席上发出窃笑声，似乎在讥讽这位远近闻名的大律师竟会提出这么一个缺乏法律常识的问题来。

"请你说吧，你想要表达的是什么意思？"法官看着里克说道。

"我所要表达的就是这个意思。"里克边说边走出法庭和旁听席之间的矮栏，然后又快步走到陪审席旁边的那扇侧门前面："现在，就请大家看吧！"里克用很大的声音说着，同时"哗啦"一下拉开了那扇门……

法庭上在场的所有人目光齐刷刷地转向那扇侧门，但看到的是门外空空如也，没有一个人影，更别说那位安东尼奥先生……

还没等大家反应过来，里克轻轻地关上侧门，走回律师席中，慢条斯理地说道："请大家心里不要恼怒，认为我刚才是在戏弄你们或者是对法庭的不尊重。我只是想通过一个即兴的心理测验方法向大家证明一个事实：即使公诉方提出了许多所谓的'证据'，但迄今为止，在这法庭上的各位女士、先生，包括各位尊敬的陪审员和检察官在内，谁都无法肯定那位所谓的'被害人'确实已经不在世上了。是的，安东尼奥先生并没有在那个门口出现，这只是我在合众国法律许可范围之内采用了一个心理测验方法。刚才整个法庭上的人们的目光都转向那个门口，说明大家都在期望安东尼奥先生在那里出现，从而也证明，在场每个人的内心深处对安东尼奥是否已经不在人世是存在怀疑的……"

说到这里，里克顿住了片刻，把声音提高了些，并且借助着大幅度挥动的手势来加重着语气："所以，我要大声疾呼：在座这 12 位公正而明智的陪审员，难道凭着这些连你们自己也质疑的'证据'就能断定我的委托人便是'杀害'安东尼奥先生的凶手吗？"

顷刻间，法庭上秩序大乱，大家开始交头接耳，窃窃私语，有的在称赞这位大律师妙语连珠，有的在讨论"被害人"究竟有没有死，而那些新闻记者则开始竞相奔往公用电话亭，给坐在报馆办公室的主编报告审判的情况："不是我在这里胡说，主编大人，您应该在现场亲眼看看刚才的阵势，不仅使全场的人愣住了，甚至几乎扭转被告人的命运，那位大律师的绝妙辩护有可能使被告丹尼斯被宣判无罪释放。"

当最后一位新闻记者在电话上进行一番激情演讲后，恋恋不舍地挂断返回审判庭里时，他和他的同行们却听到了出乎意料的裁决，陪审团抛出了同他们的估计大相径庭的结果：陪审团认为被告丹尼斯有罪！

那么，陪审团这一裁决又是根据什么呢？

✿ 第 174 天　房子的主人

有一个叫吴雄的人刚刚修建了一座房子。一天，突然来了一个过路的陌生人，恳求房主人吴雄让他借住一宿，歇歇脚。吴雄见他走得腰酸腿痛，精疲力竭的可怜样，就爽快地答应了。

吴雄亲手把房屋里收拾了一番，天色已晚，安顿好过路人后，自己也就就寝了。过了一宿，过路人声称脚很痛，似乎是扭到脚了，要求再住两晚。吴雄又答应了。

谁料，过路人一住就是半个月。每天他除了帮吴雄干点家务活后，就一直在房前房后转悠，心里暗暗地数着房梁上的椽、屋子里地上的砖，还有房顶上的瓦片。甚至连梁用什么木料做的，他都记在心里。

吴雄看这个过路人一直不声不响地住着，心里很是着急。但看他每天帮自己做点活，也没白住，所以就没好意思开口赶他走。这样又过了半个月，吴雄还是看不出他要走的样子，终于忍耐不住了，谁知那个过路人却反咬一口说："这房子本来就是我的，应该走的人是你吧。"

吴雄顿时傻了眼，随即满腔怒火地说："你这个无赖，我好心待你，你反而恩将仇报！算我瞎了眼，白白让你住我的房子，还吃喝我家的。"

可那个过路人理都不理，一直坚持说房子是他的。吴雄肺都要气炸了，无奈之下，只能拉着他来到县衙告状。

在公堂上，吴雄说："大人，我辛辛苦苦修建的房子，这个过路人来住了一个月，就说是他的了。"

那人却说："大人，他才是胡说的，房子是我新建的，他却想赖去。要是房子是他的，他能说清楚这房子有几根椽？地上铺了多少块砖？房顶上盖了多少片瓦？"

吴雄愣在那里，一时答不上来。

知县问那个人："那你说得清楚吗？"

"是的，大人，房子是我自己亲手盖的，我肯定知道了。"说完那个人立即把平日记下的数字熟练而又准确地说了出来。

知县听着那人像背书那样熟练地背下来了，脸上不禁露出了笑容。其实有着多年断案经验的知县心里已经有了数。

试想一个盖房子的人在盖新房时，肯定是心里只想着住上新房，哪会去记下数字以备将来打官司用。只有用得着这些数字的人，才会刻意去背。因此，那个能熟练背下来的人才更值得怀疑。可是，怎么才能揭露出他的假象呢？

知县埋头一想，很快就想出了办法。他问了那个人几个问题，顿时就让那个人露出了马脚。

✿ 第 175 天　车灯

茱莉亚是高中拉拉队里最漂亮的女生，她的姑姑茱丽叶更漂亮，并且是一名影星。因此茱莉亚有很多朋友，神探安东尼奥的儿子多米尼克是她最好的朋友。

这天，多米尼克刚走到学校储物间的走廊上，碰到了茱莉亚，但她看上去好像心事重重的样子。

"你怎么了，茱莉亚?"多米尼克问道。

"是我的姑姑，"茱莉亚说道，"有人在跟踪她。"

"她以前不是也有人跟踪吗? 对于像你姑姑这样的影星这太正常了，所以她才要请保镖的嘛。"多米尼克安慰道。

"你说得对，但姑姑这次遇到的情况却让她感到很害怕。茱丽叶的保镖和警察都没能抓住那个家伙。这让她非常担心。"茱莉亚说道，"她昨天深夜还见到了那个人。那人好像知道保镖什么时候在，什么时候不在。这次他甚至跑到了我姑姑家，透过窗户向里面看!"

"如果是这样就比较严重了。那你姑姑怎么能确定对方是同一个人呢?"多米尼克问。

"问题就在这里，"茱莉亚说，"我想我已经知道了是谁干的，并且是同一个人!"

"你是怎么知道的?"多米尼克锁上自己的储物柜，等着她继续说下去。

"我说是同一个人是因为那人的车尾灯与众不同。"茱莉亚说，"昨晚我听到窗户外面有动静，就打开了房间的灯，透过玻璃窗我看到一个人的背影迅速地消失在黑暗中。紧接着，听到一声关车门的声音，车子发动的声音，几秒钟后才看到一辆车的尾灯在远处的路上亮了起来。"

"好像得不出什么结论呀。"

"车尾灯，"茱莉亚说道，"那辆车的尾灯是那种很大，圆形的红色车灯，上方还各有一个小一点儿的圆形车灯，我们都认识这辆车的主人。"

"你是说迪克?"多米尼克答道,"这一阵子,好像没见他在学校里。听说他为了改装他的那辆老式福特车,正在拼命打工赚钱呢。难道我们过去查看一下他的储物柜?"

"他的储物柜就在那边。"茱莉亚指着窗子边上一个储物柜恨恨地说道,"每次我们拉拉队的女生从他面前走过,他就站在那里色迷迷地盯着看。"

茱莉亚和多米尼克很快就找到了迪克的储物柜,只见储物柜的门上用口香糖粘了两个字母 DK,正是他的名字的字首缩写。另外,门上还贴了一张海盗旗标志的贴纸。

"我们怎么把它打开呢?"茱莉亚问道。

"很简单。"

多米尼克走上前去,从口袋里掏出了一样工具,三下五除二就把锁打开了。

"好了,我们来看看里面都有些什么。"多米尼克一边说一边向储物柜里望去。

"是一本数学书。"

"这可实在是出人意料。"茱莉亚说道。

多米尼克伸出一只手指在书面上摸了一下,然后把手指给茱莉亚看,只见上面沾了一层灰尘。两人都咯咯笑了起来。然后多米尼克又从里面拿出了3样东西。其中有一本卷起来的电影杂志,封面上正是茱莉亚的姑姑茱丽叶的照片;另外还有一把长长的、带黑把儿的弹簧折刀和一个小灯泡。

"看起来这可是重要的证据。"多米尼克说。

"这说明他脑子里一直计划着跟踪茱丽叶姑姑。"茱莉亚答道。

"我指的不是这个意思,"多米尼克说:"我想很多高中生都会有茱丽叶姑姑的照片。"

"那你是说……"

"没错,"多米尼克接着说道,"我是说灯泡!"

多米尼克想说的是什么?

✿ 第 176 天　宾馆幽灵

皇家大宾馆经理安德烈刚要下班回家，助理珍妮小姐匆匆走进他的办公室，向他汇报说："刚接到警方通知，'宾馆幽灵'已经来到本市，让我们提高警惕，因为有可能他现在就住进我们的宾馆了。"

安德烈一惊："这位幽灵长什么样，有什么特征?"

珍妮小姐说："据警方提供的资料说，这位幽灵身高在 1.7 米左右，经常化名和化装。作案手法就是不付账突然失踪，随着的是宾客的大量钱财、贵重物品失窃。"

"确实够吓人的! 我们一定要加倍小心，如果窃贼真的住在我们宾馆里的话，那岂不是惨了?"安德烈一副害怕的表情，"昨天电影明星玛利亚包了一个大套间，她戴了那么多钻戒，肯定会是个大目标。还有大后天早晨还有4 位各国石油大亨前来商谈生意，你派人日夜监视，千万别出差错。"

"是的，我已经跟警方紧密联系好了，根据他们提供的情报，我们宾馆住着 4 个跟窃贼外貌特征相像的人。第一个就是从耶路撒冷来的巴特先生;第二个是从伦敦来的波特先生，行踪有些诡秘;第三个是从法国来的企业家格杰尔;第四个是从俄罗斯来的鲍里斯，身份不明。"

"这么说，他们其中每个人都有可能是宾馆幽灵?"安德烈更加惊恐地说。

"可能，但您放心，我一定不让窃贼在咱们宾馆得手。"助理珍妮小姐胸有成竹地答道。

过了两天，第三天上午，4 位石油大亨住进宾馆。珍妮小姐在离服务台不远的地方执勤，暗中观察来往旅客。

只见巴特先生从楼上走到大厅口，在沙发上坐下，取出随身携带的放大镜，架在摊在面前的《希伯来日报》上照旧认真地读起来。报纸是他从耶路撒冷带来的，珍妮小姐发现每天这个时候巴特先生都会读报。

10 点，波特和鲍里斯相继离开了宾馆。到了 10 点 10 分，电影明星玛利亚小姐发现她的手镯、珠宝都不见了。珍妮小姐顿时紧张起来，马上向警方报了案。在等待警察到来的时刻，珍妮小姐焦急地在大厅门口踱着步，这时，她又把眼光落在巴特身上。巴特好像根本不知发生了什么事，仍正襟危坐，聚精会神地借助放大镜从左到右一行一行往下移着看他的报纸。

突然，珍妮小姐眼睛一亮，忙把巴特请到了保卫部门。一审讯，果然是巴特作的案。珍妮小姐是怎样看出巴特的破绽的？

✡ 第 177 天　乐器店被盗案

星期六晚上，一家乐器商店被盗。盗贼是砸碎了商店一扇门上的玻璃窗后钻进店内的。他撬开 3 个钱箱，盗走了 1225 克朗，又从陈列橱窗里拿了一只价值 1.4 万克朗的喇叭，放在普通喇叭盒里拿走了。

警方对现场进行了仔细调查，断定窃案是对乐器商店非常熟悉的人干的。警方把怀疑对象限在汉森、莱格和海德里 3 个少年学徒身上，并认定他们 3 人中肯定有一个是罪犯。

3 个少年被带到警官索伦森先生面前，看到桌子上放着 3 支笔和 3 张纸。索伦森对他们说："我请你们来，是想请你们和我合作，帮我查出罪犯。现在请你们写一篇短文，你们先假设自己是窃贼，然后设法破门进入商店，偷些什么东西，采取什么措施来掩盖罪迹。好，开始吧，30 分钟后我收卷。"

半小时后，索伦森让他们停笔，并朗读自己的短文。

汉森极不情愿地读着："星期六早晨，我对乐器店进行了仔细观察，发觉后院是最理想的下手地方。到了晚上，我打碎了一扇边门的玻璃窗，爬了进去。我先找钱，然后从橱窗里拿了一个很值钱的喇叭，轻手轻脚地溜出了商店。"

轮到莱格了，他念道："我先用金钢刀在橱窗上剖了个大洞，这样别人就不会想到是我干的。我也不会去撬 3 个钱箱，因为这会发出响声。我会去拿喇叭，把它装进盒子里，藏在大衣下面，这样就不会引起人们的注意。"

海德里最后说："深夜，我在暗处撬开商店的边门，戴着手套偷抽屉里的钱，偷橱窗里的喇叭。我要用这钱买一副有毛衬里的真皮手套，等人们忘记这桩盗窃案后，我再出售这只珍贵的喇叭。"

索伦森听完后，指着其中一个说："小家伙，告诉我，你为什么要干这种坏事？"

那个少年顿时惊恐万状。

这个少年是谁？索伦森凭什么识破了他？

✿ 第178天　一只大木桶

宋仁宗在位时，有一天，陕西华县发生了一次大水灾。家里田地被淹，许多农民都卷铺盖去外地谋生了。

华县城外有户姓白的人家，家里有两兄弟。家里本来就很穷，一次水灾后更是家徒四壁了。于是兄弟俩就把仅剩的破衣裳、破棉被装进一只木桶里，一起抬着也到外地去打工了。

白家兄弟俩在外面苦干了几年，挣了足足100两银子后，他俩商量着该回家了。于是便买了一些新衣服穿在身上，拿旧的衣服把银子裹起来，又装在离开家乡时带的那只木桶里。抬着启程回家了。

这天，兄弟俩走到一个县城时，天已经完全黑了，他们便找了家客栈住了进去。店老板夫妇很热情地招待他们吃饭后，兄弟俩便睡了。可是，谁知到了半夜，弟弟忽然肚子疼得厉害，哥哥就背着他到处去找郎中。

找到郎中诊察后，总算无大碍。折腾了一会儿天也亮了。兄弟俩正打算付郎中医药费后离开，才发现由于走得太急，连银两都忘了带了。于是就赶回客栈，准备拿些银子支付医药费。当他们打开木桶时，却发现木桶里面被人翻过，藏在衣服里的100两银子也不见了。

兄弟俩急得团团转，转念一想，客房除了店老板夫妇可以随便进入，还有谁可以呀？肯定是店老板夫妇趁他们出去，把银子偷走了。当兄弟俩找店老板夫妇对质时，店老板夫妇满口的不承认，还说兄弟俩想敲诈他们。

双方各说各有理，争论个没完，最后只得来到县衙打官司。

县官大人听了他们的叙述，就叫人把木桶抬到后院。只见县官大人围着大木桶转了一圈，然后挥手招呼一个差役过来，那差役连忙走到县官身边，县官大人便俯在他耳边嘀咕了一番，就回到大堂上去了。

县官大人对店老板夫妇说："依我看，是那兄弟俩诬赖你夫妇二人，本官现在判决，那只木桶是属于你们的，快到后院去抬回家吧！"

店老板夫妇俩高兴地抬着木桶离开了县衙，谁知，不久后却被绑着回来了，跪在地上连连求饶。

县官大人派人去他们店里搜出 100 两银子还给弟兄俩，又把贪心的夫妇俩责罚了一番。

请问，县令大人是怎么找到证据的呢？

✿ 第 179 天　谁的烟管

孙老头和刘姓中年人是居住在黄河岸边某县的邻居，本来两人认识多年关系还挺好，经常一起聊天喝酒。一天，两人却为了一根旱烟管争吵到县衙。

刘姓中年人说："这烟管是 20 年前我女儿在我过生辰时花重金购买的，是我心爱之物。"

孙老头说："这烟管是我父亲留下的，我已经用了 20 多年了，才是我的宝贝。"

县令胡勇听完他们的陈述后，吩咐衙役将他们口中的宝贝烟管呈上来，他倒想看看是何宝物让两个相识多年的老人翻脸了。

烟管放在手里时，胡勇感觉有点沉重，一看，烟斗和烟嘴都是铜质的，但磨损不大并且擦得很光亮。他又细看，木质的烟杆上还刻着"癸未仲夏"几个小字。

看完后，他问刘、孙二人："这烟管看起来也值不了多少钱，值得你俩争吵不休吗？"

刘姓中年人说："这烟管是我女儿花 5 两纹银买的，虽然没多少钱，但也是我女儿一片心意。所以我很是珍惜。"

孙老头说："其实这烟管其本身不值 3 钱银两，但是却有一个神奇的功效。因为烟管用有毒的黄藤做成，用来吸烟可以以毒克毒。况且是我父亲留给我的，20 年来我一直带在身边。曾有人听说我的烟管的神奇功效，想出高价买，但都被我拒绝了。几天前，刘姓中年人说让他借来过过瘾，因为关系好，我就借给他了，没想到现在他却想据为己有。"

胡勇听完他们的申述后，觉得俩人说的都句句诚恳，看不出来谁撒谎。他便眉头一皱，开始思考：上面刻着"癸未仲夏"，今年是庚戌年，算算至今也有 20 多年了。20 多年，把这烟管保存得如此光亮，确实表明了主人对这烟管的心爱。

想到这里，胡勇眼前突然一亮，想到一条妙计。他拿起烟管对堂下刘、孙两人说："听你们这一说，本官看这烟管确实不错。制作精细，还有神奇功效。但是你俩都说烟管是自己的，却没有证据，叫我判给谁好呢？这样吧，本官出 15 两纹银买下此烟管。"

刘、孙两人听罢面面相觑，但也不敢出声。

"但是念在你俩都这么喜欢此烟管，本官准许你们在公堂上各抽 3 袋烟，抽完后，你们各取一半银子回去。"

两人抽完烟后。李知县即断定刘姓中年人是强拿别人烟管的人。请问，这是什么道理呢？

✿ 第 180 天　青菜框里的食盐

宋朝时，武行德将军镇守洛阳。那时城里走私食盐现象比较严重，将军便颁布了盐法，禁止私运食盐，还说如果谁要是能够抓到偷运食盐的人，国家还有重赏。

可奇怪的是，盐法颁布后，偷运食盐的人有增无减，经常有人因抓到偷运食盐的人而得到奖赏。很快，武行德将军便发现其实有很大一部分人是别有用心的人栽赃陷害的。

　　有一天，南水村的小姑娘翠玲背着一小筐青菜去城里卖。

　　"小妹妹，你叫什么名字啊？"一个女子的声音从后面传来。翠玲回头一看，是一个打扮得很花哨的年轻女人。

　　翠玲不好意思地低下了头。

　　"来，我帮你抬筐，这样能轻巧一些，反正我也是顺路。"年轻女人不容分说，动手帮翠玲解下了菜筐。

　　翠玲不好意思麻烦她，忙说："不用了，我自己能背动，您还是先赶路吧！"

　　年轻女人笑了笑，弯腰抓住了筐把："走吧，客气什么！"

　　翠玲一看人家那样热情，感到不好再推脱，只得抬起菜筐。

　　两个人一路上说说笑笑，不知不觉来到城门跟前。

　　年轻女人放下菜筐，对翠玲说："我得先走一步了，有人在城里等着我。"

　　年轻女人走进了城门，翠玲也背着菜筐要进城去。

　　"站住，小孩，过来检查检查。"一个满脸大胡子的守城人喝住了翠玲。

　　翠玲心想，我这筐里都是青菜，随你们检查吧。

　　大胡子伸手在菜筐里翻弄了几下，便拎出一个用手帕包着的小包来："这是什么？你小小年纪竟敢偷运食盐，随我到官府去吧！"

　　翠玲一看布包，不禁大吃一惊："这不是我的！"

　　大胡子把眼珠子一瞪，恶声恶气地说："不是你的怎么会跑到你的菜筐里呢？"

　　大胡子不由分说把翠玲带到了官府，武行德审理了此案。他把手帕包打开，发现包里有二斤多食盐。他刚想问话，忽然飘过来一阵薰香味。他闻了闻，发现是从盐包里飘出来的。难道这盐是香的？他好奇地又闻了闻，这才发现包盐的原来是块香手帕，只有万花楼的女子才会用这种香手帕。他看看香手帕，又看看翠玲，心中疑窦顿生。思忖了一会儿，他恍然大悟，忙问翠玲："你是一个人从家里来的吗？"

"是的。"

"路上没遇见什么人吗？"

"路上？对了，路上遇见了一个年轻女人。"

"那个年轻女人长得什么样子？"

于是，翠玲把年轻女人的容貌详细叙述了一遍。

听了翠玲的描述，武行德心里明白了，这一定是万花楼里的女子和守城人互相勾结设下的圈套，企图得到奖赏，于是喊了声："来人，随她去万花楼和城门口，把那两个恶人给我抓来！"

当天，翠玲就领人把年轻女人和大胡子抓到了官府，经过审问，真相大白。

从此，那些想栽赃陷害别人、企图得到奖赏的人再也不敢做那样的事了。

武行德怎样不经审问就肯定了这是一起栽赃陷害案的呢？

✿ 第 181 天　诱母之计

南北朝时期，有一个叫陈振的商人，带着几十匹绢去岐州做生意。时值冬季，太阳早早就落山了，眼看着天空落下了黑幕，陈振甚是着急。他心想这荒山野岭的，恐怕有盗贼出没，还是赶到岐州再歇息，于是就继续摸黑前行。

谁料，当陈振路过一片树林时，果然从林子里蹿出了一个骑马横刀的蒙面强盗。只听那强盗大声喝道："识相点，把东西给大爷留下，不然，立刻让你成为刀下鬼。"

陈振吓得跪在地上，口呼饶命。

"还不快将东西放下！"强盗用刀背轻拍了一下陈振的屁股。

陈振小心地从地上爬起来，放下了绢。

蒙面强盗迅速把几十匹绢捆在马背上，然后大跨步逃进了树林。

陈振听见马蹄声远去，方才敢抬起头来。此时的陈振欲哭无泪，只能瘫坐在地上发愣，突然他又听到马蹄的声音，连忙爬起来准备跑，他怕又是贼人抢东西，现在东西没了，怕命再也丢了。

"站住，见了我们为何要跑？"陈振回头一看，原来是几个马上巡逻的士兵，就赶忙过来把事情的经过讲了一遍。

陈振哭诉道："小人是出门做生意的，身上带着几十匹绢，不想经过此地时被一个强盗抢了。"

几位士兵听罢，为首的一个小头目忙说："你快点指出那强盗逃走的方向，我们这就去追。"

陈振嗫嚅着说："小人吓得一直趴在地上，头都没敢抬起来，因此没看见强盗往哪里逃了。"

小头目一听顿时来了气，骂道："笨蛋！快随我们到县衙去报案。"

县令大人是个很会断案的人，只要是他经手的案子，很少有不破的。他让陈振把案发经过述说一遍后，问道："你没看清强盗逃走的方向，他蒙着面也没看到他长什么样，那你看到他穿什么衣服？骑什么马呢？"

陈振低头回忆了一下，说："从声音上听那强盗是个年轻人，身穿青衣青裤，马的颜色天黑没看清，但马鞍是火红色的，还有4个马蹄是雪白的。"

县令大人听罢让陈振暂且回家听候消息，自己回到书房思考：陈振被强盗抢劫后，不一会儿，骑马巡逻的士兵就经过，说明从陈振被抢到报案时间不长，案发地离岐州城里仅有10里，那说明强盗是住在城里的人，进城有守门的人，他必定不敢带着赃物光明正大地回家。那么，只要知道强盗家里的人，就不难抓住强盗了。可是，怎样才能找到强盗的家里人呢？

忽然，县令大人思路一转，想出一计，他立即叫来衙役，命令他们照计行事。

第二天早上，县令大人在堂上等强盗的家人到来。果然到了中午时分，一个妇女哭喊着来到公堂，县令一问，知道她儿子叫刘松，昨晚儿子说是去30里外的宋家庄其姐夫家去玩，一晚上没回，她还以为他在那里过夜了，谁知……

县令大人赶快派人去宋家庄，结果刘松因昨晚得了东西一高兴跟他姐夫猜拳喝酒，喝得酩酊大醉，到了中午时分，还在呼呼大睡，炕边上正放着那几十匹绢。带到县衙一审，就如实招供了。

县令大人是用了什么办法？让强盗的母亲自动来到县衙的呢？

✿ 第 182 天 小河边的尸体

一个风雨交加的夜晚，小镇街上已空荡荡无人影，房子里亮着的灯火也是寥寥无几。大地笼罩在漆黑的夜幕中，只有几盏路灯，射出昏暗的光线。

但是，警察局里却灯火通明，波克警长和几名警员，正守在办公室里加班。因为这几天有一个棘手的案子需要处理。

突然，一阵急促的电话铃响了。一个警员接起电话，听到一个男子断断续续地说："我要报案……我在小河边发、发现了一具尸体……"

波克警长马上带上两名警员，开着警车冲进黑暗的雨幕，往河边飞驰而去。

车子到达小河岸边的公路时，在车灯的映照下，波克警长远远看见河边有一个人影。

波克警长他们下了车，打着手电筒，往小河边的人影走去。直到走到人影身旁，他们才看清那是一个瘦高个的男子。只见男子全身上下湿漉漉的，湿透的衣服紧紧地贴在身上，他脸色苍白，浑身哆嗦着。波克警长拍拍他的肩头，让他先稳定一下情绪，然后走向旁边的尸体。

查看完尸体后，波克警长向男子走来。这时，男子看起来好多了，也不那么紧张了。开始叙述事情的经过："我今天晚上心情不好，来到河边溜达，走着走着，突然脚底下一滑，跌进了河里。您知道下雨了，河水涨了不少，但幸亏我水性好，好不容易游到了岸边，刚刚要站起来，突然我的脚下被什么东西又绊了一下，我蹲下一看，居然是一具男尸。我很害怕，便报了警。"

"风雨这么大，天又这么暗，你看清是一具男尸了吗？"波克警长问。

"看清了，因为我掏出口袋里的火柴，划亮了一看，他的脖子上有一道深深的刀口，就在这里，可以一刀致命的。"这时，该男子已经完全放松了，他边说着边抬起手在脖子上比划着。

"肯定是被人杀害的。"男子又加了一句。

"我看杀害他的人就是你吧。"波克警长突然冷冷地说道，接着没等那男子反应过来，波克警长就拿出了手铐铐在他的手上。

为什么波克警长会怀疑报案人就是凶手呢？

✡ 第183天　施计现形

新年将至，县城出外经商的人都纷纷赶回家乡，准备与家人团聚共度新年。知县府也是喜气洋洋，张灯结彩，知县大人刘庸大摆筵席，请来亲朋好友准备共度良宵。

就在这时，县衙的差役王小虎急急忙忙地来到大厅："报告老爷，城门外出了一桩命案，但是被害者现在还没断气。"

刘庸连忙跟着王小虎来到现场。只见一个商人打扮的人横卧在草丛中，胸前插着一把刀，虽未断气，但已奄奄一息，紧闭双眼，不能言语。

"我们发现他的行囊空空的，搜查了身上的钱袋也没了，应该是被人抢劫致死的。"一个差役说。

从上述情况来看，刘庸判定这个商人一定也是急着回家过年的，不料被人打了劫。尽管还有一口气息，但却说不出话来，哪怕可以说话也不知看清抢劫者的面貌没有。刘庸眼瞅着躺在地上的被害人，不禁也有些束手无策，因为要救活他是不可能的了。

这时，围观的人越来越多，差役王小虎害怕妨碍县衙大人判案，要将众人驱散。就在王小虎驱散众人的时候，刘庸眼前一亮，计上心头。他忙制止王小虎，并说道："让大家看好了，我还有事要向众人相求呢！"接着，他高声对围观的百姓说道："此人还未断气，尚有救活的可能，谁能救活此人，本知县定有重赏！"

重赏之下，必有勇夫，有两个人先后来为被害者诊治，但终因伤势太重，他们都无能为力，只好摇着头退出人群。接着，又来了几个人上前医治，也都是束手无策。

这时，刘庸好像突然想到什么似的，拍了一下脑袋当众说："我差点忘了，我县衙府上请来的好友中有一名神医，他医术高超，能医治百病呢，把他请过来，肯定能救活此人。"

说完，刘庸又在王小虎耳边叮嘱了一番就带了两个差役，留下王小虎和另外两名差役离开了。不一会儿，他又返回了，而此时，正是抓凶手的时刻。

为什么凶手立刻现形了呢？

✿ 第184天　强盗来袭

民国时期，苏州有个叫向明的富翁，虽已60多岁了，还娶了个15岁的小姑娘桃红为妾。桃红嫁给向明是为了贪图他的钱财，所以处处迎合向明，过门一年，就得到向明的百般宠爱。

后来，桃红出落得更加美丽成熟，向明却日见衰老，向明怕桃红嫌他老了，就整天舞枪弄棒，锻炼身体，以讨得桃红的欢心。向明虽然年轻时混迹江湖，有些拳腿功夫，但是如今已年老体衰，耍弄起枪棒来不但有气无力而且东倒西歪，每每弄巧成拙，惹得桃红哭笑不得。唯独让向明欣慰的是他使枪的技术不减当年，仍然能百发百中。

这一天，正遇向明生日，亲朋好友都来祝寿，想着正好可以露一手，于是向明来到院子里拔出枪对准墙头上的一只啼叫的鸟儿，只听"砰"的一声，枪响鸟倒。

"死了？"

"有没有打中啊……"

众人正在那里嘀嘀咕咕地猜测着。只听向明大声吩咐："刘三，去把墙上的死鸟捡回来给大家看看。"

仆人刘三赶忙拿来梯子，爬上墙头，准备把死鸟取回来。突然他满脸恐惧地叫道："不好了，强盗来了！"话音刚落不久，一群强盗就破门而入，客人们都惊得四散了。

向明提枪直奔前院准备迎敌，突然一声枪响，向明头部中枪倒地，当场气绝身亡，众人也顾不上那些掠夺财物的强盗，全力救护向明。一转眼工夫，满载的强盗便逃之夭夭了。

家人连夜把案子报知了警署。第二天清晨，警官何海生来到现场勘察，查验尸体。他发现向明的脑袋上有一个穿弹孔，前大后小，何海生便问道："那些强盗都抢走了什么东西？"

正在啼哭的桃红拿出一张清单，说："被盗的财物都列在单上，请长官过目吧！"何海生一看，清单上开列着上百件首饰及装饰品的名称。

何海生对同来的助手小李说道："你立即到城里的各家当铺查询，看有没有人来销赃的，如果有当押清单中所列物件的人，便立即将人赃拿来。"

同时对伤心的桃红说："夫人请节哀顺变，妥善安排后事，我们抓到凶手立刻来禀报。"

不出半天，小李在城郊的一个名叫盛向堂的当铺里发现了赃物，并抓获了一个可疑的男子。

回来一审问，男子便承认是强盗中的一名并交代了其他强盗的藏身之处。何海生顺藤摸瓜，把强盗团伙一网打尽了。

但是所有的强盗承认抢劫向家的罪行，但不承认枪杀向明。

何海生声色俱厉地喝道："你们死到临头，还不招供。"

"长官，反正都是死，多一条罪责又何妨，可是我们确实没有枪杀向明。"强盗头目一副大义凛然的样子。

何海生听了，脸上没有怒色，却露出了笑容。

他把助手小李叫来，耳语了一番，小李便慌忙出去了，这时，外面天色已暗。

一炷香的工夫后，小李满头大汗地跑进来，欣喜若狂地对着何海生说："果然如长官所料。"

何海生笑着回答:"走,抓真正的凶手去。"

那么,何海生所说的真正的凶手是谁呢?

✿ 第185天 怪刀擒凶

唐昭宗年间的一天,一艘豪华的客船在广州城的海湾靠了岸,此客船的主人是一个年轻的北方小伙,长得身材高大,一表人才。

年轻的小伙嘱咐好随身的人后,只带了一个仆人从船上走下来,他想游览一下海滨城市的美丽风光。

他们来到市区,看着繁华的市井,欣喜得像个孩子,好奇地东问问,西看看。"哎呀!"突然一声娇滴滴的喊声,把小伙的魂拉回来。他这才感觉到撞到人了,忙低着头礼貌而谦和地说:"对不起,对不起,是我不小心,小生这里赔礼了。"

"公子不必多礼。"很快,脆生生的一个女孩声答道。

小伙子抬头一看,面前站着的是一位身材苗条、皮肤白皙的漂亮小姐,这时看见他盯着她看,两颊飞起了两片红晕。

小伙子不禁看呆了,不知不觉姑娘已经走开了,他还在原地呆呆地站着。直到身边的仆人喊了一声,他才回过神来。

于是,他招呼仆人,紧跟姑娘而去。

姑娘穿过几条街,绕过几个小店,来到了一座青砖红瓦房前,刚要推门进去,被从后面赶上来的小伙挡住了。

小伙抹了把脸上的汗水说:"小生多有冒犯,请问小姐姓名?"

姑娘见是刚才那个和自己撞在一起的英俊小伙,便笑笑说:"我叫小玉,不知公子找我有何事,请进家门说吧!"

小伙一听,万分高兴,忙随姑娘走进来,只见院子里很幽静。小伙便问没有其他人在家吗?姑娘告诉小伙她的父母都去走亲戚,要过几天才回来。小伙便让仆人守在院门口,自己和姑娘交谈起来。姑娘刚开始还有点羞涩,不过很快就放开了,与小伙聊得喜笑颜开。小伙便趁机向小玉表明了自己的倾慕之情，并询问晚上是否可以来此处幽会。小玉也被小伙子的潇洒举止迷住了，满口应允。

夜幕降临时，多情的姑娘满心期待地打开院门，盼望着情人早点儿到来。这时，她看见有个人影朝这里走来，便高兴地迎了上去，但是不想很快就香消玉殒了。原来来人并不是小伙，而是一个盗贼，盗贼刚偷完东西正在逃跑途中，看见有人走过来，还以为是来抓他的，情急之下便手起刀落，把活生生的姑娘砍死了，见出了人命，盗贼便落荒而逃。

那盗贼刚逃了几分钟，小伙摸黑进了院门，他高兴地呼唤着姑娘的名字，却被脚底下的东西绊倒了。他用手一摸，只觉得湿漉漉的一片，这时，月亮升起来了。小伙借着暗黄的月光一看，吓得魂都要飞了：只见姑娘喉咙处血流如泉，殷红的鲜血一股接一股地涌出来，地上已经流了一大摊。

小伙子再也看不下去了，站起来发疯地逃走了。他奔回岸边，连夜开船离开了广州。但是他还是没能逃脱已经被惊动的官府，被五花大绑绑到了知府衙门。

知府大人一口咬定是小伙杀了人准备逃走，小伙却连叫冤枉。知府大人无奈，动用重刑，可怜的小伙还是不承认。知府大人实在拿他没办法，就把此案交给了善于断案的广州刺史刘崇龟。

刘崇龟看出其中必有端倪，于是亲自带人去杀人现场勘查，他把杀人凶器带回家仔细查看，发现这把屠刀跟一般的屠刀不一样，样子有点古怪。借着这把"怪刀"他便心生一计。

第二天刘崇龟传令下去说要举办一个空前盛大的宴席，叫城内所有的屠夫都带着屠刀到操场上集合。屠夫们没有敢不来的，来后齐刷刷地站了一长排。但是他们在操场上直等到天黑，刘崇龟才出现了。却告诉大家说宴席改在了明天，还让他们把屠刀留下来，编上号，明天早上再来。屠夫们走后，刘崇龟便暗中让人在刀上做了一点手脚……第二天，杀人凶手王顺便被抓住了。

刘崇龟是通过什么办法捉住杀人凶手王顺的呢？

144

✿ 第 186 天　桌布上的污渍

一个月前老富商突然脑溢血去世了。他生前结过两次婚，第一个妻子生下两个女儿凯丝和凯瑞，第二个妻子又生下一个可爱的小女儿凯丽。

由于老富商走得急，遗书还没来得及写清楚。所以，女儿们为了争夺遗产，闹得不可开交。

于是她们请来了一位法师，决定举行一场招魂酒会，唤回父亲的鬼魂解决关于遗产分配的问题。为了保证现场公正合理，他们还请来了私家侦探威尔作为证明人。

法师让三姐妹准备好 5 个杯子和两瓶葡萄酒、蜡烛等。他告诉在场的人，葡萄酒是红色的，代表人的鲜血，葡萄酒散发出的芬香，被死者的灵魂嗅到后，就会在阳间现身。

葡萄酒倒好后，法师点燃蜡烛，关掉电灯，开始施法。然后法师下令每人喝掉杯中的小半葡萄酒。夜色很深，燃烧的蜡烛照红了杯中的葡萄酒，真的仿佛殷红的鲜血。一阵凉风从窗子外面刮进来，白色桌布被掀起了一角，空气好像突然变得冰冷，每个人脸上都露出惊恐的表情。这时，妹妹凯丽由于过度紧张，差点碰倒了酒杯，杯中的葡萄酒还是洒出了一点，白色的桌布立刻渲染出一小滩红色的污渍。

"现在，各位，请在桌下手拉手。"法师又下令道。每个人都照做了，拉起的手臂形成一个圆圈，三姐妹坐在一起，凯丝靠着凯瑞，凯瑞靠着凯丽，此刻也紧紧地手拉手。

"请闭上眼睛，拉着你们的手不要放开，无论发生什么事，都不要松开手。"法师说完，就吹灭蜡烛，嘴里开始念咒语。

突然，黑暗中传来一个声音："你们好狠毒，竟然用毒酒害死我……"握着侦探威尔手的妹妹凯丽终于惊叫起来："不要了，快点开灯吧，求求你们了。"另一个女儿也叫了起来："这根本不是父亲的声音。"只有姐姐凯丝吼道："看你们干的好事，父亲都要现身了。"随即转头对法师说："请您继续吧。"

"对不起，恐怕已经不行了，您父亲的灵魂已经被吓走了，只能改天再试了。现在，请诸位把剩下的酒喝完吧，以送走亡灵。"大家都松开了紧握着的手，拿起面前的酒杯，一饮而尽。

妹妹凯丽站起身，愤愤地说了句："简直就是个骗局，我要走了。"她挪开椅子，朝门口走去，突然尖叫一声，便扑通倒地。

侦探威尔赶忙跑过去一看，凯丽嘴角流血，已经没了气息，表情看起来很痛苦，嘴里有一股苦杏仁味，他猜想应该是中毒而亡，便报了警。

警察和法医很快便赶到。经过法医鉴定，凯丽是喝了刚刚的葡萄酒，中了氰化钾这种剧毒而亡的。然而之前大家都喝了葡萄酒没事的。凶手是在什么时候下毒的呢？

威尔回想了一下刚才的情景，想到凶手应该是在熄了灯以后下的毒。但是熄灯后，大家都是手拉手，谁也没办法下毒的。

威尔完全愣住了，眼睛盯着现场，想寻找出点蛛丝马迹。他突然看到白色桌布上的那小摊红色污渍，怎么跑到姐姐凯丝坐的那边了？威尔恍然大悟，他知道凶手是谁了。

请问凶手是谁呢？

✡ 第187天 伯爵之死

一英国伯爵特别喜爱印度的瑜伽术，为此，伯爵买下一所旧的公寓改造成一所练功房，专门请了4个印度人和他一起在里面练习瑜伽。

然而，有一天，伯爵被发现死在练功房里。

事情是这样的：两星期前，伯爵打发了4个印度人，自己单独在练功房做瑜伽修行。为了不受外界干扰，伯爵还把门窗都从里面上了锁。在这之前，伯爵做了事先的准备，他让伯爵夫人准备了充足的食物和水放在练功房。

但是，两星期后伯爵仍未出现，伯爵夫人赶紧向警方报告。警察赶来后，撬开紧锁的门，才发现伯爵已直挺挺地死在床上，旁边准备好的吃喝几乎都没动过。

警察仔细勘查了现场，练功房的门窗从里面上了锁，外人是不可能进入的，屋顶离地有 15 米高，全是封闭的天花板，也完好无损。只有床的正上方有一个方形的采光窗，但是面积很小，即使有人从外面把采光窗卸下来也钻不进来的，况且采光窗外围还有一层铁栏杆保护。可以说，伯爵的练功房几乎是一个与世隔绝的密室。

法医检验了伯爵的死因，没有伤口，食物和水里也没有毒，那么只有一个可能——伯爵是自杀而亡的，方法是绝食。警方在查不出原因之下就定出这种结论，但是伯爵夫人却极为不满意，于是她请来了一位名探。

名探经过现场调查后，发现伯爵的床被人移动过，地上有细小的痕迹。再看看这间"密室"唯一的亮光处，名探心里有数了。于是问伯爵夫人："请问伯爵是否有恐高症？"

"是的，而且是很严重的恐高症，他只要站在高处，就会全身发抖，恐惧得要晕过去。"

"这样，那伯爵死亡的原因就另外有结论了。"名探说完，又询问了 4 个印度人的情况，之后就到警察局要求逮捕他们。

警方把 4 个印度人逮捕回来，审问之后，案情就大明了，原来 4 个印度人不满伯爵把他们打发走，心里起了歹念，就把伯爵杀害了，并说出了杀害伯爵的方法。

那么，你知道他们是运用了那种方法把伯爵杀害的？

☆ 第 188 天　甲板上的枪声

"无畏号"小汽艇在风暴中东摇西晃，颠簸前行。

风暴暂息时，一号甲板上传来一声枪响。犯罪学家福德尼教授扔下那本他一直未能读进去的侦探小说，几个箭步就冲上了升降口扶梯。在扶梯尽头拐弯处，他看到斯图亚特·迈尔逊正俯身望着那个当场亡命人的尸体。

死者头部有火药烧伤。

拉森船长和福德尼教授马上展开了调查，以弄清事发时艇上每位乘客所在的位置。

调查工作首先从离尸体被发现地点最近的乘客们开始。

第一个被讯问的是内森·柯恩，他说听到枪声时，正在舱室里写一封信。

"我可以过目吗？"船长问道。

福德尼从船长的肩上望去，看到信笺上爬满了清晰的蝇头小字。很显然，信是写给一位女士的。

下一个舱室的乘客是玛格内特·米尔斯韦恩小姐。"我很紧张不安。"她回答说，由于被大风暴吓坏了，大约在枪响一刻，她躲进了对面未婚夫詹姆斯·蒙哥马利的卧舱。后者证实了她的陈述，并解释说，他俩之所以未冲上过道，是因为担心这么晚同时露面的话，也许会有损于他俩的名誉。福德尼注意到蒙哥马利的睡衣上有块深红色的斑迹。

经过调查，其余乘客和船员的所在位置都令人无懈可击。

请问，船长怀疑的对象究竟是谁？为什么？

✡ 第 189 天　疏忽的罪证

一天夜间 10 点左右，小岛正要入睡，忽然听见门铃响了起来。他打开门一看，只见一个瘦高个男人正冷冷地盯住他。小岛见来人正是他一再躲避的债权人中村，心里不禁倒吸了一口冷气。

中村一把推开小岛，气呼呼地走进房间，抬眼朝室内环视一周，冷笑一声说："嘿，好漂亮的公寓呀！这是用我的钱购置的吧？"接着大声威胁说，"别再躲躲藏藏了，快把钱还给我，不然我只有到法院去控告你！"

"钱，明天如数还你。"

"这话算数？"

"请相信我。来，好久不见了，干一杯吧！"小岛一边连连道歉，一边忙着从冰箱里取出瓶啤酒。他趁中村犹豫之际，抢起酒瓶朝中村的脑袋砸去，中村连哼也没哼一声，就应声倒在了地上。

小岛砸死了中村，慌忙把尸体背到停车场，用汽车把尸体运到郊区，扔在了公园里。他返回家后，立即来个彻底大扫除，用手巾擦掉了留在桌子和椅子上的指纹，连门上的把手也擦得干干净净，直到觉得房间里再也不会留下中村的痕迹了，才长长地吐了一口气。

第二天一早，小岛刚起床，就听到一阵"咚咚咚"的敲门声，他打开门一看，竟是山田警长和段五郎侦探。

山田警长脸色严峻地问道："今天早晨，我们在公园里发现了中村的尸体，在他口袋里的火柴盒后面写着你的地址。昨晚上中村来过你家吗？"

小岛忙说："昨晚谁也没来过，我已经一年多没有见到他了。"

这时，站在一边的段五郎淡淡一笑，说："不要说谎了，被害者到这来过的证据，现在还完好地保留着……"

没等段五郎说完，小岛声嘶力竭地叫道："在哪？拿出证据来！"

"安静点，瞧，在那儿！"小岛顺着段五郎指的地方一看，顿时吓得面如土色，在那里确实留下了中村的指纹。

你知道中村的指纹留在什么地方吗？

✿ 第190天　游船上的谋杀案

狂风怒号，海浪滔天，台风就像一个喝醉了酒的狂人，在肆意地发着酒疯，把海水搅得底朝天。海面上已经看不见任何船只了。渔船都避到港湾里，落下了帆，抛下了锚，等待着台风过去。

这时候，海岸警卫队接到 SOS 求救信号：有一艘游船，被困在大海里，随时有沉没的危险。海岸警卫队立刻派出救生快艇，冒着大风大浪，向出事的海域驶去。天漆黑一团，再加上十几米高的海浪，冲撞着快艇。小艇就像一片树叶，一会儿抛上了半空，一会儿又被压到了浪底。几个小时以后，快艇来到了发出信号的每面上，打开探照灯，四处搜寻着。

忽然负责观察的水手叫起来："快看！那边有人。"探照灯"刷"地照射过去，在雪亮的光柱下，可以看见一艘小游船，在海面上游荡，一个男子用力挥手，旁边还躺着一个人。救生艇赶快靠过去，经过无数次努力，终于把他们救了上来。可是，另一个男子已经死了，他头上有一个大窟窿。

活着的那个男子满头大汗，他擦了一把汗，喘着气说："我叫保罗，已经3天没有喝上淡水了。两天前，我和汤姆驾着小帆船，出海去游玩，我们只顾得高兴，来到了离海岸很远的地方，这时候，船出了故障，无法再行驶了，又遇上台风。船上没有食品和淡水，我们都又渴又饿。今天汤姆实在忍不住了，到船舷边舀海水喝，脚下一滑，头撞到了船锚上死了。幸亏你们来了，不然我也没命了！"艇长听了他的话，立刻命令士兵："他就是凶手，马上把他监禁起来！"

请问，艇长为什么断定保罗是凶手？

✡ 第191天　窃取商业机密

代号为"NT311"的新型动力控制系统是新能源集团和环宇新科技共同研发的最新项目，和新能源集团有商业竞争关系的许多大公司不惜重金收买人员窃取机密。这天，新能源集团的总工程师将在环宇新科技与其他研究人员进行技术论证，因此，会议是在绝对保密的情况下召开的。然而意想不到的是，商业间谍的黑手还是伸进了会场。

下午3点，会议正式开始。正当环宇新科技负责人移动话筒准备主持会议时，电线将一只茶杯碰翻在地，总工程师在地上捡茶杯时发现桌子底下安装了一只窃听用的微型录音机。于是他立即报警，公安人员迅速赶到现场。检查结果：录音机的磁带上开始没有声音，3分钟后有轻轻地关门声，12分钟后便是与会者进入会场的脚步声和说话声。因此，推断安装录音机的时间大约是在下午2时45分左右。

经过警方调查最终确定了3名嫌疑人，这3名嫌疑人都是环宇新科技的员工。

等这 3 名嫌疑人到齐后，警长首先发话了："请你们说说，为什么在下午离开办公室。"

最先回答的是员工 H："我一直在电脑房打字，太累了，曾去开水房打水。"

"什么时间?"警长问。

"对面高楼上的露天时钟是 2 时 45 分。"

"你为什么穿旅游鞋，难道不知道公司有规定应穿皮鞋上班吗?"环宇科技负责人严肃地问。

"昨晚跑步时把脚扭伤了，今天我向经理说明了情况，他同意的。"H回答。

环宇负责人点点头，又问另一位："你呢?"

第二位员工 F 回答："午餐后，我去走廊里走了走，经过楼梯时，那里的挂钟也是 2 时 45 分。"

"你为什么穿高跟鞋，不是规定只准穿公司发的平跟鞋吗?"负责人又严肃地问她。

"我身材矮，下班后就要去见男朋友，来不及回家换。这是我首次违反纪律，请负责人原谅。"F说着，眼泪都快流下来了。

"好，就原谅你一次，下不为例。"负责人说着，又要第三位 M 回答。

"下午 2 时 45 分我去过卫生间……"M 无所谓地应付着。

还没等她说完，警长又严肃地问："你这么高的身材，为什么也穿高跟鞋?"

"因为昨天我去给朋友过生日，没有回家，所以没来得及换，下次注意，现在我知道错了，也请负责人原谅一次。"

不等环宇新科技的负责人说话，警方就立即叫其中的两人出去，只留下一位，对她继续进行审问。结果案件告破，她如实交代了罪行。

你知道这是为什么吗?

✿ 第192天　密室杀人案

"我无法解释这究竟是怎么回事。"经验丰富的探长罗斯自语道。

在他面前的那具尸体背部被人用日本刀刺穿了，然而死者嘴唇的颜色却告诉他死者曾服用过毒药。

"确实难以理解。"站在他旁边的爱丽丝小姐说，"我的父亲怎么会既服毒又被人刺穿了呢？"

"按理来说凶手用一种手段就可以了，为什么偏偏这么做？难道凶手有两个人不成？"探长罗斯又自语了一句。

事情来得太突然了，就在小姐的生日宴会上，发生了老主人被杀的事情。当时所有的人都在楼下，就在爱丽丝的男友霍夫特上楼去敲房门的时候发现了不妙的情况，于是跑下楼叫上大伙一起将门撞开，门被撞开后便发现了老主人的尸体，当时房门紧闭，窗户都是关紧的，这里形成了一个密室。此外，房间里有一台关着的电脑、一书柜的恐怖小说。死者手边还有一本翻开的小说，看来死者生前正在看书。更为重要的是，这间屋子的钥匙放在一张很普通的桌子的正中央。

"爱丽丝小姐，桌上的这杯酒是怎么回事？"探长罗斯不解地问。

"是我父亲上楼之前在餐桌上拿的。"爱丽丝答道。

"随手拿的吗？"探长继续问。

"是这样的。"爱丽丝回答道。

"日本刀又是谁的？"探长问。

"它一直就在父亲的房间里，本来是挂在门后的。"爱丽丝说。

"你父亲有锁房门的习惯吗？"探长问。

"他一个人在房间里总是喜欢把自己关在里面。"爱丽丝说。

这时，一位留着长发的漂亮小姐出现在探长罗斯的面前，她叫克瑞斯，是爱丽丝的朋友。

"警长先生，门外有人找你。"她刚说完，探长罗斯就向门外看去，他微笑着说："是杰森侦探啊！您能来真是太好了，我这儿刚好有个棘手的案子。"

"我就是为这事来的。"杰森侦探查看了一下周围的人，对爱丽丝说："小姐，您是这里的主人？"

"是的。"爱丽丝很是尊敬地回答。

"这杯酒……"

"是我父亲随手在餐桌上拿的。"爱丽丝又解释了一遍。"是霍夫特和大伙撞开的门。"爱丽丝补充了一句。

"霍夫特先生，您上来有什么事吗？"杰森侦探问。

霍夫特抓了抓头发，慢吞吞地说："我是想借此机会向爱丽丝的父亲谈一谈我和她结婚的事，谁知道他……"他不忍再说下去了。

"这是什么？"杰森侦探在门外的垃圾箱内找到了一根渔线以及一根针。

"谜团解开了。"杰森侦探笑着说。

你知道这间密室杀人事件是怎么回事吗？说出理由！

✿ 第 193 天　是否参加鉴定

有一个工业公司，组织它下属的 A、B、C 3 个工厂联合试制一种新产品。关于新产品生产出来后的鉴定办法，在合同中做了如下规定：

（1）如果 B 工厂不参加鉴定，那么 A 工厂也不参加。

（2）如果 B 工厂参加鉴定，那么 A 工厂和 C 工厂也要参加。

请问：如果 A 工厂参加鉴定，C 工厂是否会参加？为什么？

✿ 第 194 天　失败的骗局

8 月中旬一个炎热的夜晚，在一家"汽车旅馆"里，正在被警方追捕的高级骗子克赛和他的 3 名助手聚在一起，商讨抢劫杰克和雷斯父子的公司的事。

杰克和雷斯父子的公司是市区内一家最高级的珠宝店，防范非常严密。

该公司拥有一套最先进的电子报警系统，并雇佣了一名私人侦探，通过闭路电视，日夜监视 6 个柜台，只要稍有一点风吹草动，就可以马上按动电钮，自动封闭公司所有的出入门。

因此，克赛警告同伙，在行动的整个过程中，不准脱掉手套，不准直呼同伴的姓名，动作必须迅速，一分钟也不能延迟。

第二天早晨 6 时整，化装成警官泰森的克赛和 3 个助手来到珠宝店，找了公司的私人侦探莫斯利，向他通报道："根据情报，在 11 点整，一伙歹徒要来抢劫贵公司。我们准备当场将其抓获。"然后，他指指电话机，说："我想给苏格兰场打个电话，问问有什么新消息。莫斯利先生，您能给我接通电话吗？"

莫斯利点点头。警方电话交换台很快接通了。"请接……"话还没说完，克赛从莫斯利手中接过话筒，"是的，我是泰森。嗯嗯……我们就在这里，如果有什么消息，请立即通知我们。我在公司的监控中心。噢，明白了。"

待他挂上电话，莫斯利忙问："泰森先生，他们有多少人？"

"我们也不太清楚。"克赛说道，"我们只知道可能作案的时间。不过，不必担心，半小时前，警察已经包围了这幢大厦。3 名歹徒一踏进大门，大门外面的马路都将被封锁。他们一离开公司，我们就行动。"

莫斯利若有所思地看了一眼克赛，走到隔壁房间打了一个电话。不一会儿，警察驱车赶到，逮捕了克赛和 3 名助手。

他们在哪儿露了马脚？

✡ 第 195 天　杀人魔王

年轻的格特莱姆侦探正风趣地跟几位姑娘谈话。他不仅人长得高大英俊，穿着红白相间的牛仔服可真是一景，格特莱姆是和他那只会跳舞的骡子莫娜来参加国庆游行庆祝活动的。

"您的皮护腿套裤可真是可爱。"一位姑娘说着，弯下身子向他的缀满了毛绒绒的白色羊毛的皮护腿套裤轻轻地摸了摸。

"看起来就像是在他又瘦又长的腿上串了一大串儿的药葵花。"另一位姑娘也惊喜地叫道。

"小姐们，我可不是为了扮滑稽，而是必须要这样，要知道真正的牛仔才会这样穿，这是为了保护他们的双腿不受伤，另外还能很好地保暖。"格特莱姆侦探一本正经地说道。

"您的红色牛仔靴都在发亮呢。"一位小姐说道。

"是的，因此我才在上面镶上更加发亮的银质雄鹰标记。"格特莱姆侦探又打趣道，"配上红色的皮夹克、白色的衬衣和一顶白色的牛仔帽，是不是更像影片里的西部牛仔？"

"咯咯咯……"格特莱姆的话语引来几位姑娘的一阵笑声。

"白色的牛仔帽表示你是个好人，只有坏蛋才戴黑色的牛仔帽。"格特莱姆又补充道。

这时，几个姑娘的笑声更大了，有两个都笑弯了腰。

不知什么时候他的助手布兹已来到他身边，对他说着什么。

"什么，你说什么？"

"有人被杀了！"布兹高声喊道。

格特莱姆立刻把布兹带到一边，仔细询问起来。

"鲍里斯是当地著名的乡村西部说唱乐歌手，今天早上有人发现他被踩死于那匹出了名的暴烈的种马宝儿的马厩里。"

"哦？是吗？现场有没有其他疑凶？"格特莱姆问。

"这里人不喜欢听乡村西部说唱歌曲，因此鲍里斯当然不受人们欢迎了，但最让人怀疑的是他的经纪人梅森。因为鲍里斯害怕坐飞机，拒绝去开演唱会，为此梅森很是恼火。两人大吵了一架，结果鲍里斯扬言要炒掉经纪人梅森。嘿！瞧瞧是谁来了。"

布兹警官一看到停在马厩旁车道上的黄色雪佛兰科尔维特跑车就认了出来。只见从车中走出一个个头很高、瘦得像皮包骨头一样的家伙。这人不但头小，眼睛也小，稀疏的小胡子就好像是临时用铅笔在嘴巴上画出来的一样。他就是歌手鲍里斯的经纪人梅森。

"出了什么事吗?"梅森问。

"恐怕是个坏消息,"布兹警官答道,"鲍里斯出事了,他死了。鲍里斯他……"

"噢,不!我早就对他说过要小心!我告诉过他要离那匹马远一点儿!那匹马可真是个杀人魔王!"还没等布兹说完,梅森就激动地喊道。

"你就是死者的经纪人吗?"在一旁逗弄骡子莫娜的格特莱姆突然走过来问。

"你是哪位?"梅森反问道。

"这位是格特莱姆侦探。"布兹连忙做介绍,仿佛穿着牛仔装扮的格特莱姆根本用不着自我介绍。

"我看这有可能不是一场事故。"格特莱姆嘴角浮起一丝笑。

"你这是什么意思?"经纪人梅森急忙问道,"你是说他是被人谋杀的?那会是谁干的呢?"

"我看就是你干的。"格特莱姆的话很直接。

"我只是对他害怕坐飞机感到恼火,怎么可能会干出这种事情?再说我也需要他,他可是我最大的客户。"梅森辩解着。

"这么说你肯定给他买了巨额的保险。"布兹插了一句。

"但他活着参加表演会更值钱,你们没有理由怀疑我!"

"实际上,除了杀人动机之外,我们还有很好的理由怀疑你是凶手。那匹马可不会因为不喜欢乡村说唱乐而去杀人。"

为什么格特莱姆怀疑经纪人是凶手?

✿ 第196天　被扔进黄河的婴儿

黄河岸边有一户人家,两兄弟老婆同时怀了孕。可天有不测风云,一天,两兄弟划着船到黄河对面的山上去砍柴,不想狂风暴雨突然来临,将船打翻,两兄弟掉到水里被风浪卷走了,后来村民在很远的下游才打捞到他们的尸体。

10个月后，兄嫂和弟媳同时生了孩子，一个男孩，一个女孩。孩子刚满月后，弟媳就到县衙告状，说嫂子家的男孩其实是她生的，嫂子人厉害，威逼她将自己的儿子拿来换她的女儿。

知县林峰唐接案后，连审两堂也没审出头绪来。弟媳娘家的人和嫂子娘家的人都说孩子是他们的，连当晚接生的老婆婆也记不清究竟是哪家生了男孩，哪家生了女孩。

这下可真让林峰唐犯了难。这天夜里，林峰唐猛然想出了一个好办法，他传话明天晚上再审，并且让人把那个男婴儿抱到县衙来。

第二天晚上，月色朦胧，知县林峰唐带着人马来到了黄河岸边，原告、被告和证人也都相继带到，大家不知道这知县葫芦里卖的是什么药，大白天不升堂问案，大晚上的来到黄河岸边干吗？

只听知县林峰唐说道："你们双方都说男孩是你们自己的，那现在本官就认证一下，看谁说的是实话。"

在场的人都唏嘘一片，弟媳家哥哥问道："知县大人要怎么证实？"

"很简单，他们的父亲都是在这黄河里淹死的，如果他们真的在天有灵，肯定会认出自己的孩子，从而送回来的，那么就让我们看看是谁把孩子送回来吧。"

林知县说罢，衣袖一挥，一个衙役抱过来一个用红绸裹着的婴儿。

"扔进黄河里开始证明吧。"还没等众人反应过来，那衙役已经将怀中的婴儿扑通一声扔进水里了，只见红绸在水面上跳了两跳，就随水流飘起来。

起初几秒钟大家面面相觑，心惊胆战地等待着，眼看着红绸裹着的婴儿越飘越远，突然弟媳开始号啕大哭，叫喊着让人快救孩子，而一旁的兄嫂喘着粗气一个箭步冲过去，和衣跳进水里去救孩子。

林知县一看忙让人把兄嫂救起来，同时宣布案子结了，把孩子还给了他真正的母亲。

那么你知道谁才是孩子真正的母亲？

✡ 第 197 天　不是第一现场

一天夜晚，加班很晚回到家的吴晓波突然接到姐姐打来的电话。说有很紧急的事情让他马上到她家里去。可是他住在东郊，姐姐住在西郊，过去得两个小时呢。吴晓波刚准备说明天一早吧，电话那边的姐姐发疯般地喊起来："不过来，就不认你这个弟弟了。"

吴晓波被震住了，急忙拿着车钥匙出了门驾车赶到姐姐家，听到是弟弟的声音时，满脸愁苦的姐姐马上像见到救星似的，从沙发上弹起来打开门。

吴晓波问姐姐究竟是什么事要大半夜地过来？

姐姐说："这件事真的太棘手了，快把我折磨死了。"随后把弟弟领到卧室里，吴晓波看见床上躺着一个跟姐姐差不多大的女人，只是脸色很苍白，嘴唇发紫。

"她是谁，她怎么了？"吴晓波一连串地发问。

"她是姐姐的一个朋友，本来是一个人住在单身公寓的。这段时间她交了一个男朋友，一直住在男朋友家，前两天突然来到我家里，说跟男朋友吵架了。要在我家住两天。我闻到她满身的酒味，就让她洗洗再睡吧。可是谁想到她在洗澡的时候突发心脏麻痹，死在浴缸里了。"

"那就通知家人或者报警啊！"

"不行，警察会怀疑是我杀了她的，我可不想被怀疑是杀人犯。哪怕不是我杀的，死在我家里也不好，以后谁还敢来啊，所以你快点帮姐姐想个办法啊。"

吴晓波稍微思索了一下，说："那把她送回自己的家里，让警察还以为她是死在自己的家里吧。"

"好的，就这么办。"

姐弟俩打定主意就开始行动，很快来到了姐姐朋友的单身公寓，此刻已经是凌晨 3：30 了，周围的邻居都进入了梦乡，四周静悄悄的。

姐弟俩把尸体从汽车的后备箱里抬出，再搬到公寓里，姐姐找出朋友平时穿的衣服给她换上，然后两人把尸体抬到书桌旁，伪装成朋友是趴在书桌上看书时突发心脏病死亡的样子。

"她是在前天下午死的，所以要关上房里的灯。"细心的姐姐连这个细节都注意到了。

"这个煤油炉怎么办？将火点着吗？"吴晓波看到屋子里有一个小煤油炉后问姐姐道。

"是啊，她是个怕冷的人，这里好像又没有暖气，所以还是将火点着好。"吴晓波将火点着了。

"让窗帘开着吧。"这样有人经过才会发现她。

姐弟俩安置好一切后，才放心地关了灯，悄悄地离开房子。事情处理得干干净净，连现场的指纹在他俩临走时也被擦掉了。

当天下午，姐姐朋友的尸体就被别墅管理员定时巡视时发现了。管理员很快报告了警察局。法医检查后说："死因是心脏病，自然死亡。"

"是什么时候死的？"正在现场勘查的卢警长问。

"大约是两天前吧，具体时间要在尸体解剖后才能查出。"法医答。

这时，助手小李走过来对卢警长说话，却发现他愣在那里没做反应，眼睛一直盯着某处。小李顺着他望过去的方向一看，是一个燃着的煤油炉，里面的红红的火苗随着窗户里吹进来的风儿摆动着。

"看来这不是死者死亡的第一现场啊，即便是心脏麻痹导致的自然死亡，想必是什么人将尸体搬到这儿，伪装成是在这个房间里死的。否则只有相信尸体可以点火了。"卢警长自言自语道。

"是啊。"助手小李也明白了他的意思，随声附和道。

那么，卢警长是怎么看穿事情的真相的？

✿ 第 198 天　破花瓶

侦探安格斯好不容易有几天空闲，就到乡下去散散心，顺便探望一下多年没见过面的街坊邻居。可万万没想到，安格斯刚到村口就遇到了麻烦。

村里的两个汉子亚力士和阿诺正在那里扭打成一团。亚力士的衣服撕了个大口子，阿诺脸上划了一道两寸长的血印子。

安格斯朝他们大喊一声："住手，不然我把你们都带走！"两个汉子看见是安格斯这才松开手，喘着粗气，恶狠狠地看着对方。

这时已经围了几十个人看热闹，都想看看安格斯怎么断这个案子。安格斯找个地方坐好，对年纪稍大的亚力士说："有什么事，你先说，但一定要说实话。"

"是！"亚力士点点头说，"先生您走了已经好几年没有回来了，不知道发生了一件大事，眼前的这位原来是我父亲的私生子，也就是说我们是同一个父亲所生，我父亲在临死前也承认了，并且把遗产……"

安格斯一听，挥挥手叫他先住口，对阿诺说："还是你说吧，记住，说实话。"

阿诺的表达能力比他哥哥强多了，几句话就把事情说清楚了。原来他们的父亲在临死前把财产平分给两兄弟了。两兄弟平常也友好来往，今年弟弟阿诺家翻修房子，有一些贵重的东西放到哥哥亚力士家了。

等阿诺家修好了房子，往回拿东西时，却发现少了一个玻璃花瓶，这玻璃花瓶是普通的倒也罢了，偏偏这是阿诺母亲家流传下来的一件很值钱的古董，年代久远到中世纪。

阿诺刚刚说完，亚力士就喊了起来："他胡说，是有这么一件古董，可那是我的，他早就看上了，几次想买，我都没答应……"

阿诺气得脸都白了："你可真是无赖，那明明是我的嘛！"

说着话，两个人又要动手。安格斯大声嚷道："不许动手，把那个该死的花瓶拿来，让我好好看看！"

亚力士答应一声去了。

工夫不大，亚力士回来了，双手捧着那只花瓶。安格斯仔细地看了看，让他两人说说特征，结果都说得八九不离十。安格斯生气了，把那个花瓶举起来说："你们两人都已年到中年，怎么一点人情世故都不懂，你们虽然不是同一个母亲所生，但也算亲兄弟，现在竟为这个破花瓶翻脸不认人，伤了手足之情。还不如我摔了它吧。"

安格斯的手却没有松开，花瓶还在他的手里，人们这才松了一口气。安格斯把花瓶给阿诺说："东西是你的，拿回去吧！"

你知道安格斯是怎样确定花瓶的主人的吗？

✿ 第 199 天　平安礼物

科尔是一家大公司财务主管罗布森的助手。一天中午，科尔同往常一样准时走进了位于 15 楼的罗布森的办公室。当他推门进去一看，罗布森正吊在屋内的房梁上。他急忙去解绳子，发现罗布森已经死亡多时。

科尔马上跑到秘书办公室，通知秘书玛丽小姐，告诉她罗布森出事了。

玛丽听完，立刻拿起电话："休伯特先生，我是玛丽，您能到 15 楼来一下吗？出事了！"她放下电话，自言自语地说道："这可真是太可怕了，今晚是平安夜，明天就是圣诞节了，怎么能出这种事呢！"

一会儿，总经理休伯特来到了罗布森的办公室，见自己的得力干将上吊自杀了，不禁面露悲伤之色。他马上通知保安到大楼清理现场，同时，让秘书玛丽通知罗布森的家人，并马上报案。

一直忙到下午 5 点，玛丽提醒休伯特："休伯特先生，楼上还有一个平安夜聚会呢，是你已经安排好了的！"

休伯特恍然大悟说道："对对对，我差点忘了 16 楼还有一个聚会呢！"

带着一身疲惫，休伯特来到 16 楼，推开了他的私人会议室门。会议室里此时已有一些员工等在那里了，大大的会议桌上摆放着一棵圣诞树，树下放着花花绿绿的礼物盒子，这是休伯特在中午已经为大家准备好的。大家都知道公司出了事，屋里的气氛有些沉闷。为了缓和一下气氛，休伯特开始为大伙分发礼物。从秘书到副总经理，全公司每个人都收到了一份礼物。

聚会很快就结束了，大家一个挨着一个地走出了会议室，然而科尔却觉得有点不对劲。

他狐疑地看了一眼空空的圣诞树下，心中疑虑丛生。猛然间，他眼前一亮："罗布森绝不是自杀！"

科尔马上来到警局，把自己的发现和判断说了出来。警察根据他的判断，很快抓到了凶手。科尔是如何发现凶手的呢？

✿ 第 200 天　赎地

一天，有一胖一瘦两个人来到县衙打官司。胖的叫东东，瘦的叫毛头，两个人争着向县令告状。

"都别吵，一个一个说。"知县一拍惊堂木，喝住了他们。县令对东东说："你先说吧！"

东东抹了把额头上的汗珠，说："大人，我和毛头隔条河住着，平时常有来往。大前年，我老婆生病，急着用钱，便把一块肥田典当给了他，得典当金 1000 贯。当时我们说好，3 年后按原价赎回。现在，3 年到期了。昨天，我去赎地时，因为 1000 贯钱很重，我便分几次送去。可是，当我把最后 100 贯钱送到他家时，他赖账了，不肯把典当地契退还给我。无奈，小人只好来请大人做主。"

"把收据拿来给我看！"

东东后悔地说："我以为我与他很熟，平日关系又好，便没要收据。"

"该你说了！"知县又对毛头说。

毛头满脸怒气地说："大人，东东是在胡说八道，血口喷人。我虽没有万贯家财，但在这一带却也算个富户了，哪能赖他 1000 贯钱呢？"

"你可有证人？"

"没有。"

"胡闹！你们既无证据，又无证人，来这里找本官干什么？还不都与我滚下堂去，不然各打你们三十大板。"衙役把东东和毛头赶出了衙门。

二人出来后，毛头暗自发笑，东东却伤心地失声痛哭。这时，有一老翁路过此处，向东东问明缘由后，告诉他说："江阴知县赵子亚善断疑案，不妨找他去试一试。"

"江阴与咱这里不属一个州县，就怕赵子亚不肯管。"

"唉，死马当成活马医，反正你现在也无法，找他去这事儿还兴许能成呢？"

事到如今，也只有这么办了。东东因打官司内心焦急，第二天，便奔江阴县而去。五六日后，他来到了江阴县，叩见了知县赵子亚。

赵子亚虽然有超人的智慧，但听了东东的叙述后，还是摇头说道："我是江阴的小官，你是淮阴的百姓，我管不着你的事，叫我怎么替你断案啊？"

"大人，我迢迢百里来此，就因为听人家说您能为民做主，断案如神。您若不管，我……"

赵子亚看见东东绝望的样子，缓了口气说道："既然如此，本官就与你断一断这个案子吧！只是你先不要回去，可能过几天要你当堂对质。"

"谢大人！"东东破涕为笑，磕了个响头走了。

怎样才能断明这个案子呢？赵子亚很快想出了一个绝妙的主意。他给淮阴知县写了一封公文，不但让他派人把毛头押到了江阴，还使毛头主动交代了赖掉东东 1000 贯钱的事实。

赵子亚在公文上写了什么？又是怎样使毛头主动交代实情的呢？

✿ 第 201 天　猫是名侦探

一个寒冷的冬夜，这些天来一直异常干燥。可是，这天夜里却下起了小雪，小雪夹着雨，下了大概一个小时左右。恰巧这段时间里，本市近郊发生了一场恶性逃逸事件，一个醉汉驾着汽车撞了行人后驾车以最高时速逃离现场而去。

这个司机 30 分钟后返回市内家里，将车停进了院子里的车库内。车库只有一层尼龙板顶棚，地面是水泥，他用水管冲洗了湿漉漉的轮胎，也冲掉了汽车出入的痕迹。幸亏车身没留下明显的痕迹，连车灯也没损坏，一点油漆都没有被刮掉，车子完好如初，看不到一丝与什么物体相撞的痕迹。这个司机将被雨淋的车身用干毛巾擦过后，又把一个轮胎的气放掉。可是，在其逃离现场时目击者记下了他的车牌号码，警方马上找到了车主。

晚上，警察找到了他的家，检查存放在车库里的车子，并询问其事故发生时不在现场的证明。

"警察先生，正如你所见，我的车子爆了胎，正打算叫人来修。今天一次也没开出去。所以逃跑的罪犯不会是我，目击者一定是记错了车号。"罪犯表白着说。

警察发现，车前盖上不知什么时候留下了几处猫爪印儿，是猫带泥的爪印和卧睡的痕迹。于是问："你府上养猫了吗?"

"没有，这应该是邻居的猫，或是野猫吧。经常钻进我家院子里来，在车上跳上跳下地淘气。"

"的确，正如你所说的那样，你的车今天一次也没开出去的说法是不能让人信服的! 你可以若无其事地说谎，可猫和汽车都是老实的。"当场警察就拆穿了他的谎言。

是的，你知道这是为什么吗?

✿ 第 202 天　宝藏之谜

因为好奇，正在休假的名侦探包小拯和女朋友阿嘉莎记者登上了去南澳岛的帆船，尝试着去寻找海盗的宝藏。

南澳岛位于广东汕头市东部，南海和东海的交界处。这里除了美丽的风景，吸引人们的还有一个重要的原因，那就是藏在岛上将近一千年而从未被发现过的宝藏。

相传在明嘉靖四十四年（1565 年）八月，龟缩在南澳岛的大海盗吴平面对明朝两位最伟大的军事家戚继光和俞大猷的合击，匆匆将平日劫掠来的大笔金银珠宝埋藏在南澳岛的某个神秘地方。到了十月，戚继光在南澳岛登陆成功，进而分兵直捣敌寨，吴平仓促夺船入海，后病死在海上。而宝藏的秘密也随同吴平之死而深埋在地下，当地只留下一段充满玄机的歌谣："水涨淹不着，水退淹三尺。"提示着宝藏的地点，多少年来，到南澳岛上寻宝的人不计其数，但都一无所获。

在海上颠簸了十多个小时，船靠岸了，包小拯和阿嘉莎终于登上了南澳岛。说是岛，其实只是一个巨大的礁石堆。在岛上矗立了一位女子的雕像，据说就是吴平的妹妹，雕工粗糙，风化严重，真是有些年头了。面呈微笑，双手合十，怀抱元宝，面向南方。游客到这里来都喜欢摸一摸她怀中的元宝。据说谁要是摸了她手中的元宝谁就会招来财运。

"包小拯，你看这大海盗吴平的妹妹面向南方，怀抱元宝。那么宝藏会不会在南澳岛的南面呢？"

"这个小岛不大，你看这个小岛的南面是高高的悬崖。如果这么简单的话，那小岛的南面肯定被寻宝的人挖了个底朝天了吧？"

"嗯哼，也对。真想找到海盗的宝藏啊，这样下半辈子可以和你周游世界啦！"

"阿嘉莎，你可真贪财啊。你说那一句歌谣'水涨淹不着，水退淹三尺'会不会就是解开海盗宝藏埋藏地的钥匙啊？"

"是啊，这句话的确很费解呀。水涨了为什么淹不着呢？水退了为什么还淹三尺深呢？"

问：海盗的宝藏在什么地方？请说出理由。

✿ 第 203 天　真正的凶手

深夜 1 点，一个陌生电话打到了侦探井上的家。说话的是一名男子，侦探还没来得及说话，那名陌生男子就声泪俱下地说："是井上侦探么？快来，我的妻子被人杀了。"井上记下地址，急忙驱车前往现场。这是一幢新宅，门旁车库前停放着一辆红色越野车。

井上下车走进大门时，那儿突然有条狗汪汪地吼叫起来。那是一条大灰狗，被用一条长长的铁链拴着。

"太郎，住声！"打电话的那名男子神宫寺走出门来，那条狗便乖乖地蹲在他的脚下。"看来是训练有素了。"探长不由得赞道。

死者身穿睡衣，倒在厨房的地板上，是头部被打伤致死的。

神宫寺低沉地向侦探诉说："我为一点小事和妻子吵了一架，憋着一肚子气跑出去了，在外面兜了两个小时风，回来一看，发现妻子被杀了，那时是 11 点，我出去后大概妻子没关门，肯定是强盗闯进我家，被妻子发现，于是杀人后逃走了。"

"有什么东西被盗吗？"

"放在柜子里的现金和妻子的钻石戒指不见了。"

"去兜风时带上你的狗了吗？"

"没有，只是我一个人去的。"

现场取证工作基本结束，第二天一大早，侦探井上就命令助手到邻居家了解情况。不一会儿，助手跑回来报告说："西边的邻居家，因工作加班，整晚没睡。据他讲，在罪犯作案的时间里没听到什么异常的动静，除了汽车的响动外。"

"是什么时间呢？"侦探问。

"大概晚上 11 点听到从车库开出的声音。"助手回答说。

"这一点与神宫寺讲的完全一致，"侦探略有所思，然后说道，"凶手就是神宫寺本人了。"

果然，经审讯，神宫寺供认由于同情人约会时被妻子发觉后，和妻子吵了架，怒不可遏地抄起棍子照着妻子的头部砸去，本来是无意杀死妻子的，但事后又害怕去自首，因而伪造了盗窃杀人的假象，之后他出去兜风，顺便把当作凶器的棍子扔进了草丛中。

那么，侦探井上究竟凭什么证据识破了神宫寺的犯罪行为呢？

☆ **第 204 天　死人破案**

1988 年，美国纽约一幢豪华住宅里，年仅 28 岁的女主人——大富翁贾米森的太太倒在血泊中，大量财产被洗劫一空。真惨！她刚从华盛顿回到家中要生孩子，孩子尚未呱呱坠地，她便亡命黄泉。

大富翁伤心极了，下定决心无论花多少钱，定要将残忍的凶手缉拿归案。

当警方赶到现场时，这幕惨剧的唯一见证人，大富翁贾米森6岁的大女儿小鲁斯浑身发抖，哆哆嗦嗦地说："我……我当时躲在落地窗帘后面了。杀……杀死母亲的人是个大胡子。哇呀！"随着一声惨叫，小鲁斯昏倒在地。

经法医解剖贾米森太太的尸体时，发现她肚子里怀的是一对双胞胎。如此说来，凶手欠下了三条人命的血债！"丧尽天良的杀人犯，我绝不会放过你。"贾米森伤心欲绝。

警方十分重视这件惨绝人寰的杀人事件。几天后，纽约警方将重大嫌疑犯安杰托夫拘捕起来让小鲁斯辨认，这小女孩愤怒得像一头小狮子，扑上去撕咬安杰托夫。她边打边大声呼叫："警官先生，正是他。长着大胡子，右手握着长长的匕首扎我妈妈的！"

这时，安杰托夫声嘶力竭地冲着警官大叫："你们有证据吗？有证据吗！居然相信被杀人场面吓得半死的6岁孩子的话！我要控告你们这班蠢猪！"

在场一同审讯的还有大侦探里克，他躲在一旁静静地注视着安杰托夫的一举一动。他想："这家伙不肯招供，看来，我只能请死人来破这起大案子了。"

里克搜集了被害者生前的近照，利用电子计算机等最新技术，把它复制成电影片。在警察局密室试放时，银幕上貌若天仙的领事夫人竟栩栩如生。

安杰托夫的囚室里给秘密地钻了两个洞，一个放一架小型电影放映机，另一个装上了一个微型窃听器。一些对人体无害的镁气也悄悄地灌进了窄小的囚室，咫尺天地间，渐渐形成一种神秘的氛围。

一日夜里，时机成熟了。里克就开始他的行动。昏睡中的安杰托夫给一种奇怪的噪音吵醒。他一骨碌爬起，猛然发现朦朦胧胧的空气中走出了贾米森死去的夫人。他脸上急出了黄豆大的冷汗珠，于是说出一段话，成为了警方破案的证据。

那么，大侦探里克是收集到了什么证据呢？

✡ 第 205 天　布尼尔之死

布尼尔是个好吃懒做的家伙，他找了份工作，做送报员，由于嫌很早就要起床，不能睡懒觉，便辞职不干了。后来他又想开出租车，便向邻居卡特借钱，买了一辆出租车，干了一个月。

某天生意比较好，布尼尔赚了好多钱，一高兴他就去酒吧喝酒。喝得醉醺醺地就开着出租车准备回家。只听"哐当"一声，车子撞上什么东西，连人带车翻倒在地。幸亏有好心的路人看到了把布尼尔送进了医院，经过医生全力抢救，他总算捡回了一条命，但是车子是彻底报废了。

布尼尔出院以后，卡特来要他还钱，可是布尼尔车子报废了不能出车挣钱，工作也没找到，还欠了医院一大笔医药费，哪里有钱给卡特还债呢？于是就求卡特宽限几天，卡特就警告说："我给你一个礼拜时间，到时候再不还钱，我来烧你的房子！"

一个礼拜很快就过去了，中午，卡特接到布尼尔的电话，让他去拿钱。半个小时后，卡特就高兴地过去了，却发现布尼尔死在屋子里，胸口上插着一把匕首，鲜血四溅。

警察也很快赶到了，质问了卡特一番，没发现什么疑点，但仍把卡特扣留着作为重点怀疑对象，因为他们在布尼尔的电话显示上看到，布尼尔今天上午最后打出的电话人就是卡特。

接着，警长带着警员们就到其他两家邻居处去询问。

他们首先来到与布尼尔最近的玛利亚家，只见玛利亚正在花园里除草种花，警长注意到她手上、指甲缝里满是泥土。"对不起，我一直在埋头整理花草，也进进出出屋子好几次去拿工具，但是没听到什么异常的声音。"玛利亚擦了擦头上的汗说道。

邻居鲍伯刚刚刷完家里的门廊，他看上去是一个文质彬彬的年轻人。看见警察过来了，鲍伯在自己的牛仔裤上擦了擦手，便伸出来同警长握了握手。警长注意到鲍伯头上包着头巾，脖子上挂着录音机上的耳机，那只盒式的录音机则别在他的腰带上。但是他的牛仔裤看起来却十分干净。"整个上午我都在外面刷门廊，因为是戴着耳机吧，所以我什么也没听到。"鲍伯很抱歉地说。

"是吗?"警长盯着鲍伯说，"恐怕你在撒谎吧。"于是下令把鲍勃抓起来，把卡特放了。

警长为什么说鲍伯在撒谎，他怎么知道鲍伯就是凶手?

✡ 第 206 天　掉进陷阱的养蜂人

班奈特是从小就继承他父亲的喜好，喜欢养蜂。

4 月，正是养蜂的最好季节。每年一到这个时候，班奈特就会驾驶着他的捕蜂车，带着蜜蜂箱穿过一片茂密的树林，来到一个盆地，盆地里是一大片花海，百花齐放的景象美不胜收。

这一天，班奈特照就将他的捕蜂车开到了盆地，将他的养蜂巢放在地上，打开把蜂放出来，又把随身带来的猎枪藏在附近的草丛里。一切准备就绪后，班奈特就拿出一把铁锹开始挖陷阱。班奈特之所以要在地上挖个大洞，是因为去年他在这里放蜂时，在附近的一棵大树上小睡了一会儿，回来发现巢箱里的蜂被什么动物吃掉了一大片。班奈特估摸着是大熊，所以这次他要提前预防，保护好巢箱。

陷阱挖好后，班奈特又在陷阱里放入一只大铁夹，这才安心地坐在一旁开始休息。班奈特边拿起水瓶咕噜咕噜地喝水，边看着陷阱心想：不管是什么，只要一掉下去，脚被紧紧夹住，即使再有力的动物也是逃不出这个大洞。

事实上，班奈特小的时候就曾经不小心落入过这样的陷阱，大铁夹死死地夹住了他的左腿，直到他的父亲来救出他，所以班奈特知道其威力。

这时候，突然，从班奈特背后的森林中走出了两位男子，他们走到班奈特的身旁，笑着说要借用一下打火机。正当班奈特低头在口袋里寻找打火机的时候，一个男子绕到他的背后，将其用力一推，班奈特就掉进了旁边的陷阱，他的左腿也被陷阱中的那只大铁夹死死地夹住了。

班奈特听到他们在头顶上喊道："我们是有名的抢劫犯，你的捕蜂车现在成了我们的了。你就在自己挖的坟墓里好好等死吧。"

两人说完，就钻进了班奈特停在那里的捕蜂车内，开始大吃大喝班奈特带来的食物和水。

正当那两个劫匪在车内津津有味地吃着东西的时候，车门突然间被踢开了，一支猎枪伸了进来。

"举起手来！反抗就开枪。"

那两个人吃惊地抬起头来向车外望去，车外站着的却是手持猎枪的班奈特。

读者朋友，班奈特原本已掉进了陷阱，而且还有一只脚被铁夹夹住了，那么，他又是怎么在这么快的时间里就逃出了陷阱的？

✿ 第 207 天　突然翻供

明朝时，有一天，被通缉多日的盗窃头目刘和尚被追踪他的捕快抓住了。捕快在初审刘和尚的时候，他又供出了他的同伙秦晋、秦虹兄弟俩。于是，捕快又把秦家兄弟抓捕归案。

几天后，知县王小明正式升堂审理此案。捕快先把刘和尚带上大堂，还未等王小明问话，刘和尚一进大堂内就跪在地上先开了口："大人哪，小人有话要说，有道是一人做事一人当，所有盗窃的事都是我一人所为，与秦晋、秦虹他们没有任何关系，你们抓错了人，他俩是无辜的。"

"什么，他俩是无辜的？我来问你，秦晋、秦虹是不是你招供出来的？"知县王小明惊诧地问道。

"大人哪，那是我害怕捕快打我，说了假话，他们俩真是冤枉的。"刘和尚狡辩道。

王小明见刘和尚突然当庭翻了供，心里不禁一惊，心想，如果刘和尚拒不承认秦晋、秦虹是同伙，自己还真治不了他们兄弟俩的罪；再说，这秦晋、秦虹到底是不是刘和尚的同案犯，现在也没有直接证据。

正在他踌躇之时，一个差人走了进来，递给他一封公函，王小明拆信一看，是知府给他发来的一封信，信上声称秦晋、秦虹很可能不是刘和尚的同案犯，是被刘和尚冤枉的，要谨慎详查，不要诬陷了好人。

王小明读完信，抬起头看了一眼堂下的刘和尚，又瞧瞧手中的信函，不禁犯了难。一会儿，他来到后堂，叫来负责看押的狱差，询问这几天在看押期间，有没有人来探监。狱差告诉他，秦家兄弟的亲眷来探过监，而且还与刘和尚接触过。

"哦，秦家兄弟的亲眷来过。"王小明一下高兴起来，他在屋里踱了几步，突然眼前一亮，想出了一个主意。他叫来一个亲信差人，在他的耳旁说了一番话，然后差人急匆匆地出去了。王小明又叫来第二个差人，让他把堂上的3个犯人先带到另一间屋里去。

之后王小明重新回到大堂上，继续审案，他"啪"的一拍惊堂木。"把3个犯人带上来！"话音刚落，刘和尚、秦晋、秦虹3个人便被差人带了进来。

3个案犯刚刚站到大堂中央，一个差人便快步跑了进来："启禀知县大人，知府的差人又送公函来了，叫你去门口迎接。"

王小明不敢怠慢，抬腿就与差人走出大厅，去迎接知府的差人去了。

这时大堂上只剩下了刘和尚、秦晋、秦虹3人，刘和尚东望望，西望望，见没有旁人，便对秦晋、秦虹说："二位兄弟，你们放心，我已翻了供，他们没有证据就一定会放你们出去。"

"刘大哥，你也放心，我们家答应给你的好处，一定会兑现的。再说，我们家已经给知府送了好处费，知府也一定会给这个县官施加压力的。"

3个人正交头接耳窃窃私语时，王小明走了回来，只见他一到公案边便大声说道："秦晋、秦虹、刘和尚，你们知罪吗？"

"我们没罪！"秦晋、秦虹双双说道。

"好，我叫你们自己来认罪！"说完，王小明叫了一个人出来，3个人一看顿时傻了眼，只好认了罪。王小明叫出来的是什么人呢？

✿ 第208天　共有几条病狗

一个村子里一共有50户人家，每家每户都养了一条狗。村长说村里面有病狗，然后就让每户人家都可以查看其他人家的狗是不是病狗，但是不准检查自己家的狗是不是病狗。当这些人如果推断出自家的狗是病狗的话，就必须自己把自家的狗枪毙了，但是每个人在看到别人家的狗是病狗的时候不准告诉别人，也没有权利枪毙别人家的狗，只有权利枪毙自家的狗。然后，第一天没有听到枪声，第二天也没有，第三天却传来了一阵枪声。

请问：这个村子里一共有几条病狗，请说明理由？

✿ 第209天　床上的印记

小镇上最富有的商人之一被人谋杀了，只见商人浑身是血地倒在正在动工装修的别墅地上。

波顿侦探和警长奥尔森正站在凶案现场，这是商人的房间，在别墅的二楼。楼下是他弟弟的房间。警长奥尔森挠挠光秃秃的头顶："侦探，你怎么看这个案件？太不可思议了！"

波顿侦探一言不发，仔细地看着现场。商人的尸体就仰躺在床上，背部有个黑乎乎的枪洞，伤口周围的皮肤已经被灼烧得血肉模糊，法医在里面找到一颗五四式手枪的子弹。

看来凶手应该是近距离开枪的。波顿侦探发现床上还有一个枪洞，一直通向楼下。接着侦探来到一楼商人弟弟的房间，看见白色的天花板上也有一个被烧灼的洞，波顿估计凶手是贴着天花板开的枪，这个洞口也正对着死者弟弟的床。

但是让波顿不解的是凶手如何可以确定死者在床上的位置呢？而且死者的弟弟说案发时他正在朋友家喝酒，后来喝醉了就在朋友家过夜的，一夜未归，他的朋友也做了证明。警长奥尔森又叫来了别墅的管家，他证明死者的弟弟昨晚确实出去了再也没看见他回来。

商人的家仆还说别墅里的钥匙只有管家和商人本人一人拿一把，其他人都没有的。别墅防卫很严密，没有钥匙是根本进不了门的。

波顿侦探沉思着又回到案发现场，这时，死者的尸体已经被送去检验。他走到床边一看，发现死者刚才躺的床单上竟然留下一个跟尸体轮廓相同的印记！印记里的床单明显地变黑了！

波顿侦探猛然回头看看外边，窗外就是工地，商人正在装修他的院子。波顿侦探的眼睛从许多的大型机器上一一扫过，嘴角也露出了笑容。

证据和凶手都被波顿侦探找到了！你知道吗？

✡ 第 210 天　伪造录音

某公寓发生了一起凶杀案，死者是已婚妇女。探长来到现场观察。法医说："尸体经过检验后，不到 2 个小时，被一把刀刺中心脏而死。"

探长发现桌上有一台录音机，问其他警员："你们开过录音没有？"众警员都说没开过。

于是，探长按下放音键，传出了死者死前挣扎的声音：

"是我老公想杀我，他一直想杀我。我看到他进来了，他手里拿着一把刀。他现在不知道我在录音，我要关录音机了，我马上要被他杀死了……咔嗒。"录音到此中止。

探长听到录音后，马上对众警员说，这段录音是伪造的。你知道探长为什么这么快就认定这段录音是伪造的吗？

✿ 第 211 天　拱手相让

一个名叫左家村的村子里，住着一位左木匠。左木匠手艺高超，做的活计精美细致，鬼斧神工。方圆十几里的村民家里几乎家家都有他做的活计，连城里的富豪们盖大宅也总要把他请去。

左木匠有两个儿子，他本想让他们继承自己的手艺，可谁知他们好吃懒做，整天游手好闲，不务正业。又过了一些年，左木匠年纪大了，两个儿子也都成了家，生了儿子。可是，那两个不争气的儿子还是一点儿本事不学，眼睛只盯着老父亲的那点遗产。左木匠看见儿子如此不争气，忧愁成病，而且病情越来越重。

一天，老大来到左木匠的床前说道："爹，我是您的大儿子，您想好了没有，什么时候把您的家当交给我啊？"

左木匠听见大儿子连句问候的话也没有，张口就要财产，生气地说："想好了，都给你，滚吧！"

老大听了这话，乐得直蹦高，忙叫过请来的老师说道："快写上，我爹说了，财产都给我！"

于是，老师取出纸笔，代左木匠写下了一张遗嘱。

第二天，老二也来到左木匠的床前说道："爹，我是您的小儿子，您都是要死的人了，留那些银子也没有用，还是都给我吧！"

左木匠听了小儿子的混账话，更是气得不得了，赌气地说道："都给你，都给你这个混蛋！快滚蛋！"

老二听了这话，乐得直拍手，也叫过请来的老师说道："快，写清楚，我爹把银子都给我了！"

于是，老师取出纸笔，代左木匠又写下了一张遗嘱。

几天之后，左木匠去世了。左木匠尸骨未寒，他的两个儿子就为争那点财产打了起来，还都拿出遗嘱作证。最后实在没办法，两个人一同来到县衙请县令公断。

县令问明缘由后，命差役把老师传来。老师证实，这两张遗嘱的确是他代左木匠写的。

县令思忖了一会儿，无可奈何地对他们说："你们这案子可真怪，都怨你们的糊涂爹，哪有这样写遗嘱的呢？这叫我也没办法断哪！"

"老爷一定要替小民做主啊！"老大和老二同时哀求起来。

县令又想了一会儿，说道："我本应处罚你们的糊涂爹，无奈，他已经死了。现在唯一的办法只有这样断了……"

"怎么断?"老大和老二都急不可耐地打断了县令的话。

"都不要着急,听我说。"县令看了看他们,问道,"你们都有儿子吗?"

"有。"两个人异口同声地答道。

"几个呢?"

"两个。"两个人又是齐声回答。

"都是两个?"

"都是。"

"太好了,这回我就可以断得公平了。"

这遗产和他们的儿子有什么关系呢?老大和老二疑惑地望着县令,等待他说出结果。

县令知道他们的心情,反而故意沉默了好一会儿才说道:"你们的这场官司本不应该发生,可事情已经到了这种地步,也是没有办法的。但为了不再发生这种事情,本官现在提出一个条件,谁能办到,遗产就归谁所有。"

县令说明条件后,老大和老二都不再争遗产了,却拱手相让给对方。

后来,县令把左木匠留下的遗产平分给了他们。他们兄弟两个也和好如初了。

这个县令提出了一个什么条件,才使他们不再争遗产了呢?

✿ 第 212 天　擒贼擒王

西汉宣帝在位时,社会治安很乱。就连京都长安城里,小偷都敢在光天化日之下行窃,不仅如此,小偷的数量更是多得吓人。

汉宣帝觉得很没面子,这天,他召见一个叫张敞的人,命他为长安城行政长官并下令让他把长安里的小偷都抓捕归案,规定期限是一个月。

张敞起初信心满满,派出大量的差役抓小偷,可是半个月过去了,也没抓到几个。这时,张敞开始急了,所剩的时间也不多了,这小偷怎么才能抓光呢?

一转眼，又过了五日，还是没有进展，张敞变得愁眉不展，整天冥思苦想，寝食难安。

这天，他终于想出一个主意，于是就乔装打扮了一番，到大街上去侦察。他打算一侦察到小偷的蛛丝马迹，就顺藤摸瓜，一网打尽。

天将中午的时候，一个三十多岁的瘦高的中年男人引起了张敞的注意。只见这男子衣着打扮文绉绉的像个书生，一双眼睛却贼溜溜地在人群中乱转。在他身后跟着的是一个看起来模样很凶的矮壮汉子，手里提着两只大布口袋。

那"书生"走到一家卖鞋子的店前，老板一边笑脸出来迎接，一边吩咐店内手下拿来两双鞋子，讨好地装进了壮汉的口袋里。"书生"又来到一家买布的店前，店主也是一脸殷勤地跑出来，随后跟着的是捧着两匹上好布料的小二。一条街走到头，不论"书生"走到哪个店面前，都是如此。

张敞看着觉得奇怪，心想：这些店老板怎么对此人是如此地毕恭毕敬？那个"书生"买东西为啥不给钱呢？一定要弄明白是怎么回事。

于是张敞让人跟踪那个"书生"，自己则来到卖鞋子的店，进来问老板："刚才那个人怎么买了你家的东西不给钱啊？"

"一看你就不是本地人吧？怎么连这个人都不认识啊？他是长安城里的老大。"店老板神秘地说道。

"可他看起来是个书生呀！"张敞故作惊讶地说。

"哈哈，他那是什么书生啊，他是小偷，并且是小偷的老大。"店老板激动得突然提高了嗓门。

"小偷还有老大啊？"

"那可不，他可是个狠心的老大，你要是恭维他，给他点甜头，他和他的那些喽啰们就不偷你；你要是不听他的话，不给他贿赂，他会命令手下的喽啰们用不了一晚上，就能把你店内的货物全部偷光。"店老板意识到自己刚才失态了，又压低了声音说，并且小心地环顾着四周。

"是吗，那人有那么大的本事？"

"我们这一条街上做买卖的人都懂得这个规矩，刚来时，不懂规矩的生意人可吃尽了他的苦头。"店老板又好心地提醒，"你要是在这里做生意，可千万别得罪他。"

"多谢老板的指教。"

张敞说完离开了卖鞋子的店，刚才跟踪"书生"的一个差役朝他走来，俯在他耳朵上说："大人，那人走到前面一个胡同里，进了一间屋子。"

"好，大家准备抓人。"

张敞一声令下，差役们火速小跑地进了胡同，来到那屋子门外，破门而入。还没等屋子里的人反应过来，就被抓获了。

张敞随后进了屋子，看到屋子里摆设豪华。就对那小偷老大说明他是谁，小偷的老大听说抓住自己的人是长安最高行政长官，知道逃脱不了，便如实招认了。

接下来，就是要抓住那些小喽啰了。张敞心想：下一步该怎么办呢？他屈指一算，离宣帝给的期限仅有3天了。

张敞稍微思索了一下，灵机一动，想到一个好办法，于是他对小偷的老大说道：

"你如果不想被砍头，我就给你一个戴罪立功的机会。"

那小偷的老大听了急忙说道："我当然愿意戴罪立功！为大人效犬马之力。"

"那好，宣帝要我把城里全部的小偷抓起来，只要你帮我，我就饶你一命。"

"啊，"小偷的老大面露为难之色，说道："那可不好办！大人，他们偷东西时虽然都听我的，但是这次是要抓他们，可就……"

"这个不用你操心，我自有办法。"张敞笑着说。然后他又对那小偷的老大俯首耳语一番，只见小偷的老大连连点头称是。

第二天晚上，张敞终于睡了个安稳觉，等着明天一早就去见汉宣帝。因为他把长安城里的小偷儿全部都抓获了。

请问张敞的"自有办法"究竟是什么办法?

✡ 第213天 穿反的棉袄

清朝乾隆年间的一天清晨,县令贾正元正在公堂上批阅公文,忽然衙役进来通报说外面有一对老年夫妇敲鼓告状,他便让传进来。

那对老年夫妇来到公堂,往地上一跪,便哭诉道:几天前,他们的儿子王宝外出置办结婚的彩礼,走了后便再也没回来,现在是生死不明,恳请府衙派人出外去寻找。

贾正元向老夫妇问了一些情况,立即排除了几种可能,王宝与未婚妻彩霞是青梅竹马从小玩到大,是不会逃婚出走的;王宝力大如牛,更不会被人轻易劫走。很有可能是王宝路遇了强盗,而强盗见他携带购买彩礼的银子,便见钱眼开,将其杀死。所以当务之急,应该首先找到王宝。

贾正元从老夫妇的口中得知,从王宝的村子到镇上,途中有一个大水塘叫天水堂。于是,他带着衙役来到这里,让衙役们下水打捞。果然不出所料,衙役们在天水堂里捞出了一具男尸,20岁左右,身上的棉袄被人剥去,背上有多处刀伤。贾正元让老夫妇辨认,认定死者就是他们的儿子王宝。

贾正元查看了王宝的刀伤后得出结论,死者被杀的时间不会超过2天,他绕着天水堂走了一个来回后,心中便有了破案的计策。

贾正元命人搬来桌椅在天水堂边上支起了几案,办起了公,在旁边还搭起了帐篷。同时他又让衙役贴出一个布告:"因近期倭寇时常骚扰本地,已有一名叫王宝的村民被害死,为了保卫地方,防止倭寇再来烧杀抢掠,现拟招募乡勇50名,每名乡勇将得银子200两。"消息很快便在镇上传开,有好多身强体壮的男子前来应征。

每每有符合条件者,贾正元就亲自接到帐中召见。这天,贾正元看见人群中有一个穿反了棉袄的壮汉,便让人带进了帐中。

贾正元起初夸奖了壮汉一番,突然厉声道:"你为什么反穿棉袄?"

那壮汉听了,顿时紧张起来,支支吾吾地说:"小民赶来应征,出来时走得急，就把棉袄穿反了。"

贾正元让衙役将那汉子的棉袄脱下拿到面前一看，发现里面有很多斑斑点点的血迹，便问道："你这血迹是怎么留下的?"

那壮汉想了想，闪烁其词地答道："小民前段时间也碰到了倭寇，跟他们拼杀时留下的。"

"胡说!"贾正元大喝道，"镇上是有倭寇曾来滋事，但据本官调查倭寇已有1个月左右没有来了。你身上的血迹，明明是新沾上的，是你杀了王宝吧?"

那壮汉听到王宝的名字，顿时吓得跪倒求饶。

☆ 第 214 天　包公断案

北宋有一女子自幼也喜好笔墨诗文，有点文采。

这天，这名女子结婚，她想学当年苏小妹，准备于新婚之前，以题试探一下新郎官的学问。

酒宴散后，两人入了洞房。女子便拿出笔墨纸砚放在桌上道："妾闻夫君曾与同窗在阁楼攻读诗书，今妾出一上联，你可对上?"

新郎官听罢道："为夫尽力而为。"

于是女子便在纸上写出 7 个娟秀的字："等灯登阁各攻书"。

新郎官看到这 7 个字构成的上联，冥思苦想了半天，还是没对上来。他顿时羞愧不已，心想自己竟然不如一个女流之辈并且是自己的妻子，这事以后传出去多丢人。于是他一气之下出了洞房钻到书房里，把自己反锁了起来，一晚未归。

直到第二天清晨，女子来敲门。"夫君如此勤奋，一大早就来书房学习，也不多陪陪奴家。"新郎官怪罪道："还提此事，还不是你让我对什么诗句，让我出尽了丑。"

女子惊道："最后你不是回来对上此联了吗?""休得胡言，我昨晚一晚趴在这冷桌上睡了一宿，哪儿也没去。"新郎官愤愤地道。

女子听了面如土色，悔恨的泪水滚落而下。原来，昨晚有坏人趁机钻了空子，害女子失去了贞操。女子悔不当初，于当天晚上悬梁自尽了。

该女子家人还以为新郎官害死女子，便报了官府。官府的人立即把新郎官捉了去，屈打成招，使他认了杀妻罪。谁料，新郎官有一名忠实的书童，就在新郎官即将斩首示众的时候，他请来了开封府的包拯为他家主人洗冤。包拯拿来案卷一看，觉得疑点颇多。他便派人明察暗访，果然明确了案情，知道新郎官是被冤枉的。

"但是怎样才能让凶手自投罗网呢？"包公自言自语道。

他思索了片刻，突然脑中生出一条妙计。几天后，那个骗奸的真凶便被捉拿归案了。

包公想出了什么样的破案妙计呢？

✡ 第 215 天　公司里的窃贼

美国一家著名广告公司的经理巴克先生刚从巴黎返回旧金山。由于一个小时后公司有个重要会议，所以巴克先生便从机场直接回到公司。

刚刚走进办公室，女秘书苏菲就跟进来给了巴克先生一份早就准备好的会议资料，然后说她儿子今天生日，下午想请假早点回家。

巴克欣然答应，并从口袋里掏出钱夹，从里面抽出 20 美元，让苏菲给儿子买件生日礼物表示祝贺。这时，一个电话打过来，巴克没来得及把钱夹放进兜里就开始接电话，苏菲道谢后便收拾东西下班了。

电话一个接一个，巴克忙得团团转。一会儿，开会的时间就到了，巴克便起身开会去了。

会议一直持续到下班，疲惫的巴克回到办公室放下资料便回家了。刚回到家，脱下西装，巴克发现自己的钱夹不见了，巴克想起来应该是遗忘在办公桌上了。于是巴克急忙重新返回公司，看见钱夹还放在桌上，但是里面的 1.5 万美元和一大堆证件竟不翼而飞了。但是，此刻，公司里已经下班，全部员工都已经回去了，找谁去问呢？

　　第二天早上上班，巴克先生给他的好友托尼探长打电话，请他来帮助找回丢失的钱物。不一会儿，托尼赶到公司，说有办法找到窃贼。

　　托尼探长将所有的员工召集起来，说："昨天你们的老板巴克先生进行了一场考验。"托尼话音刚落，人群中唏嘘一片。

　　"大家肯定急于知道是什么考验，其实是一件很微小的事情。巴克先生把他的钱夹故意放在办公桌上，想考验一下公司员工的忠诚度。其实这是巴克先生设下的一个圈套。但是恰巧有一个愚笨的人钻进这个圈套了。"人群安静下来。

　　"我请托尼探长来，不仅要这个贼当众出丑，而且还要让大家明白法律对盗窃罪的严厉惩处。"巴克接过话说。

　　"现在我们知道那个贼是谁了。"托尼探长最后宣布。场内又重新沸腾起来。

　　托尼探长又说道："现在我给每人发一根草棍，这些草棍中只有一根稍长一些，巴克先生已偷偷暗示我把这根草棍发给那个窃贼，大家互相比比草棍的长短，就知道谁是窃贼了。"

　　不一会儿，果真找出了窃贼，窃贼很快承认了是自己偷走了巴克先生丢失的钱和证件。

　　托尼是怎样找到窃贼的？

✿ 第 216 天　两个名字

　　侦探丹尼斯正在互联网上冲浪，这时他的信箱里突然收到了一封紧急求救信。写信的是他的朋友百万富翁德维特。信的内容是这样写的：

　　丹尼斯，有一件事我需要你的帮助。你知道，我有一个非常名贵的卢米埃尔首饰盒。就是上次我在书房里给你展示的那个。首饰盒是著名的工艺大师卢米埃尔的杰作，在他去世之前，他总共只完成了 3 个这样的首饰盒，很幸运，我在 5 年前得到了其中的一个。

　　你也知道，我在首饰盒里放的是一串珍珠项圈，上面有整整 100 颗璀璨的珍珠。我把首饰盒视为珍宝，一般人面前不会拿出来的，而且总是把锁首饰盒的金钥匙挂在脖子上。

昨天晚上我举办了一场宴会，高兴之时，就把首饰盒拿出来给大家欣赏，大家都称赞这件稀奇的艺术品。然后，有人提议看看这个小小的首饰盒里面放的项圈。于是我拿下脖子上面的金钥匙准备开盒子。令我惊讶的是，首饰盒上的金锁居然被弄坏了，好像有人想强行打开它一样！金钥匙不管用了，所以我只能把金锁撬开。项圈还在盒子里面，我松了一口气。不过你知道，我是个很谨慎的人，所以我又数了数项圈上面的珍珠。奇怪的是，只有99颗！我数了两遍，都是这样。那个窃贼一定是设法打开了首饰盒，同时还弄坏了那把很值钱的金锁，可是为什么只拿走了一颗珍珠，然后又把它锁上了？你说奇怪不奇怪？丹尼斯，请帮帮我。我该怎么做呢？

丹尼斯读完了信，上网查了查关于卢米埃尔首饰盒的信息，并在一张纸上记下了两个名字。然后，年轻男子开车去了德维特的别墅，向德维特要了一份参加宴会的客人名单，与年轻男子自己的名单对了对，发现上面有一个名字是相同的。

丹尼斯对德维特说："我认为这个人就是窃贼！"

丹尼斯是怎么知道的？年轻男子手上的那份名单是什么？窃贼为什么只拿走了一颗珍珠？

✡ 第 217 天　谁是土匪头子

圣诞节到了，村子里灯火辉煌，热闹非凡。

突然，"砰"的一声枪响，人群顿时混乱起来，男女老少一边奔跑，一边惊恐地喊道："土匪来了，土匪来了。"

这时，埋伏在后山洞里的刑警迅速冲了下来，很快便把土匪一网打尽。

看着眼前俘虏的土匪，托尼探长觉得这半个月来所受的苦也值了。

原来，这个小村寨地处边境线，交通虽然不便，但是农民们自给自足，日子倒也过得不错。只是有一点让农民恼恨的是：边境线另一边有一帮土匪，他们不定时地来村里抢劫，不仅要吃饱喝足，临走时还要掠夺村民们的财产，即猪鸭牛羊。更可恶的是，土匪看到哪家有漂亮姑娘，就抢回去进行非人的蹂躏。

村民们对土匪恨得咬牙切齿，曾多次报警。但是由于交通不便，每次警察赶到，土匪早已跑得无影无踪。

无奈，托尼探长只好带着手下埋伏在后山的洞里，等待土匪的到来。可是十多天过去了，土匪一直没有出现。警员们忍受着寒冷、蚊叮，有的警员实在坚持不下去了便说："也许有人向土匪告了密，土匪知道有埋伏就不来了。"

托尼探长心中一紧，仍给警员们打气说："不会的，村民们对土匪恨之入骨，怎么可能告密呢？再坚持两天就是圣诞节，土匪一定会来打劫一些东西回去过节。"

此刻，他们的坚持终于迎来了胜利。

俗话说：擒贼先擒王。托尼探长想着把土匪头目揪出来，其他的也就乖乖就范了。

但是他发现土匪们都穿着一样的制服，很难辨认。便问："你们其中谁是头目？"

土匪们齐刷刷地低着头，没人作答。

于是托尼探长知道土匪头目一定混在队伍里，所以没人敢指认。

他来回踱了几步，突然表情夸张地说了一句话，便把土匪头目揪出来了。

请问，托尼探长说了一句什么话呢？

✡ 第 218 天 失踪的乘客

下午 7 点 10 分，特别卧铺列车"明月 3 号"，从东京站出发，预见第二天上午 10 点正点到达终点站是下关车站。

可是，列车到达终点站后，列车员山本发现第 5 号车厢的一名乘客的行李还在床上，人却不见踪影。回想着列车路过广岛站时大概是凌晨6点，山本发现这个床铺上也没有人，但是因为皮箱还在，所以他以为乘客是去厕所或者是洗脸间了。可是现在终点站到达了，还是没人拿走皮箱。肯定是出了事，山本赶紧报告了铁道公安部。

公安人员调查时，让山本仔细回忆一下列车从起始站到终点站这段时间里此床铺乘客的动向，因为山本是负责5号车厢的乘客。

山本回忆说："晚上10点钟检票时，那个乘客已换上了车上准备的睡衣，正在叠换下的西服。"

然后就是早上6点钟那次，一直到10点钟列车到达终点站。

山本又对公安人员说："列车车门都是自动的，自动关锁。这样乘客才不会在深更半夜去厕所，因睡迷糊了而从车门掉了下去。"

"难道是哪个车站停车时，此乘客到站台去办事而没有赶上列车？"

"那有没有接到车站的联络？"

"没有。"山本摇摇头，然后被公安人员打发走了。

"难道是被绑架了？"

"山本说乘客晚上都是穿着睡衣的，如果强行在中途站被带下车，那么穿着睡衣下去不是太显眼了吗？"几个公安人员讨论得也无任何头绪了。

于是他们开始仔细查看那名乘客的遗留物：除了山本说的那只皮箱，还有一本周刊杂志及在东京买的一盒点心，因为上面写的生产地址是东京某食品厂。

"看看皮箱里有什么重要线索。"一个公安人员说。

因为皮箱是上锁的，几个公安人员只得拿来工具撬锁，打开一看，里面装有一身崭新的西服和衬衣、领带及一套洗漱用具。除此之外还有一个笔记本、一个名片夹、一条洁白的手帕和一些卫生纸等，但是没有找到乘车的车票和卧铺票。从名片上得知，失踪者是某银行的财务会计，名叫关谷奇迹。

"遗留物就是这些吗？"

"是的，就是这些。"

"看来此人失踪肯定有猫腻，他是本人故意失踪的。"

"怎么说？"

"他是银行的人，又是财务会计，肯定是因为贪污巨款怕被发现而躲藏起来了。"一个公安人员断定说。

那么，究竟有什么证据公安人员才敢下这样的判断呢？

✦ 第219天　公寓凶杀案

灯火通明的夜晚，位于大学城的学生公寓楼群里热闹非凡，人声鼎沸。

突然，一声枪响划破了夜空，喧哗的吵闹声瞬间停住了，几秒钟后，又沸腾起来夹杂着咚咚的凌乱脚步声。一大批学生随着枪声涌向了一间独栋别墅式公寓。

公寓的3个主人也跑了进来，看到的却是倒在二楼卧室血泊里的另外一个主人马克。

一位学生马上打电话，报告了警察局，探长安迪带着助手立刻来到学生公寓。

安迪察看了现场后，问人群中有没有目击者？围观的学生都摇着头。于是安迪把公寓的3个主人带到了保卫处，进行单独的审问。

独栋别墅式公寓总共有4个主人，保卫室里的3个主人分别是杰克、科尔、拜伦，另一个就是可怜的马克。

安迪先讯问杰克："马克被枪打中的时候，你在干什么？"

杰克说道："我正在车库修车，由于车库灯光有点暗，我就另外带了一盏灯，牵过一条电线，插上电源，开始修车。正修着，就听到屋子里传来枪声，我就赶紧跑回去了。"

安迪又开始讯问科尔："枪响时你在干什么？"

科尔一瘸一拐地来到安迪面前说道："我刚刚和女友约会回来，往后门走的时候，由于天黑，被地上的什么东西绊倒了，扭到了脚腕，我掏出打火机点着一看，是一条电缆线。我坐在地上打算揉揉扭痛的脚腕，突然听到一声响，就马上站起来朝枪响的地方跑。"

安迪开始讯问第三个主人拜伦："枪响的时候，你在干什么？"

拜伦说道："当时我走到厨房里，打开冰箱准备倒杯果汁喝，听到后门那里'哎呀'一声，我走到窗子望过去，外面漆黑一片，什么也看不到，我就又回去倒果汁，差不多两分钟后听到了枪响，当时一惊杯子从手中滑落了。"

为了证实他们说的话，安迪重新来到公寓搜查房子，在厨房的冰箱旁，他找到一个破碎的杯子，地上湿了一片。在后院的地面上，他看到了一条电缆线，电线一端的插头已经被扯出了插座，电线另一端连接的灯还悬挂在杰克的汽车已经打开的引擎盖上。

安迪重新回到保安处，指着杰克说道："你为什么要杀害马克？你和他有什么私仇？"

杰克申辩道："我没有杀他，我不是凶手！"

安迪当着众人的面，指出了杰克的犯罪事实，杰克当时就哑口无言了。

安迪为什么说杰克是凶手呢？

✿ 第220天　负责任的妹夫

神探安东尼奥正在和孙警官讨论这段时间以来发生的一系列凶杀案。受害人都是市里高中或大学的女生，她们都是被凶手带到偏僻的地方用刀刺死，然后抛弃在草丛里。可以猜测这些女生都是和凶手偶识或是被凶手绑架的。

由于神探安东尼奥非常喜欢探索各种案情，喜欢拼凑各种线索并寻找最终答案，因此案情越棘手，对安东尼奥来说就越刺激。但是这一次血腥的连环谋杀案所带来的挑战已不再是种简单的乐趣。凶手正在把这场"游戏"变得越发惊心动魄，而安东尼奥和他的同事则必须抢在凶手实施下一次谋杀之前赢得这场"游戏"。

关于这起案件一个令人颇为尴尬的情况是，孙警官的妹夫恰恰是本案的嫌疑犯。

"我真不敢相信他们竟把我的妹夫列为谋杀案嫌疑犯。"孙警官对安东尼奥说道。

根据最后一位受害人朋友的目击证词,孙警官的妹夫十分像凶手,而且他的红色敞篷车也符合另一位受害人朋友的描述。

"我的妹夫是有点爱玩,喜欢跟女孩子泡在一起,也喜欢酷车。"孙警官说道,"虽然性格也有点孤僻,但在大人面前很有礼貌的,现在的年轻人能做到这一点已经很不容易了。"

"听起来是合情合理。"安东尼奥说道,"但是很多年轻人都会一时冲动犯错误。如果你妹夫是清白的,警方绝不会胡乱抓人的。我们也肯定会抓住凶手的,他的证词是怎样的?"

"没错,问题就在这里,"孙警官接着说,"前段时间我和妻子去拜访了一位重病老友,这时我妹夫帮我照顾房子。他很爱干净,我们回来时,屋子里打扫得一尘不染,甚至连地下室的水泥地板都帮我给重新粉刷了一遍。现在看上去焕然一新。我觉得他做事很负责任。"

"哦?那么是你要他清理地下室的吗?"安东尼奥问道。

"不,没有,我们只是告诉他把房子里弄乱的地方打扫一下就行了。他可真是个好孩子。"孙警官说道。

"孙警官,我想去你家看看你的房子,"安东尼奥突然说道,"还有,我想你最好先做好最坏的打算。"

神探安东尼奥在怀疑什么?

参考答案

第165天 找到自相矛盾的地方,是逻辑推理的重要步骤。丈夫说夫人患病,每隔半小时必须吃一次药,为了证明,两人还在小雨面前表演了一次吃药过程。

可是，两人在店里已经待了整整一下午，如果半小时需要吃一次药的话，至少吃了五六次药，可咖啡杯还是满满的，这说明下面一定有东西。

第166天 符融说道："假如你跑得快的话，怎么会被过路人追上捉住呢！"

第167天 因为其实阿加莎保护项链是假，保护耳环是真，她在设法把强盗的注意力从耳环上引开。因为她的钻石耳环很宝贵，而项链是玻璃制品。

第168天 亨利探长叫乘警通过广播寻医就是要让劫宝杀人犯自动现形。当广播说10号车厢有一位病人需要抢救时，劫宝杀人犯立刻坐不住了，他要去看个究竟。当听说病人已苏醒过来时，他害怕被认出来，所以准备等火车到站后赶紧逃跑，没想到惊慌之下暴露了自己。

第169天 包公心想，救火如救命，哪能分什么苦水和甜水？问话的人虽很可疑，但这还不能说明他是坏人，因为有的愚笨的人也可能会问出这样的话。但是答话人说肯定要挑苦水时，问题明显了。事实正是这样，人们都涌到苦水巷，进出不得，哪里还能救火呢？于是，包公猜想，这一定是说话人事先预谋好了的圈套，事后一审问，果然如此。

第170天 刘强说："把皮包当面还给本人，不再追究，拦路抢劫的人会暗自庆幸，欣然同意；挺身而出抓坏蛋的人，肯定不会同意这样做，因为这样敷衍塞责，好坏不分，就等于把他的正义行为抹杀、亵渎了。这样，谁是谁非，真相也就大白了。"

第171天 张齐贤断决说："你们兄弟二人都认为对方比自己分的财产多，也就是说，只要能得到对方那份财产也就满意了。所以，为了让你们皆大欢喜，请你们交换全部财产。"

第172天 关键在于，为什么凶手要把尸体抛在池塘里，解决了这个问题就真相大白了。原因是：尸体是被冷冻过的，根据犯罪的心理，为了掩饰犯罪痕迹即为了掩饰尸体解冻时出现的水，所以要将尸体扔在池塘里。另外，就是要让尸体被早些发现，才能让法医准确地估计出"死亡的时间"。所以很明显，凶手就是邻居严彬。

第 173 天 因为当律师里克做这个心理测试时，他发现丹尼斯没有往他突然打开的那个门口看，所以他顿住了片刻，把声音提高了些，并且借助着大幅度挥动的手势来加重着语气，为了让自己也相信自己的谎言刻意提高声音并借助强势的手势让大家相信他，更确切地说是让自己也相信，只有清楚知道安东尼奥先生已经死亡才会以这样的方式来表现出来吧。而这一切都被被告席对面的主审法官看在眼里。

主审法官提醒了陪审团：刚才，在律师进行那场"即兴的心理测验"的时候，全厅人的目光确实都转向那扇侧门，唯独被告丹尼斯例外，他依然端坐着木然不动。因此，可以得出推论，在全厅的人中他最明白：死者不会复活，被害者是不可能在法庭上出现的。

第 174 天 原来那人只忙着去记房子有几根椽，地上铺了多少块砖，房顶上盖了多少片瓦，却没记房子里的布置。当县官问到房子里的家具是什么样的？何时买的？都有什么家具？那人答不上来话，就露馅了。

第 175 天 多米尼克想说：茱丽叶说当跟踪者上车时前面的车顶灯并没有亮，只是开出好远后尾灯亮了。说明迪克晚上开车出去跟踪茱丽叶姑姑时，把前面的车顶灯拆除了，这样就不会在上下车时泄露自己的行踪。

第 176 天 巴特在看《希伯来日报》，其实他根本不懂希伯来文。希伯来文与阿拉伯文一样，是从右向左写的，而他却是从左到右一行一行地往下看，从而露出了破绽。

第 177 天 是莱格干的。他暴露出喇叭是藏在盒子里偷走的，而且还知道店里有 3 个钱箱被撬。此外，他在短文里写的所有的行动几乎都跟实际发生的事实相反。

第 178 天 店老板和老板娘一听，县官大人让他们俩抬走木桶，便高兴地抬起那盖得严严实实的大木桶就往家走。走到半路，店老板回过头，见四下里没人，笑嘻嘻地说："咱们拿了他们 100 两银子，还得了这一大木桶衣物，真是发财啦！"

　　两人正说得高兴，忽然"呼啦"一声，木桶上的盖子掀开了，从里面跳出一个衙役，对他俩说："你们的话我都听到了，现在回衙门去听候处理吧！"

　　就这样，县官大人略施小计，就取得了口供和证据，责罚了这对贪心的夫妇。

　　第179天　胡勇看到烟斗和烟嘴都是铜的，烟斗的磨损不大，烟斗和烟嘴上没有什么污秽，擦得很光亮，说明主人很爱惜。后来他观察到抽完烟孙老头按照以往的方式把烟管清理得很认真很仔细，由此证明烟管是孙老头的。

　　第180天　因为从衣着上看，翠玲是穷苦农民的孩子，不可能有香手帕。只有万花楼里的女子的手帕才有这种薰香味，一问翠玲，在路上果然遇见了一个年轻女人，便由此破了案。

　　第181天　县令大人让人贴出布告，说东门外十里处，有一个二十多岁的年轻人被害，此人身穿青衣，所乘之马红色马鞍，踏雪四蹄。消息很快就传遍城里，刘松的母亲一听这不是自己的儿子吗？所以就赶忙来到县衙认证，这样，县令大人就用"死"儿诱母之计，找到了强盗的母亲，并由此破了案。

　　第182天　这是个风雨交加的夜晚，男子又掉进河里，浑身都湿透了，他口袋里的火柴肯定也完全湿了，湿透的火柴怎么可能点着呢？很明显男子在撒谎。

　　第183天　原来这只不过是知县刘庸设计的一个计谋，其实他根本没回去请好友，府上也根本没什么好友是神医，他当着众人的面那样说，只不过是说给凶手听的。当凶手听到说有人可以救活商人时，他当真了，怕商人活过来后，他的罪行就要暴露了，所以在知县走后，趁人不注意准备下第二次毒手，结果让一直暗中盯着的差役王小虎看在眼里了，当场抓获。

　　第184天　是向明的小妾桃红。原来何海生验尸后发现向明的脑袋上有一个穿弹孔，前大后小，就觉得奇怪，从弹孔上看分明是从后面射入的，向明正面迎敌，怎么后脑会吃着枪弹呢？

后来抓获所有的强盗都斩钉截铁地说没有枪杀向明。何海生便确定了自己的猜想，于是派小李暗中去盯桃红，果真发现桃花跟仆人李三混在一起卿卿我我，就断定凶手是桃红。原来，桃红跟家里的年轻英俊的仆人李三早已勾搭，这段时间来两人合谋，想着怎么除掉向明，正好趁着强盗来之际，混乱中枪杀向明，然后嫁祸于强盗。可是没想到他们这一举两得的完美办法没有逃过办案经验丰富的何海生。

第 185 天 原来，屠夫们走后，刘崇龟让人用盗贼在姑娘家留下的那把杀人屠刀，换走了摆放在操场上的一把屠刀。第二天，屠夫们按前一天的编号站了自己的屠刀面前。这时，有一个屠夫对刘崇龟说："大人，这把屠刀不是我的，是王顺的。"刘崇龟让人逮捕了王顺，一审问，那天晚上杀死姑娘的果然是他。

第 186 天 是姐姐凯丝下的毒，她趁招魂的时候将桌子顺时针转动，把有毒的自己的杯子移到妹妹凯丽面前。因此原本在凯丽面前的污渍也随之转到了她自己的面前，这就是证据。

那么姐姐是怎么移动的呢？也许是用腿，也许是姐姐同法师是同谋，因为从位置上来分析姐姐凯丝与法师是坐在一起的。

第 187 天 4 个印度人，在晚上趁伯爵在床上熟睡之际，爬上练功房的屋顶，卸下采光窗玻璃，从铁栏杆之间放下 4 根头上系着钩子的绳子，分别钩住床的 4 只脚，然后把床连同睡在床上的伯爵高高吊起。伯爵有恐高症，被吊起来后惊吓而死。

第 188 天 内森•柯恩因涉嫌犯罪而被拘捕。因为在狂风巨浪中，要写出清晰的蝇头小字是不可能办到的。

第 189 天 中村的指纹留在了门铃上。

理由：中村是按铃的，所以一定会留下中村的指纹，而小岛在清理中村留下的指纹时，忽视了清理门铃上的指纹。

第 190 天 如果真如保罗所说，三天没有喝水，那么应该会脱水，不会满头大汗，而且不会说那么长时间的话。

第191天 安装窃听器的是员工 H。因为录音中并没有犯人出门的脚步声，而她穿的是旅游鞋，正好避免了这一点，其他两位员工穿的都是高跟鞋，所以走路时一定会有脚步声。

第192天 凶手是霍夫特，死者中的毒是刀上的毒。

推理过程：密室形成原因是凶手出门前将针插入桌子中可拔出的，线系在针上，出去、关门。将钥匙上的圆形洞穿过线，每个钥匙都可以从门下的门缝塞进去，将丝线上移在门缝里移动，与桌子上的针形成斜坡，钥匙滑落在桌子上，拽丝线可拔出针，钥匙落入房间，针和丝线取出扔掉。这就是形成密室杀人事件的过程。

第193天 C 工厂参加鉴定。

分析：如果 B 工厂不参加鉴定，那么 A 工厂也不参加；如果 B 工厂参加鉴定，那么 A 工厂和 C 工厂也要参加；A 工厂参加鉴定。

1. 如果 B 工厂不参加鉴定，那么 A 工厂也不参加。

2. A 工厂参加鉴定。所以，B 工厂参加鉴定。

3. 如果 B 工厂参加鉴定，那么 A 工厂和 C 工厂也要参加。B 工厂参加鉴定。

所以，A 工厂参加时，C 工厂也会参加。

第194天 克赛在 3 个地方露出了马脚。

1. 作为警官，在 8 月仲夏，仍然戴着手套是违背常理的；

2. 当克赛给苏格兰场打电话的时候，他没有要任何人听电话的号码，这样的电话接线员是无法接通的；

3. 克赛最初说有一伙歹徒要抢劫公司，但不知有多少人，而后无意中又透露出 3 名歹徒，话语前后矛盾。

第195天 当刚刚得知鲍里斯死亡后，梅森马上就说那匹马是"杀人魔王"。可实际上并没有人告诉他鲍里斯的尸体是在马厩中被发现的。因此一下就被聪明的侦探看穿了。格特莱姆认为是这个经纪人先把鲍里斯殴打致死，然后再把尸体搬到马厩，以造成被马踩踏而死的假象。

第196天 真正的母亲是兄嫂，林知县拿孩子死去的父亲做挡箭牌，然后再利用了做母亲的心理，天下哪有做母亲的看着自己的孩子掉进水里见死不救的？兄嫂不顾自己的生命危险去救自己的孩子，足以证明她是孩子的亲生母亲。而那红绸裹着的不是孩子，而是一条大鲤鱼。

第197天 卢警长看到煤油炉还在燃烧着后产生了怀疑。假如死者是在自己房里猝死的，那么死后四十五六个小时，煤油炉里应该是早已油尽火灭了，而事实是煤油炉还燃烧着，这不合逻辑，因为死人是不能点火的。

第198天 眼睛是心灵的窗口，刚才安格斯佯装摔花瓶的时候，偷偷地看见阿诺的眼睛露出心疼的眼神，而亚力士的眼神却显得毫不心疼。所以断定花瓶是阿诺的。

第199天 科尔发现公司总经理休伯特在发礼物时，正好发给全场的每一个人，却唯独没有多余出一份给罗布森的礼物。休伯特在中午时已经准备好礼物了。那时候他还不知道罗布森已经死掉，按理肯定会给罗布森也准备礼物的。由此可以判定，休伯特是凶手，他把罗布森杀死以后当然知道没有必要为罗布森准备礼物了。一份礼物让凶手露出马脚。

第200天 赵子亚在公文上写道："最近，我县抓住了几名强盗。他们供认，他们所抢的一部分赃物窝藏在贵县毛头家里。请将毛家查封，并把毛头速押来江阴。"赵子亚名气很大，淮阴知县也敬他三分。见了公文，淮阴知县立即派衙役把毛头抓来，派人押到江阴。赵子亚让毛头把所有财产填写一份清单，检查他的财产是否都有着落。毛头怕因抢劫案受到牵连，便在清单上如实填上了一项："东东赎地归还铜钱1000贯。"赵子亚又找来东东当堂对质，毛头哑口无言，只得将典当地契退给了东东。

第201天 警察看到汽车上有猫带泥的爪印和卧睡的痕迹，便揭穿了那罪犯的谎言。寒冬的冬季，猫之所以爬到前盖上去是为了取暖，加之前些天持续干燥天气，也不会留下泥爪印的。在逃离现场事件前后，下了雨，车库旁的院子地面是湿的。所以，猫才是泥爪子爬上了车箱。从这两点就能判断罪犯今天一定出过车。

第 202 天 根据吴平妹妹的雕像怀抱元宝面向南方，提示出宝藏的方位是在海岛的南面。而"水涨淹不着，水退淹三尺"这句话提示出宝藏是在海岛南面悬崖岸边水面以下的洞穴中。

而这个洞穴因为是一个洞口位于水面以下三尺处，但是洞的通道却向水平面以上延伸的洞穴，所以在涨潮时，宝藏位于已在水平面以上的洞中，这样水涨便淹不着；而水退潮时又因为洞口是在水面下，所以水退淹三尺。据此包小拯解开了千年之谜，找到了海盗的宝藏。

第 203 天 训练有素的狗看到陌生人会叫，但邻居却说晚上很安静，所以，侦探井上认为他在说谎，他就是凶手。

第 204 天 那晚昏睡中的安杰托夫被一种奇怪的嗓音吵醒，发现是贾米森死去的夫人向自己走来。一个声音在空气中幽灵般地飘荡："安杰托夫，你这十恶不赦的刽子手！你为何要杀死我？我肚里还有两个孩子，上帝也不会饶恕你的！"看到这一切，惊恐万状的安杰托夫只得跪地求饶，说了杀死贾米森太太的事实，而这一幕正好被微型窃听器录下来，在证据面前安杰托夫只得招供。

第 205 天 鲍伯称整个上午都在外面刷门廊，然而他的牛仔裤却很干净。这是不符合常识的。对这个异常现象的解释只能是，鲍伯在干活的时候杀死了皮特，当鲍伯快刷完门廊的时候，进屋换了一身衣服，又出来干完了活儿。为什么他要换衣服呢？因为他原来的衣服上溅满了布尼尔的血。

第 206 天 细心的朋友会发现，班奈特掉进陷阱里时，夹住的那条腿正好是左腿，也就是他小时候被夹住的那条腿，那时候班奈特这条腿被夹废了，截掉安装了假肢。所以现在大铁夹再次夹住他的腿时，已经不会再痛了，也不会起作用了。

第 207 天 王小明在台上叫了一个差人的名字，那个差人便从公案的桌子底下钻了出来，3 个人顿时傻了眼，因为他们 3 个人说的话，藏在公案底下的差人全都听见了。

第 208 天 3 条病狗。

分析：

1. 假如有 1 条病狗，那主人肯定不能看自己家的狗，出去没有发现病狗，但村长却说有病狗。他就会知道自己家的狗是病狗，那么第一天就应该有枪声，但是事实上大家并没有听到枪声，因此推出病狗不是一条。

2. 假如有 2 条病狗，设为甲家和乙家。第一天甲和乙各发现对方家的狗是病狗，但是第一天没有听到枪响。第二天就会意识到自己家的狗也是病狗。接着第二天就应该有枪响，但事实上也没有，所以 2 条病狗也不对。

3. 假设有 3 条病狗，设为甲、乙、丙家。第一天甲、乙、丙各发现 2 条病狗，他们就会想第二天晚上就会有枪响，但是第二天晚上没枪响，第三天晚上他们就会意识到自己家的狗也有病，所以开枪杀狗。因此通过假设，我们可以看出这个村里有 3 条病狗。

第 209 天 凶手是管家。死亡原因不是枪杀，是被高压电电死。由于高压电造成的伤口非常像枪弹打出来的，所以只要在事后放进弹头就可以了。管家先在床上放上外边用来启动大型机器的高压电线，把富翁电死后，用枪在床上电线口的位置向楼下开枪，在天花板上造成枪洞。然后到楼下的房间对准天花板上的洞口开枪，留下火药烧灼的痕迹，造成是从楼下开枪的假象。只有管家有全部房间的钥匙，所以也只有他能在两个房间布置。证据就是他在楼上的床上开枪的时候楼下相应的地方肯定有弹孔。

第 210 天 分析：如果真的是她老公杀的话，死者就不可能说："他不知道我在录音，我要关录音机了。"如果被杀者录音并不被杀人者所知，录音不会有咔嗒声，这样杀人者就可能知道录音机所在何处，离开时也会同时把录音机销毁，就不会存在这个录音了。

第 211 天 县令说："你们的父亲只因生了你们两个儿子，才产生这场关于遗产的纠纷。而你们每人也恰恰有两个儿子，这就不好办了。因为不管这些银子断给谁，到你们老了的时候，还会发生这种兄弟争夺财产的事情。因此，本官决定，只要你们谁肯杀死自己的一个儿子，这银子就断给谁。"

老大和老二哪里肯杀死自己的儿子，于是就都不敢再争了。县令就这样断清了这场兄弟争夺遗产的官司。

第212天 张敝以砍头作为条件，布下了一个"欺骗"计策进行破案。他让小偷的老大穿上差役的衣服上大街去逛，遇着小偷就说："我花钱在官府里买了一个差使干，今后咱哥们儿谁若是有个闪失，我就可以从里面照应了。请通知我的弟兄们，我今天晚上要在香月楼设宴庆贺庆贺！"

小偷们听了，信以为真，一传十，十传百，当天晚上全部到了香月楼。这样，这些小偷便被张敝早已埋伏的几百名兵丁全部抓获。

第213天 贾正元看了王宝的尸体，马上联想到本地区是倭寇曾经出没的地方，便想到了一个计策，故意说王宝是被倭寇杀死的，好让听到此话的人传出去，这样凶手就一定会听到，误以为杀人之事不可能再追究到自己身上。当布告登出之后，又有重金的赏赐，凶手就自己主动地送上了门。

第214天 包公令人张榜招贤，说是包府要招几个有才能的人帮助包公处理公事。几天之内，远近有十几个书生赶来应考。包公把女子出的上联让这些考生对，结果没有人能对上，考生们只好怏怏退去。最后那天，有一个斜眼书生把自己对的下联交给包公。包公接过考卷一看，上面写道："移椅倚桐同赏月"。

第215天 其实员工们的草棍是一样长的。托尼故意说有一根稍长一些，小偷做贼心虚，怕当众出丑，就把自己的草棍掐去一截，这样唯有他的那根草棍比别人的短一截，正好露出了马脚。

第216天 窃贼要的不是珍珠，而是那个首饰盒！这个窃贼其实是卢米埃尔首饰盒的另一个收藏者。这名收藏者自己的首饰盒上的锁坏了，所以计划将自己的首饰盒跟德维特的首饰盒调包。为了不让德维特先生起疑心，这名收藏者仿造了一个珍珠项圈（不幸的是，仿造的项圈只有99颗珍珠），然后在宴会中趁人不备，换走了德维特的首饰盒。

丹尼斯侦探手上的名单就是卢米埃尔首饰盒收藏者的名单。当丹尼斯发现这份名单上的一个名字同样出现在福斯特的客人名单中时，丹尼斯认为这个人就是窃贼。

第217天 托尼探长说："哈，你们的头目怎么把衣服穿反了？"土匪们一时没有反应过来，都朝一个人看去，那个人就是土匪头子。

第218天 遗留物中没有车票和卧铺票就是证据。如果是在深夜就穿着睡衣被绑架了，或者在车站被车丢下了，那么，照理车票会留在西服的口袋里的。由此看来，此人一定是在车厢中准备了另一套衣服，换上后，拿着睡衣在中途站悄悄下车躲起来了。

第219天 拜伦听到后门的声音，证明科尔的确在命案发生前回到了家，并且被电线绊倒了。这样，扯出插座的电线，就又证明了科尔说的是实话。可是，既然科尔摔倒，扯出了电线，正在修车的杰克就应该突然陷于黑暗之中，可杰克却没有向安迪提到他的电灯忽然间熄灭，这是因为此时他正在悄悄地上楼，杀死了马克，电灯熄灭他根本不知道。

第220天 妹夫的清洁行为像是在掩盖证据。未经要求主动粉刷地下室的行为显得尤其可疑，他有可能是在掩盖水泥地上留下的血迹。

第七章

创新思维

✿ 第 221 天　杂技演员过桥

有一位杂技演员，带着两只大铁球，来到一座快要崩塌的旧桥前面，这座桥只能承受杂技演员再加一只铁球的重量。这位杂技演员利用杂技技巧，把两只铁球轮流地抛起来，这样，在同一时间内，他的手中就只有一只铁球，他能否安全地渡过桥？

✿ 第 222 天　长长的阶梯

很多科学家都喜欢用一些有趣的数学问题，来考察别人的机敏和逻辑推理能力。这里有一道著名科学家爱因斯坦出的难题。

在你面前有一条长长的阶梯。如果你每步跨 2 阶，那么最后剩下 1 阶；如果你每步跨 3 阶，那么最后剩 2 阶；如果你每步跨 5 阶，那么最后剩 4 阶；如果你每步跨 6 阶，那么最后剩 5 阶；只有当你每步跨 7 阶时，最后才正好走完，一阶也不剩。

请你算一算，这条阶梯到底有多少阶？

✿ 第 223 天　小灰兔算蘑菇

兔妈妈从树林里采了蘑菇回到家里，一放下布袋子，小白兔、小灰兔、小黑兔就高高兴兴地围了上来，嚷着要吃妈妈刚采回来的蘑菇。

兔妈妈说："孩子们，别忙，我得先让你们算算这袋子里有多少个蘑菇：如果把这些蘑菇平均分成2份，最后剩下1个……"

"这袋子里只有3个蘑菇！"不等兔妈妈把话说完，小白兔就抢着回答。

"不一定，也可能是5个、7个、9个、11个……肯定是个奇数。"小黑兔说。

"你们别急啊，我还没有把话说完呢！"兔妈妈接着说，"这袋蘑菇如果由小白兔、小灰兔、小黑兔你们三个去平均分，最后也是剩一个；如果由我们全家五口来平均分，最后还是剩下一个。孩子们，你们算算看，这袋子里至少有多少个蘑菇呀？"

"这可不好算。"小白兔感到为难了。但是小灰兔并不灰心，经过一番认真思考，很有把握地说："妈妈，您至少采了31个蘑菇。"

兔妈妈高兴地说："对呀！那你是怎么算出来的呢？"

这就是你要回答的问题了，小灰兔是如何算出来的呢？

✿ 第224天　怎样取回自己的袜子

曾经有两个盲人，他们同时都买了两双白袜和两双黑袜，八双袜子的布质、大小完全相同，每一双袜子都有一张标签纸连着。两个盲人不小心将八双袜子混在一起。他们怎样才能取回自己的袜子？

✿ 第225天　计算啤酒瓶的容积

有这样一则故事：一位著名的教授在学校里找了个品学兼优的学生当自己的助手。因为这个学生是学校里的佼佼者，所以教授经常交给他一些重要的工作。有一次，教授让这个学生测量一个灯泡的体积。学生拿到灯泡后，先是用尺子量了半天，又在纸上写了一大堆繁杂的公式，可是她忙活了半个多小时，也没算出什么结果来。教授急等着用这个数据，于是将灯泡要了过来。他先是将灯泡中注满了水，然后又用量筒量出了水的体积，轻轻松松就计算出了灯泡的容积。

现在如果你的手中只有一把直尺和一个啤酒瓶，这个啤酒瓶的下面 $\frac{2}{3}$ 是规则的圆柱体，只有上面 $\frac{1}{3}$ 不是规则的圆锥体，以上面的案例来做参考，你能计算出这个啤酒瓶的容积吗？

✿ 第 226 天　真假古画

北宋的时候，有一个人在街头卖画，说是珍藏古画——《百马图》。画面上有上百匹马，有的在奔驰，有的嬉戏……真是千姿百态。特别是一匹红鬃烈马，一面低头吃草，一面圆睁双眼，招来了不少人围看。忽然，人群中跳出一人，刷地抖开一幅画，叫道："《百马图》真本在这里！"众人一看，两幅画几乎一模一样，只差在红鬃烈马的眼睛上，后一幅马埋头吃草，双眼闭合。这一下可热闹了。两个卖画的人都说自己的是真本。据传，《百马图》的作者很熟悉马的生活习性。你能判断出哪幅画是真，哪幅画是假吗？根据是什么？

✿ 第 227 天　巧过独木桥

一天，果农卖完果子挑着空担回家。途中经过一座独木桥。他走到桥的中间时，迎面看见一只小白兔跑来。果农想，这小白兔跑得气喘吁吁的，一定是有什么急事，还是先让它过去吧。

果农刚掉过身去，又见后面来了一只鸭子。也是急匆匆地要过桥的样子。果农挑着空担子被夹在中间，自言自语地说道："这可如何是好？"

你能想个办法，让他们都能顺利地过桥吗？

✿ 第 228 天　一封奇怪的信

一天早上，小明的爸爸收到一封信。邮戳是两天前盖的，信封得严严实实。打开一看，里面装着一张当天刚出版的报纸。他感到十分奇怪，是谁在和他玩游戏呢？经过一番推理想象，他终于解开了这个谜。

你知道这个谜是怎样解开的吗？

✿ 第 229 天　男女学生人数

美术组的同学在画画。其中一女学生到办公室问老师什么时候放学。

老师问女生："教室里男生多还是女生多？"

女生答："现在教室里男女学生人数相等。"

女生回到教室后，一名男生又到办公室来问老师什么时候放学。

老师问男生："教室里男生多还是女生多？"

男生回答："现在教室里男生人数是女生人数的一半。"

想一想，今天来了多少人？几男几女？

✿ 第 230 天　弄掉了针的闹钟

星期天，好奇的弟弟把闹钟拆开来摆弄，不小心把长针和短针都弄掉了。这下他自己着急了，因为他们小队还有活动，不知道时间怎么办！爸爸见了又好气又好笑，说："别急，钟还在走着哩，没有指针，也可以知道一个大概时间的。"你知道爸爸有什么办法吗？

✿ 第 231 天　路标正误

一个人迷了路，找了很久，他终于找到了新的路线。这条路线要经过 A、B、C 3 个城市。

他在 A 城市发现一个路标，上面写着："到 B 城市 40 千米，到 C 城市 70 千米。"于是他继续走，等他到达 B 城市时，发现另外一个路标，上面写着："到 A 城市 20 千米，到 C 城市 30 千米。"他困惑不解，他继续走到了 C 城市时，他又发现了一个路标，上面写着："到 A 城市 70 千米，到 B 城市 40 千米。"

这时他遇见一位当地人，那个人告诉他，那 3 个路标中，只有一个是正确的，另外一个有一半正确，还有一个全是错误的。那么，哪个路标是正确的？哪个路标全是错误的呢？

✿ 第 232 天　百元假钞带来的损失

　　顾客拿了一张百元钞票到商店买了 25 元的商品，老板由于手头没有零钱，便拿这张百元钞票到朋友那里换了 100 元零钱，并找了顾客 75 元零钱。

　　顾客拿着 25 元的商品和 75 元零钱走了。过了一会儿，朋友找到商店老板，说他刚才拿来换零钱的百元钞票是假钞。商店老板仔细一看，果然是假钞，只好又拿了一张真的百元钞票给朋友。

　　你知道，在整个过程中，商店老板一共损失了多少财物吗？（注：商品以出售价格计算。）

✿ 第 233 天　过元旦

　　两个远航归来的人见面了。一个说："我年前离开上海，向东航行。当我到美国旧金山的时候，已经是年后数天了，我是在海上度过新年的，有趣的是，我连续过了两个元旦。"另一个说："我和你航线一样，只是方向相反，当我到上海的时候，也是年后几天，我竟没有赶上过元旦，真遗憾！"请想一想，他俩说得对吗？为什么？

✿ 第 234 天　长跑训练记

　　小明在 400 米长的环形跑道上练习长跑。上午 8 点 20 分开始，小明按逆时针方向出发，1 分钟后，小明掉头按顺时针方向跑，又过了 2 分钟，小明又掉头按逆时针方向跑。如此，按 1、2、3、4……分钟掉头往回跑。当小明按逆时针方向跑到起点，又恰好该往回跑时，他的练习正好停止。

　　如果小明每分钟跑 120 米，那么他停止练习时是几点几分？他一共跑了多少米？

✿ 第 235 天　对号入座

小李去电影院看电影，票价是对号入座的 18 元，不对号的 13 元。小李拿出两张 10 元递进去，售票员问："要对号的吗？"后面买票的人递进的也是 20 元，售票员问也没问，给出一张对号入座票，找了 2 元。小李很奇怪，问售票员："他是你的熟人，你知道他一定买对号入座票？"售票员摇了摇头。小李想了一会儿，忽然明白了，你知道这是为什么吗？

✿ 第 236 天　同一个答案

①有一把铅笔不到 20 支，平均分给 3 个孩子或平均分给 5 个孩子都剩下 2 支。

请问，这把铅笔是多少支？

②有一把铅笔不到 20 支，平均分给 3 个孩子剩下 2 支，平均分给 4 个孩子剩下 1 支。

请问，这把铅笔是多少支？

✿ 第 237 天　伪慈善家

慈善家扬扬得意地说："在上个礼拜，我把 50 枚银元施舍给 10 个可怜的人，我不是平分给他们的，而是根据他们困难的程度进行施舍，因此，他们每个人得到银元的枚数都不相同。"一个聪明的青年听了很生气，说："你是一个伪慈善家，你说的全是谎话！"这个青年为什么这样说？根据是什么？

✿ 第 238 天　快乐夫妻

鲁本同辛西娅到市里买东西。鲁本买了一套衣服、一顶帽子，用了 15 美元。辛西娅买了顶帽子，她所花的钱同鲁本买衣服的钱一样多。然后她买了一件新衣，把他们的余钱统统用光了。

回家途中，辛西娅提醒鲁本注意，他的帽子要比她的衣服贵 1 美元。然后她说："如果我们把买帽子的钱另做安排，去买进另外的帽子，使我的帽子钱是你买帽子钱的 1.5 倍，那么，我们两人所花的钱就一样多了。"

鲁本说："在那种情况下，我的帽子要值多少钱呢？"

你能回答鲁本的问题吗？这对快乐的夫妻一共花了多少钱？

✿ 第 239 天　卖水的学问

阿利住在撒哈拉沙漠附近，他常在沙漠的古迹游览地卖水赚钱。由于沙漠地区干旱缺水，阿利的生意一向很好。

一天，他带了 5 升水来到游览地，计划小赚一笔。他决定第一升水卖 20 元钱，第二升水价钱涨一倍，卖 40 元钱。以后的每一升水都价格翻倍。但他也要为自己留下 1 升水，免得自己过于干渴。

试想一下：如果水卖完之后，阿利最多可以收入多少呢？

✿ 第 240 天　数学陷阱

小明对小红说："你用一个个、十、百位全部相同的 3 位数，除以这 3 个数字之和，我可以知道它的答案是多少。"小红随口说了一个数字，发现果然不错，其实答案是一个固定的数。你知道这个固定的数是多少吗？

✿ 第 241 天　移火柴

用火柴摆了一个 2 + 7 - 2 + 1 的式子，现在要求你移动其中任何一根火柴，然后将式子的答案变成 36。该怎么移呢？

说明：1 是由竖 1 根火柴组成，2 是由横折横 3 根火柴组成，7 是由横折 2 根火柴组成。

✿ 第 242 天　狄利克雷房间分配法

有一个"狄利克雷房间分配法"的故事。

有一家旅店，共有 12 个房间，依次为 1 号、2 号、3 号……12 号。一天，来了 13 位客人，要求各自单独住一间房。旅店老板思索了一番，想出一个满足大家要求的办法：他先让两个客人暂时住进 1 号房间里，然后把其余的客人按顺序依次分配。于是 1 号房间住进了两个人；3 号客人住在 2 号房间；4 号客人住在 3 号房间；5 号客人住在 4 号房间……12 号客人住在 11 号房间。最后，再把最先安排的 13 号客人从 1 号房间转到还空着的 12 号房间里。于是皆大欢喜，13 位客人都满意地单独住进了 12 个房间里了。

这样的安排可能吗？

✡ 第 243 天　哪一桶是啤酒

一位酒商有 6 桶葡萄酒和啤酒，容量分别为 30 升、32 升、36 升、38 升、40 升、62 升。其中 5 桶装着葡萄酒，1 桶装着啤酒。第一位顾客买走了 2 桶葡萄酒；第二位顾客所买的葡萄酒则是第一位顾客的 2 倍。

请问，哪一个桶里装着啤酒？

✡ 第 244 天　A 城居民

在 A 城，假设以下关于该城居民的断定都是事实：

（1）没有两个居民头发的数量一样多；

（2）没有一个居民的头发正好是 518 根；

（3）居民的总数比任何一个居民的头发数要多。

那么，A 城居民的总数最多不超过多少人？

✡ 第 245 天　当塞得补给袋

当塞·科恩克利伯核对自己的补给袋时，他在面布袋上发现了一些有趣的东西。面布袋每 3 个放在一层，共有 9 个布袋，上面分别标有从 1~9 这几个数字。在第一层和第三层，都是一个布袋与另外两个布袋分开放；而中间那层的 3 个布袋则被放在一起。如果他将第一层单个布袋的数字 7 乘以与之相邻的两个布袋的数 28，得到 196，也就是中间 3 个布袋上的数字；然而，如果他将第三层单个布袋的数字 5 与之相邻的两个布袋的数 3、4 相乘，则得到 170。

于是，当塞想出来一道题：你能否尽可能少地移动布袋，使得上下两层上的每一对布袋上的数字与各自单个布袋上的数字相乘的结果都等于中间 3 个布袋上的数字呢？

✿ 第 246 天 该买几张票

有几位观众去买戏票，按他们之间相互称呼可知其中有一位是爸爸，一位是妈妈，一位是哥哥，一位是妹妹，一位是舅舅，一位是姑姑，一位是侄子，一位是外甥女。请你想想看，他们应该买几张票呢？

✿ 第 247 天 赚了还是赔了

有一个家庭花了 12 万元买了套房子，住了两个月之后，他们因工作关系要离开该城市，遂以 13 万元卖出房子。过了半年，他们又重新回到这座城市工作。他们再次把房子买回来花了 14 万元。不久以后，他们想买一套更大点的房子，又以 15 万元的价格把房子卖出。请问，这个家庭在房子买卖过程中赚了还是赔了，或者是不赔不赚？如果是赚了或赔了，具体金额又是多少？

✿ 第 248 天 篮子里的蘑菇

有甲、乙、丙、丁 4 个小朋友走进森林采蘑菇。

走出森林之前，四人数了数篮子里的蘑菇，加起来总共有 72 只。但甲采的蘑菇只有一半能吃，在往回走的路上，他把有毒的蘑菇全都丢了；乙的篮子底坏了，漏下两只，被丙拾起来放在篮子里。这时，他们三个人的蘑菇数正好相等。丁在出森林的路上又采了一些，使篮子里的蘑菇增加了一倍。

到走出森林后，他们坐下来，又各自数了数篮子里的蘑菇。这次，大家的数目都相等。

请你想想看，他们准备走出森林时，各人篮子里有多少只蘑菇？走出森林后，又有多少只蘑菇？

✿ 第 249 天　加薪方案

某公司向工会代言人提供了两个加薪方案，要求他从中选择一个。第一个方案是：12 个月后，在 20000 元的年薪基础上每年提高 500 元；第二个方案是 6 个月后，在 20000 元的年薪基础上每半年提高 125 元。不管是选哪一种方案：公司都是每半年发一次工资。

你觉得工会代言人应向职工推荐哪一个方案才更合适？

✿ 第 250 天　小松鼠分松子

秋天到了，松鼠们开始为过冬储备食物。有 3 只小松鼠一起去摘松子，它们一共摘了 770 个松子。回家之前，它们要把松子分开。为了公平起见，它们决定按每只松鼠摘松子的速度来分配这些松子。它们摘松子的速度是这样的：当 A 松鼠摘 4 个松子时，B 松鼠摘了 3 个松子；当 A 松鼠摘 6 个松子时，C 松鼠能摘 7 个松子。

现在请你计算一下，A、B、C 三只松鼠分别能分到多少个松子呢？

✿ 第 251 天　滑轮越狱

有 A、B、C 三人被诬陷入狱，被囚禁在一座塔楼上。塔楼上除有一个窗口可用于逃离外，再无其他出路。现在塔楼上有一个滑轮、一条绳索、两个筐子、一块重 30 千克的石头。不过当在一个筐子比另一个筐子重 6 千克的情况下，两个筐子才可以毫无危险地一上一下。已知 A 体重 78 千克，B 体重 42 千克，C 体重 36 千克。

这 3 个人怎样借助塔楼上的工具逃离呢？

✡ 第 252 天 强盗分布匹

唐朝有一位叫杨损的尚书，很有学问，很会算学。

一次，朝廷要在两个小官吏中选拔出一个委以重任，但因为这两个人的情况不相上下，负责提升工作的官员感到很为难，便去请示杨损。杨损考虑了一会儿，说："一个官员应该具备的一大技能就是会速算。我出一道题考考他们，谁算得快，就提升谁。"

两个小官吏被召来后，杨损出了一题："一个人在林中散步时，无意中听到了几个强盗在商量如何分赃。强盗们说，如果每人分 6 匹布，则剩余 5 匹；如果每人分 7 匹布，则少 8 匹。请问：共有几个强盗？几匹布？"

一个小吏很快就算出了答案，所以被提升了。那个没有得到提升的小吏也很服气。

你知道这个问题的答案吗？

✡ 第 253 天 小兔子买裙子

小白兔、小黑兔、小灰兔在商场各买了一条裙子。3 条裙子的颜色分别是白色、黑色和灰色。

回家的路上，一只小兔说："我想了好久的白裙子，今天可算是买到了！"说到这里，它好像发现了什么，惊喜地对同伴们说："今天我们可真有意思，白兔没买白裙子，黑兔没买黑裙子，灰兔没买灰裙子。"

小黑兔说："真是这样的，你要是不说，我还真没注意这一点呢！"

你能根据它们的对话，猜出白兔、黑兔和灰兔各买了什么颜色的裙子吗？

✡ 第 254 天 两个同色球

一个布袋里混装着 10 个白色球和 30 个红色球。

要想保证一次能拿出两个同色球，至少要拿出几个球？

✿ 第 255 天　黑熊老师的游戏

活动课上，黑熊老师笑着对大家说："我们来做个游戏好不好？"

"好！"小动物们齐声回答。

"请你们每位准备两张小纸条。"黑熊老师清了清嗓子说。

小动物们不知道黑熊老师要它们做什么游戏，一个个兴奋得眼睛发亮，很快都把小纸条准备好了。

黑熊老师环视了一下全班同学，说："请你们在两张小纸条上分别写一个奇数和一个偶数，写好后，两手各握一张。不要给我也不要给你身边的同学看。"

小动物们不久前刚学过关于奇数和偶数的知识，不一会儿，大家都完成了老师的要求。

"听着，"黑熊老师一字一句清晰地说，"你们各位都将右手中的数乘 2，左手中的数乘 3，再把乘积相加。不要算出声音来。"等小动物们一个个都算好了，黑熊老师又叫算出得数是奇数的小动物们排成一队；得数是偶数的排成一队。小动物们都站好了，一个个感兴趣地看着黑熊老师，猜测着老师下一步要它们做什么。"好了！"黑熊老师指着得数是奇数的那排小动物说："你们左手握的都是奇数。"它又指着另一排小动物说："你们左手握的都是偶数。"

两排小动物们摊开手掌一看，都惊奇不已，黑熊老师猜得完全正确。

你知道这是什么原因吗？

✿ 第 256 天　神童莫扎特

大音乐家莫扎特小时候是个神童，他在很小的时候就学会了谱曲和弹琴。有一次，莫扎特写好了一首曲子给老师看，老师看了后觉得很好，但在演奏的时候发现有一个地方无法演奏。他找来了莫扎特，指着那个地方对莫扎特说："当我演奏到这里的时候，双手分别弹到了钢琴的两边，但是这里有一个音符是在钢琴中间的。人只有两只手，中间这个音符怎么可以弹奏呢？所以你要把这里修改一下。"莫扎特笑着对老师说："这里不用修改，我有方法弹奏这个音符。"你知道莫扎特是怎么做到的吗？

✧ 第257天　购买邮票

村子的邮件管理员讲了一个故事。几天前，邮局里来了一个人买邮票。

她拿出1美元对我说："我要一些1美分和2美分面值的邮票，前者必须是后者的10倍，其他的给我面值5美分的邮票。"

请问：她要用1美元买多少张邮票？

✧ 第258天　蚂蚁的聚会

4只蚂蚁A、B、C和D处于一个边长10厘米的正方形的四角。其中，A和C是公的，B和D是母的。A对准B，B对准C，C对准D，D对准A同时朝前爬。如果所有蚂蚁的爬行速度都一样，那么，它们的爬行轨迹将是4条一样的螺旋曲线，最终相交于这个正方形的中心。

现在的问题是，当4只蚂蚁相聚，它们各自爬了多长的距离？

✧ 第259天　国王的首饰

传说从前有一位国王，一天，他把几位妃子召集起来，出了一道题考她们。题目是：我有金、银两个首饰箱，箱内分别装有若干件首饰。如果把金箱中25%的首饰送给第一个算对这个题目的人，把银箱中20%的首饰送给第二个算对这个题目的人，再从金箱中拿出5件送给第三个算对这个题目的人，再从银箱中拿出4件送给第四个算对这个题目的人，最后金箱中剩下的比分掉的多10件首饰，银箱中剩下的与分掉的比是2∶1。请问，我的金箱、银箱中原来各有多少件首饰？

✿ 第 260 天　如何将两种杯子分开

小强的妈妈是学校里的化学老师。一天，小强来实验室等妈妈一起回家。等小强做完作业想出去玩时，妈妈马上将他喊住，给小强出了这样一道题目："你看看桌子上现在放了 6 只做实验用的玻璃杯，前面的 3 只盛满了水，而后面的 3 只却是空的。你只许移动其中的 1 只玻璃杯，就把盛满水的杯子和空杯子间隔起来吗?"小强在班上是出了名的"小机灵鬼"，他只想了一会儿，就做到了。

请您想一想：小强是怎样做到的?

参考答案

第 221 天 要抛起铁球，必须对铁球加一个作用力，铁球对抛球的人又产生一个反作用力，这时候桥受的力就超过了一个人再加一只铁球的重量。另外，下落的一个球，在落到手上的一刹那，由于有一个下落加速度，也超过了原来重量，所以不能安全过桥。

第 222 天 分析能力较强的同学可以看出，所求的阶梯数应比 2、3、5、6 的公倍数（即 30 的倍数）小 1，并且是 7 的倍数。因此只需从 29、59、89、119 中找 7 的倍数就可以了。很快可以得到答案为 119 阶。

第 223 天 小灰兔是这样想的。把它平均分成 2 份还剩一个，所以蘑菇数一定是 2 的倍数加 1；而把它平均分成 3 份、5 份都剩一个，所以，它也一定是 3 的倍数加 1，也一定是 5 的倍数加 1。因此，蘑菇的个数是 2、3、5 的公倍数加 1。这就是说，这袋子里的蘑菇至少有 2×3×5 + 1 = 31（个）。

第 224 天 我们知道，八双袜子的质量和大小完全相同。因此，可以让他们把标签撕下来，按顺序每人取一只，重新组合在一起就可以了。

第 225 天 先用直尺将啤酒瓶瓶底的直径测出来，这样就可以计算瓶底的面积。之后再向瓶中注入约一半的水，测出水的高度。盖住瓶口后，将瓶子倒过来测量瓶底到水面的高度。将两个高度相加后再乘以瓶底的面积就可以算出啤酒瓶的容积了。

第 226 天 马在吃草的时候，为了防止杂草茎叶刺伤眼睛，会本能地闭合眼睛，所以后一幅画是真本。

第 227 天 让鸭子和小白兔都坐在果农的两只空箩筐中，果农在桥中间挑起来一转圈，两个小动物就换了一个位置，这样大家都可以顺利地通过狭窄的独木桥了。

第 228 天 发信者先用铅笔淡淡地写上自己的地址、姓名，信中随便装入一份旧报纸，信封没有封牢，然后投寄。第二天，自己收到这封信后，再擦去铅笔字，用墨水写上小明家的地址。第三天一早，把当天的报纸装入信封，封好后直接投入小明家的信箱。

第 229 天 共有 7 人。3 男 4 女。

第 230 天 拨动响铃指示时间的针，当拨到当时的时间，闹钟就会响起来。这样不就可以知道大概是什么时间了吗?

第 231 天 C 城市的路标是正确的，B 城市的路标全是错误的，A 城市的路标第一个是错误的，第二个是正确的。

第 232 天 商店老板损失了 100 元。老板与朋友换钱时，用 100 元假币换了 100 元真币，此过程中，老板没有损失，而朋友亏损了 100 元。老板与持假钞者在交易时：100 = 75 + 25 元的货物，其中 100 元为兑换后的真币，所以这个过程中老板没有损失。朋友发现兑换的为假币后找老板退回时，用自己手中的 100 元假币换回了 100 元真币，这个过程老板亏损了 100 元。所以，整个过程中，商店老板损失了 100 元。

第 233 天 他们说得都对。地球是一个圆球，为了区分"今天"和"明天"，经过人们协商，在 180 度经线附近，划定了一条国际日期变更线，凡是通过这条线的船只，都要变更日期。从上海开往美国的船只，一越过这条线就要少算一天，假若原来已经过了元旦，只能再过一次元旦。而从美国开到上海的船只，一越过这条线，就得多算一天，所以就过不了元旦了。

第 234 天 根据题意，小明在跑 1、3、5……分钟时，每次按逆时针方向，比前一次增加 120 米。他停止练习时，那次是按逆时针方向跑，并离开起点的距离应是 120 和 400 的最小公倍数 1200 米。于是得出他沿逆时针方向跑了 1200÷120＝10（次）。他停止练习前那次跑了 10×2－1＝19（分钟），他一共跑了 1＋2＋3＋…＋19＝190（分钟），即 3 小时 10 分，由此可求出停止练习时的时刻（11 时 30 分）和停止练习时他一共跑了的路程。1200÷120＝10（次），1＋2＋3＋…＋19＝190（分钟），120×190＝22800（米）。由此可知，小明停止练习时是 11 时 30 分，他一共跑了 22800 米。

第 235 天 后面的人递进去的是 1 张 10 元、2 张 5 元，如果是买 13 元的，他只拿 1 张 10 元、1 张 5 元的即可，售货员当然由此判断出他是买 18 元的对号入座票。

第 236 天 ①从"一把铅笔不到 20 支"想到这个数是 20 以内的数。从"平均分给 3 个孩子或平均分给 5 个孩子都剩下 2 支"想到这个数是 3 的倍数余 2，又是 5 的倍数余 2。因为它们的余数都是 2，所以这个数应是 3 的倍数又是 5 的倍数，再加上 2。即 3×5＋2＝17 支铅笔。②从"平均分给 3 个孩子剩下 2 支，平均分给 4 个孩子剩下 1 支"，想到这个数是 3 的倍数加 2，又是 4 的倍数加 1。3 的倍数加 2 有：3＋2＝5；6＋2＝8；9＋2＝11；12＋2＝14；15＋2＝17。4 的倍数加 1 有：4＋1＝5；8＋1＝9；12＋1＝13；16＋1＝17。所以这把铅笔是 17 支。

第 237 天 要让 10 个人拿到枚数不同的银元，至少要 1＋2＋3＋…＋10＝55（枚）。

第 238 天 设 X 表示鲁本实际所买帽子的价钱，Y 表示他的衣服的价钱，则辛西娅所买帽子的价钱也是 Y，而其衣服的价钱为 X－1。我们知道，X＋Y 等于 15 美元，所以如果将他们所花费的 15 美元分做两份，而其中一份是另一份的一倍半的话，则一份是 6 美元，另一份是 9 美元。利用这些数据即可列出下列方程：9＋X－1＝6＋15－X。由此可求出 X 为 6.50 美元，即鲁本买帽子所花的钱。从而他买衣服所花的钱为 8.50 美元。于是得知：辛西娅买帽子用去 8.50 美元，买衣服用去 5.50 美元，全部消费金额为 29 美元。

第 239 天 最多可获得 600 元钱。因为他可以把最便宜的第一升水留作自己喝，而卖掉以后的 4 升水。

第 240 天 这个固定的数是 37。

第 241 天 将最后一个加号的一横移到第二个加号处，最后变成 247－211。

第 242 天 不可能。将 2 号客人与 13 号客人相混了。

第 243 天 第一位顾客买走两桶，30 升和 36 升，共 66 升；第二位顾客买走三桶，32 升、38 升和 62 升，共 132 升，为第一人的两倍，所以 40 升的为啤酒。

第 244 天 A 城居民的总数最多不可能超过 518 人。

把 A 城的所有居民依据他们头发数量的由少至多按顺序编号。在这个编号中，以下两个条件必须满足：第一，1 号居民是秃子；第二，n 号居民的头发数量是 $n-1$ 根。例如，2 号居民的头发是 1 根，100 号居民的头发是 99 根，等等。否则，居民的总数不可能比任何一个居民头上的头发的总数要多。

如果居民的人数超过 518 人，则编号大于 518 的居民的头发的数量就会与他们的编号相等，破坏了上面的第二个条件，使得居民的总数不可能比任何一个居民头上的头发的总数要多。因此，A 城居民的总数不可能超过 518 人。

第 245 天 上层：2、7、8，中层：1、5、6，下层：3、9、4，即 $2 \times 78 = 39 \times 4 = 156$。

第 246 天 买 4 张戏票。因为是兄妹二人各带着儿子和女儿去看戏。

第 247 天 赚了。赚了 2 万元。

第 248 天 准备走出森林时，甲有 32 只；乙有 18 只；丙有 14 只；丁有 8 只。走出森林后，甲、乙、丙、丁各 16 只。总共 64 只。

第249天 乍看上去，第一个方案好像对职工比较有利。

但实际上，第二个方案才是有利的。

第一个方案（每年提高500元）：

第一年 10000 + 10000 = 20000 元

第二年 10250 + 10250 = 20500 元

第三年 10500 + 10500 = 21000 元

第四年 10750 + 10750 = 21500 元

第二个方案（每半年提高125元）：

第一年 10000 + 10125 = 20125 元

第二年 10250 + 10375 = 20625 元

第三年 10500 + 10625 = 21125 元

第四年 10750 + 10875 = 21625 元

第二个方案提升工资多出了125元！

第250天 根据题意可以算出：当A松鼠摘12个松子时，B松鼠能摘9个松子，而C松鼠能摘14个松子。所以，它们的速度比是 12∶9∶14。A松鼠可以分得 770×12÷35 = 264 个松子；B松鼠可以分得 770×9÷35 = 198 个松子；C松鼠可以分得 770×14÷35 = 308 个松子。

第251天 逃离步骤如下：

（1）先用人力将石头慢慢放下。塔楼上剩 A、B、C；

（2）C下，石头上。塔楼上剩 A、B、石头；

（3）B下，C上。塔楼上剩 A、C、石头；

（4）石头下。塔楼上剩 A、C；

（5）A下，B和石头上。塔楼上剩 B、C、石头；

（6）石头下。塔楼上剩 B、C；

（7）C下，石头上。塔楼上剩 B、石头；

（8）B下，C上。塔楼上剩 C、石头；

（9）C下，石头上；

(10) A、B、C 三人逃离。

第 252 天 这类问题就是我国数学史上有名的盈亏问题。它有一个固定的公式：（盈＋亏）/分差＝人数（单位数）。所以，这道题的算法就是：（8＋5）÷（7－6）＝13（强盗人数），13×6＋5＝83（布匹数）。答案是，共有 13 个强盗，83 匹布。

第 253 天 根据它们的对话，买白裙子的小兔不是黑兔就是灰兔，而从它刚说完话黑兔又接着说的情况看，买白裙子的小兔只能是灰兔。那么，黑兔买的一定是灰裙子，白兔买的一定是黑裙子。

第 254 天 至少要拿出 3 个球。因为拿出 2 个球会有 3 种情况：1 个白球、1 个红球；2 个白球；2 个红球。不能保证一定能拿出 2 个同色球。拿出 3 个球会有 4 种情况：1 个白球、2 个红球；1 个红球、2 个白球；3 个白球；3 个红球。每次都能保证拿出 2 个同色球。

第 255 天 奇数×2＝偶数，奇数×3＝奇数，偶数×2＝偶数，偶数×3＝偶数，偶数＋偶数＝偶数，偶数＋奇数＝奇数。左手是奇数时，奇数×3 是奇数，奇数＋偶数（右手中的偶数×2），结果是奇数。而如右手是奇数时，奇数×2 成偶数，偶数＋偶数（左手中的偶数×3），结果是偶数。这就是最后结果与左手中数字奇偶相同的原因。

第 256 天 当莫扎特弹到那个地方时，用双手弹响了两边的音符，然后用鼻子按响了中间的音符。

第 257 天 她要买 5 张 2 美分面值的邮票，50 张 1 美分面值的邮票和 8 张 5 美分面值的邮票。

第 258 天 因为 4 只蚂蚁的爬行速度是一样的，所以在爬行的过程中，不管它们彼此间的距离如何变化，这 4 只蚂蚁始终处于一个正方形的 4 个端点，随着蚂蚁间距离的缩短，这个正方形不断地旋转和缩小。因此，在任何时候，追赶的蚂蚁，例如，蚂蚁 A 的运动方向，总是垂直于被追赶的蚂蚁 B 的运动方向。也就是说，被追赶的蚂蚁 B 的运动中，不包含离开或接近它的追赶者蚂蚁 A 的运动。换句话说，在上述互相追赶的过程中，蚂蚁 B 对于它的追赶者蚂蚁 A 来说，始终处于相对静止状态。因此，蚂蚁 A 在上述旋转的路线上赶上蚂蚁 B 所需的时间，等于蚂蚁 B 处于静止状态时，蚂蚁 A 沿直线赶上蚂蚁 B 所需的时间。所以不难得出结论，当 4 只蚂蚁相聚时，它们各自爬过的螺形路线的距离，等于原正方形的边长，即 10 厘米。

第 259 天 设国王金箱中的首饰为 a 件，银箱中的首饰为 b 件，可以列出如下方程。

$$\frac{1}{4}a + 5 = a - \left(\frac{1}{4}a + 5\right) - 10$$

$$\left(\frac{1}{5}b + 4\right) \times 2 = b - \left(\frac{1}{5}b + 4\right)$$

解方程可得 a = 40，b = 30

国王的金箱中有 40 件首饰，银箱中有 30 件首饰。

第 260 天 ●●●○○○解释：（●代表盛满水的杯子；而○则代表空杯子）将前 3 个杯子中间的●中的水倒入后 3 个杯子中间的○杯子中就可以了！

第八章

脑筋急转弯

✡ 第 261 天　没有违章

一个出租车司机在马路上开着他的出租车，任何交通规则都没有违背，却被一个交警拦截了下来，这是为什么？

✡ 第 262 天　最傻的鱼

在这个世界上，有人聪明，有人傻。同样，鱼界也有着同样的划分，有的鱼很聪明，有的鱼却很傻。那么，你知道最傻的鱼是什么吗？

✡ 第 263 天　还是值得表扬

露露在一次期中考试中，三门功课都得了零分，考后总结的时候，老师说："虽然露露每门功课的成绩都是零分，但露露同学在某些方面还是值得表扬的。"你知道露露哪点值得表扬吗？

✡ 第 264 天　最神奇的 3 个字

有这样 3 个字，它们非常的神奇，可以回答世界上的一切问题，你知道这 3 个字是什么吗？

✡ 第 265 天　新造型

明明的妈妈今天下班的时候去理发店将自己留了多年的长发剪成了短发，换了一个造型，整个人看上去都年轻漂亮了好多。妈妈揣着一颗好心情回到家中，然而家中却没有人发现她的新造型，为什么？

✡ 第 266 天　愚蠢的李明

李明是个生性愚钝的人，一天，李明和朋友们一起外出坐船。当船航行一半的时候，忽然在船身上漏了一个洞，船上的人都不会游泳，所以都变得惊慌失措起来。然而，李明却自作聪明，做出了一个以为在拯救大家的举动，结果船上的人很快就沉船淹死了，你知道李明做了什么吗？

✡ 第 267 天　鸡和蛋

鸡能生蛋，蛋又能孵出小鸡，鸡再生蛋，蛋再孵出小鸡。所以，终究是先有鸡还是先有蛋一直是人们所争执不休的问题。那么，在这个世界上，终究是先有鸡还是先有蛋的呢？

✡ 第 268 天　木匠建庙

我国古代有个木匠跟建筑师鲁班学艺，到南山密林中去修筑香岩寺。

一天，木匠陪鲁班在山上散步，走到一棵古柏和一块怪石跟前，鲁班说："这古树怪石，真是少见！"

木匠说："若在石上建座庙，就更好了。"

鲁班看了看木匠说："好！你就试着在这儿修建一百一十一座庙吧！"

鲁班这么一说，木匠愣住了，心想：这虽是一块巨大的怪石，但哪里能容得下这么多庙啊？

一连两天，木匠都想不出如何建造，愁得他茶饭不思。一天早饭后，木匠又坐在古柏下，看着那巨大的怪石发愁。忽然，他眼睛一亮，高兴地说道："师父说的一百一十一座庙可以建造啦！"

木匠把自己的想法告诉鲁班后，鲁班夸他聪明，肯动脑筋。请问，木匠是怎样想的呢？

✿ 第 269 天　没有受到批评

阳阳是班级里的捣蛋鬼，经常打破班级里的一些东西，受到老师的批评。但是有一天，阳阳打破了一样东西，不仅没有受到老师的批评，反而还受到了老师的表扬。你知道阳阳打破的这样东西是什么吗？

✿ 第 270 天　郊游

露西和丽丽驾着各自的汽车一起去郊外旅游。回来时发现每辆汽车只剩下可以走 3000 米路程的汽油，他们距离加油站还有 4000 米，又没有工具可以把一辆汽车的汽油加入另一辆汽车内。你能为他们想个办法到达加油站吗？

✿ 第 271 天　阮小二吹牛

在黄河的渡口，既没有桥，也没有船。阮小二对时迁说："别看水面这么宽，我上午一气儿横渡了 5 次呢！"时迁说："游完你就回家了？"阮小二说："那当然了！"时迁说："你吹牛！"阮小二是梁山有名的水中好汉，时迁不是不知道，可是他为什么不相信阮小二呢？

✿ 第 272 天　蒂多公主

在很久以前，欧洲某个王国被另一个王国灭亡了。国王和王后、王子都被侵略者杀死了，只有小公主蒂多带领一些武士突出包围，逃到了非洲的海岸。

蒂多公主带了一些金币登上海岸，拜访了酋长："我们都是失去祖国的逃难人，请允许我们在您神圣的领土上买一块土地生活吧。"

酋长见蒂多公主只有几枚金币，便轻蔑地说："才这么一点金币就想买我们的土地？那你只能买下用一张牛皮所圈出的土地。"

大家听了都很沮丧，可是蒂多公主却说："大家不必丧气，我有办法用牛皮圈出一块面积很大的土地。"

蒂多公主真的做到了。你知道她是怎么办到的吗？

✡ 第273天　完全相同的试卷

考生在绝对不能作弊的考场中进行测验，居然出现了两张完全一模一样的答卷。如果说这不是一种偶然现象，那么你认为在什么情况下会出现这种现象？

✡ 第274天　剪刀

一个哑巴在商店买钉子，他先把右手食指立在柜台上，左手握拳向下做敲击的动作。售货员给他拿来了一把锤子，哑巴连连摇头，于是售货员明白了他想买钉子。哑巴买完钉子后高兴地走了。这时又进来了一个瞎子，他想买一把剪刀，他会怎么做呢？

✡ 第275天　鸭子过河

有一只母鸭子带着一群小鸭子去河边，在河滩上，母鸭数了一遍，是12只。它又数了一遍，却变成10只，在这个过程中，没有别人或者动物把小鸭子带走，也没有小鸭子跳到水中去游泳，这是怎么一回事呢？

✡ 第276天　驼背、瘸子和单眼瞎

很久之前，在一座桥头上写着这样一句标语：驼背、瘸子、单眼瞎不准

过桥。一天，一个驼背、一个瘸子和一个单眼瞎正好来到这座桥前想要过桥。可看到桥头这样的标语有些为难。聪明的驼背想到了一个办法，3个人顺利过桥了，你知道驼背想到了什么办法吗？

✿ 第 277 天　礼物

母亲节快要来临了，孤儿燕子给她妈妈寄去了一份礼物，而且还写了一封信。由于信件比邮包快，在信到达后两三天左右，邮包才有可能到达。但燕子的妈妈却没有收到过任何礼物，你说这是为什么呢？

✿ 第 278 天　沉不下、烧不起

有这样一种东西，如果你将它放在水中，它永远都不会沉入水底；如果你将它放在火上烧，它永远都不会被燃烧。你知道这个东西是什么吗？

✿ 第 279 天　巧妙反驳

从前，有位母亲对想趁着乱世称雄的儿子这么说："如果你正直的话，就会被大众所背叛；但如果你不正直的话，就会被神遗弃。反正都没有好下场，你就别强出头了。"

这位坚强的儿子不但不放弃，还利用这番话中的盲点说服了他母亲。

你知道他是如何反驳的吗？

✿ 第 280 天　单只通过

一只蚂蚁在地下通道里爬行，对面又来了一只。由于通道非常狭窄，只能单只通过。幸好，通道一侧有个凹处，刚好能容得下一只蚂蚁，不巧的是，里面有一个小沙粒，把它移出来后又把通道堵住了，还是无法通行。两只蚂蚁应该怎么做才能都顺利通过呢？

✿ 第 281 天　聪明的哈桑

　　某村有一位男子，他疑心很重，谁的话都不信。有一个叫哈桑的聪明人知道后，找到这位男子，对他说："我可以骗过你。"那男子面上露出不屑的神色，傲慢地说："你要能骗过我，那你就骗骗看。"哈桑说："稍等一下，我去准备好后就来。"说完就回家去了。

　　哈桑用什么方法骗了这位男子？

✿ 第 282 天　吃桃子

　　有一个猴子，采回来一堆桃子。第一天吃了一半多一个；第二天吃了剩下的一半多一个；第三天又吃了剩下的一半多一个；接下来的每一天都吃了剩下的一半多一个，到第 10 天的时候剩下一个桃子（第 10 天没有吃桃子）。问这个猴子采回来多少个桃子？

✿ 第 283 天　有朋自远方来

　　一位司机驾着小轿车从海南到湖北去会见朋友，半路上忽然有一个轮胎爆了。当他把轮胎上的 4 个螺丝拆下来，从后备箱里把备用轮胎拿出来时，不小心把 4 个螺丝踢进了下水道。

　　司机该怎么做才能使轿车安全地开到距离最近的修车厂呢？

✿ 第 284 天　交警与小女孩

　　一个交警执勤时，看到一个小女孩转过拐角超过他后就走了，他朝小女孩笑了笑，也没有多注意她。几分钟后，小女孩又转过拐角从他身边经过了，接下来好几次都是这样，而且她一次比一次显得焦虑。最后，交警耐不住问："你在这儿走来走去干什么呢？"你猜小女孩是怎么回答的？

✿ 第 285 天　摸不到

在一个阴森恐怖的夜晚，雷雨交加，你忽然发现在你的面前站了一个长发披肩、身着白衣的女子。你惊恐万分，然后用手去摸她，可是无论你怎么摸都摸不到，你知道这是为什么吗？

✿ 第 286 天　老虎挨饿

动物园里有两只老虎，雄老虎每天吃 30 斤肉，雌老虎每天吃 20 斤肉，幼虎每天吃 10 斤肉。但每天饲养员只买回 20 斤肉，那就意味着会有两只老虎挨饿，对吗？

✿ 第 287 天　小北极熊的疑问

从前，在北极住着北极熊一家。一天，小北极熊追着妈妈的尾巴后面问自己到底是不是小浣熊，北极熊妈妈很有耐心地跟它解释说它是一只北极熊，并不是小浣熊。可这个小北极熊就是不相信。为什么？

✿ 第 288 天　不落的杯子

把一根两米左右长的绳子的一端，缚在一只杯子柄上，另一端系在天花板的吊钩上，使杯子悬挂起来，要求剪断绳子的中央，杯子却不会落下，应如何办？

✿ 第 289 天　奇怪的体育老师

体育老师今天很奇怪，在室外给同学们上课的时候，总是将左手插进裤子右侧的口袋，将右手插进裤子左侧的口袋。你知道这是为什么吗？

✿ 第 290 天　加糖还是叫奶精

咖啡是一种可以提神醒脑的饮品，受到大部分人的喜爱。但因为这种饮品的味道偏苦，所以很多人在喝的时候喜欢往咖啡里加糖和奶精。那么，在我们喝咖啡之前，是应该先加糖还是先加奶精呢？

参考答案

第 261 天 因为交警在打车。

第 262 天 鲨（傻）鱼。

第 263 天 每门功课都是零分，最起码说明露露在考试的时候没有作弊。

第 264 天 不知道。

第 265 天 因为妈妈回到家中的时候家里还没有回来人。

第 266 天 李明在船上又敲了一个洞出来，以为这样船中的水就会从另一个洞中流出去。

第 267 天 是先有鸡的，因为"鸡蛋"，"鸡"字写在了"蛋"的前面。所以先有鸡后有蛋。

第 268 天 一柏一石一座庙。

第 269 天 是校短跑的纪录。

第 270 天 先用一辆车牵引另一辆车走，汽油用完后由另一辆牵引继续前进。

第 271 天 因阮小二渡 5 次黄河之后，人应该在河的对岸，不可能立即回家。

第 272 天 蒂多和大家上岸后，向酋长买来一张野牛皮，用小刀把它割成细细的牛皮条，然后把这些牛皮条连接起来。接着在平直的海岸上，选好一点做圆心，以海岸线做直径，在陆地上用牛皮绳圈起了一个半圆来。第二天，那位酋长前来一看，大吃一惊：自己部落的一半领土被蒂多圈了起来！诚实讲信用的酋长，只得表示同意，让蒂多公主和她带来的人，在这块半圆形的土地上和平地生活下去。

第 273 天 两个人都交了白卷。

第 274 天 瞎子说："我要买剪子。"

第 275 天 母鸭子不识数。

第 276 天 驼背拿着一个草棍弯下身，边过桥边画，并说："我为你们画一条线，你们按照这样的路线过桥。"然后单眼瞎排在第二位过桥，捂上一只眼睛，望着线说："我来帮你看看你画的线直不直。"瘸子最后走，拖着坏掉的腿在驼背画好的线上走，边走边说："那我帮你把画完的线用鞋擦掉吧。"

第 277 天 因为燕子是孤儿，没有妈妈！

第 278 天 是冰块。

第 279 天 儿子说："如果我正直的话，就不会被神遗弃；如果我不正直，就不会被大众所背叛。所以不论如何，我都不会被背叛的。"

第 280 天 先把沙粒搬出来，一只蚂蚁（1 号）退后，另一只蚂蚁（2 号）推动沙粒前进至沙粒离开凹处，然后 2 号蚂蚁躲进凹处，1 号蚂蚁来推沙粒直至过凹处，2 号蚂蚁出来，通过隧道，1 号蚂蚁再往回拉沙粒至凹处，将沙粒推进凹处，1 号也通过隧道。

第 281 天 哈桑说过一会儿来，其实不来了，这就骗过了那个男子。

第 282 天 此题真的这么难吗？如果我们采用逆向思维来考虑这道试题，从第十天着手考虑，依次往前推导第九天、第八天……第一天，此题将会很容易地得到解答。根据题意有：

第十天有桃子的个数：1

第九天有桃子的个数：$(1+1)2=4$

第八天有桃子的个数：$(4+1)2=10$

第七天有桃子的个数：$(10+1)2=22$

第六天有桃子的个数：$(22+1)2=46$

第五天有桃子的个数：$(46+1)2=94$

第四天有桃子的个数：$(94+1)2=190$

第三天有桃子的个数：（190＋1）2＝382

第二天有桃子的个数：（382＋1）2＝766

第一天有桃子的个数：（766＋1）2＝1534

即，这个猴子采回来1534个桃子。

第283天 从其他3个轮胎上各拆下一个螺丝，将备用轮胎装上。

第284天 "我从家里跑出来了，但我不能独自过马路，因为我还太小。"

第285天 因为女孩和你之间隔了一层透明的玻璃，所以摸不到。

第286天 不对，因为动物园只有两只幼虎。

第287天 因为小北极熊一直觉着自己很冷。

第288天 用东西支撑起来。

第289天 因为体育老师今天将裤子穿反了。

第290天 在我们喝咖啡之前，首先，我们应该先去冲一杯咖啡。

第九章

应用谜题

✿ 第 291 天　一只大红虾

秋野是一个非常善良、慷慨的人，他和妻子贵子开了一个餐馆，大龙虾是餐馆的主打菜。

这天中午，妻子贵子外出送餐，回来以后发现丈夫秋野在厨房里被人杀死了，衣服兜里的钱也全部被凶手掏走。十分悲伤的贵子马上就打电话报了警。

几分钟后，警长青岛带人来到了餐馆。

贵子一边哭一边对青岛说道："警长大人啊，我丈夫秋野可是一个慷慨热心的人啊，每当有流浪汉来我们餐馆，秋野总是给他们吃好喝好。"

"那么，夫人今天您看到有流浪汉进出餐馆了没？"警长青岛问。

"从早上到现在只来过一个穿蓝色衣服的流浪汉，我出去送餐时他正和我丈夫在厨房里说话呢，一转眼的工夫，秋野就……肯定是那个流浪汉杀了我丈夫。"说完贵子又开始大哭。

"夫人，请您节哀，您能提供一下那个流浪汉具体长什么模样？"

"瘦高个，颧骨很高。"

青岛警长听了带人出去在大街上转了一圈，就发现一个穿蓝色衣服的流浪汉，带到餐馆来。

"是的，就是他。"贵子肯定地说。

"你刚刚是在这家餐馆吗？是你杀了老板秋野吗？"

"不是，警官大人，我刚才的确在餐馆，但是当时老板正忙呢。我看见秋野老板把一只大红虾放在锅里，然后让我 20 分钟以后过来吃。所以我就想着先出去转悠一会儿。"

"可是我家今天买的所有龙虾都是青灰色的。"贵子冷冷地说。

青岛听后笑了笑说道："就是你了，不用再辩解了。"

✡ 第 292 天　编故事大王

小新从小就是个机灵淘气的小鬼，并且是有名的编故事大王。这段时间来他寻思着要买一个坦克，可妈妈说他的玩具已经够多了，不给他买。小新不服，偷偷地想办法。

小新的爷爷有一条德国纯种大狼狗。有一天，小新趁爷爷外出的机会，就偷偷牵着狗来到了一家宠物商店准备把狗卖掉，买他的坦克。

为了能卖个更好的价格，小新对着宠物商店老板开始滔滔不绝地讲起来："我家这狗可不是一般的狗，它不仅聪明而且通人性呢。一年前，它救了一火车的人呢。"

老板似乎感兴趣起来，小新一边心里偷乐着一边讲得更加绘声绘色："我们家住在郊区，旁边就是火车轨道，爷爷没事时，就沿着铁路遛狗散步。

"一天傍晚，天边出现一道晚霞，爷爷又照例领着这条大狗散步。走着走着，爷爷隐隐约约地看到前面的火车轨道上好像有一个庞然大物。爷爷连忙走近一看，是一块大石头横在中间。爷爷心想，这可不妙了，假如火车过来岂不要'人仰车翻'了。当下，爷爷就开始搬石头，可是用尽全身力气，那块大石头纹丝不动。这时，远处远远地传来几声火车鸣笛，爷爷急得头上冒出了汗，回顾四周也不见个人影。眼看着火车要过来了，爷爷拼命地喊叫挥手，可是火车继续前进着。

"这时，旁边的大狗一溜烟跑了，爷爷也顾不上追它去。原来，这狗是跑回我家院子里，从晾衣绳上扯下一个红色的外套。一分钟后，这狗嘴里叼着红色衣服飞一样地跑到爷爷身边。爷爷见了，高兴得不得了，忙拉过红衣服，举在手里。红色的衣服就像一面红旗随风飘扬，传出了信号。列车司机收到信号后，立即紧急刹车，才避免了一场悲剧的发生。列车与那块大石头仅有几十厘米之差。"小新讲得眉飞色舞，手还比划着。

"可是，上周时，爷爷不幸去世了。他就把大狗留给了我，让我照顾它。但是妈妈对狗毛过敏，家里不能养。所以我就想到了宠物店……"

"好了，小朋友，你讲的故事很精彩，不过都是你编出来的吧，下回给别人讲千万不要露出破绽哦。"还没等小新说完，老板就风趣地对他说。

小新睁大眼睛，不知道老板说的是什么意思。

你知道吗？

✿ 第 293 天　白布上的 SOS

最近，詹尼斯·洛夫侦探一直在调查市政府官员克林被害的案子。这天黄昏，詹尼斯·洛夫侦探驾车来到海边的港口，踏上一条帆船，找到了嫌疑人凯文。

凯文听詹尼斯·洛夫侦探说他的朋友克林被人杀害后，惊得嘴里的雪茄差点掉下来。洛夫侦探向凯文询问，出事的时候，也就是周五下午 1 点至 3 点，他在什么地方，在干什么？

凯文歪着头想了想，说："哦，那天天气晴朗。吃完午饭，差不多12：30了，我就驾船出海，准备去一个小岛去办点事。不料船刚刚开了一个小时，发动机突然就坏了。烈日当空，海上一丝风也没有，风平浪静。我搜遍了船上，也没发现能用来当船桨的东西。我的船被困在汪洋大海上已经两个小时，无法靠岸。情急之下，我就把桅杆上的旗子降下来，并在船上找到了一块大白布，上面写上红色的'SOS'，然后穿到桅杆上拉上去。"

"哦？"詹尼斯洛夫侦探很有兴趣地问，"有人看见它了吗？"

凯文笑着回答："幸亏上帝保佑我。白布升起来大约半个小时以后，我就看见有个年轻人驾着一艘汽艇飞快地驶过来，靠近我的船。是个非常热情的小伙子，他对我说，他本来是跟朋友一起比赛看谁开得快，很快，他就远远地把他们甩在了后面。然后突然看到了海面上的一个求救信号的……"

"那你那天回来几点了?"

"是小伙子用汽艇把我的船拖回了港口的,这时已经接近是下午 5 点钟了。"凯文说完,轻轻地呼了口气。

谁知詹尼斯·洛夫侦探却对他说:"凯文,假如现在方便的话,请马上随我到警局走一趟。"

凯文的脸刷地白了:"这是为什么呀?"

你知道这是为什么吗?

✡ 第 294 天　物品认凶

一家咖啡馆里放着轻盈的音乐,许多客人在悠闲地喝着咖啡。窗子旁有一个托着腮帮发呆的年轻女孩,拐角处有一对情侣正在低声耳语,中间的一张桌子上,3 个中年男子却正在谈笑风生。

正在这时,咖啡馆内灯光突然灭了,到处一片黑暗,音乐也戛然而止,馆内人们一片嘈杂。咖啡馆老板急忙跑出来对大家说:"不要慌张,只是停电了。"然后马上吩咐拿出蜡烛点燃。

咖啡馆里又重新恢复了安静,人们继续喝咖啡交谈。忽然,中间那张桌子上的一位男子惨叫一声,倒在椅子上。旁边的两位男子连忙起身查看,他已经气绝身亡了。

咖啡馆里出现如此重大的案件,这可了不得!咖啡馆老板急忙叫人报了警。警方叮嘱老板关闭咖啡馆,不得让在场的所有人走动,更不准离开。

咖啡馆老板照做了,几分钟后,警方就赶到了,很快封锁了现场。大侦探蒙西也随后赶到了。经过检查,男子是喝了一种剧毒而亡的,也就是他喝的咖啡里有一种烈性的液体毒药。

蒙西问咖啡馆老板:"今晚停电你们事先知道吗?"

"知道,前两天就在咖啡馆门前贴了通知,我早有准备,所以准备了许多蜡烛。"

"如此看来，凶手是早有预谋的。"蒙西对警长说。

"是的，他早知道今晚要停电，而且还准备了毒药，趁停电时，放进男子的杯子，男子并不知情，喝了杯中的咖啡，从而致死。"

蒙西在咖啡馆里转悠了一圈，发现由于中间这张桌子比较大点，所以占的地方也较多，为了出入方便，与其他桌子的距离也较远，在地上检查了也没有什么可疑的东西，蒙西便断定凶手是同桌的人。

于是，蒙西要求同桌的一个矮胖男人和一个满脸胡须的男人掏出他们所有的物品来检查。

矮胖男人拿过公文包，掏出里面的手表、香烟、打火机、手帕，还有一些现金。

满脸胡须的男人掏出的物品有：口香糖、日记本、手帕、金笔和现金。

围观的人奇怪侦探的举动，掏出的这些物品又能看出什么来呢？

只见蒙西指着满脸胡须的男人说："是你害死了他！"

满脸胡须的男人听了，惊恐的眼睛瞪得大大的，随后耷拉下脑袋。

蒙西为什么说是满脸胡须的男人杀害了男子呢？

✿ 第 295 天　窒息的男子

"你为什么把他杀死？杀人偿命的，我们不是说好了，只是勒索点钱财吗？"

"我没有，是他自己窒息而死的。"

在一个荒芜的工厂里，绑匪 A 和绑匪 B 争论起来，因为他们的人质许先生死在了他俩面前。

只见许先生被五花大绑，嘴里塞着一块脏兮兮的手绢，脖子上也被一根牛皮绳子绕了三圈。

绑匪 A 怎么也没想到许先生会突然死掉，他本想着敲一笔钱财就会放了他，谁知现在闹出人命。

他细细回想了一下，绳子是 B 从包里拿出来的，但是他亲手绑的，当时没有绑太紧的，还不至于会勒死许先生的呀！

他回头看了看绑匪 B，B 的脸上正浮出一丝诡秘的笑。

他再看看许先生脖子上干干的牛皮绳子，突然明白了，是绑匪 B 杀了许先生的。

请问绑匪 A 是怎么断定的？

✿ 第 296 天　牛奶和咖啡

有一杯咖啡、一杯牛奶。用一把勺子先从牛奶杯中舀一勺牛奶，倒入咖啡中，搅拌均匀；然后再舀一勺混合牛奶的咖啡倒入牛奶中，再搅拌均匀。现在问：是牛奶杯中的咖啡多，还是咖啡杯中的牛奶多？

✿ 第 297 天　小塑料袋里的白色东西

为了躲避金山追债，鲁大海搬到了一个自以为很秘密的住所。这天夜里 11 点钟，鲁大海正悠闲地喝着小酒，哼着小曲。突然门铃刺耳地响起来。开门一看，债主金山怒气冲冲地冲进来，他口里一边嚼着口香糖，一边骂骂咧咧地要债。鲁大海忙低声下气地求着宽限几天，随后又满脸堆笑地倒满酒请金山喝酒。金山用力朝门外吐了一口，接过杯子，仰头喝起来。鲁大海见机拎起旁边的空酒瓶朝他头上砸去，金山闷哼了一声，倒地而亡。

鲁大海为了毁尸灭迹，用汽车载着金山的尸体开到很远的鱼塘抛进去。回到家又把屋子里的血迹擦掉，收拾得干干净净，精明的他不忘把门铃上金山留下的指纹也抹掉，这才比较放心得呼呼大睡。

第二天，有人来按门铃，来者是两个警察。鲁大海心里想着来得倒挺快，面上却装作镇定问："有什么事？"

"昨晚有个叫金山的到你这里来过吗？他昨晚被人害死抛进鱼塘了。我们在他兜里的烟盒上发现你家的地址。"

"没有，绝对没有，我已经跟金山先生好久没见面了。"鲁大海平静地回答。

询问了一会儿，警察问不出所以然，就离开了。

第三天，又有人按门铃，鲁大海看到昨天来过的两个警察又站在门外，打算若无其事地打发走。不料，刚开了们，警察迅速亮出一副手铐铐上他，把他带上警车拉回警局。一路上鲁大海喊叫着冤枉，直到坐在审问室里，还极力申辩。

这时，其中一名警察轻蔑地笑了一声，从兜里拿出一个小塑料袋，里面有一团白色的黏糊糊的东西，扔到鲁大海面前的桌子上，缓缓说道："这是我们昨天在你家门外捡到的，你知道是什么东西吗？"

鲁大海瞪大了眼睛看了一会儿，没了气焰，瘫坐在椅子上，吞吞吐吐交代了罪行。

想知道小塑料袋里是什么东西吗？细心的你猜到了吗？

✿ 第 298 天　凶手的血型

一天晚上，传媒大亨鲍伯的大儿子布莱尔彻夜未归。第二天清晨，布莱尔的尸体在高尔夫俱乐部的更衣室里被人找到，警察们立刻来到了现场。

经过警方的鉴定发现，布莱尔衣服上留下的血迹中，有两种血型，一种是 A 型血、一种是 AB 型血。而布莱尔自己的血型是 A 型血，那么另一种血型应该就是凶手留下的了。可是 AB 型血的人那么多，究竟是谁呢？

经过警方的调查，很快便得知布莱尔的弟弟布来兹正为争夺继任父亲公司总裁的位置和他闹得不可开交，而布来兹在案发的当天晚上也神秘失踪了，找不到人就无法确定他的血型。

警方曾拜访过鲍勃夫妇希望能在他们那里得知布来兹的血型，但是他父母都说不太清楚。还有一位嫌疑人就是布来兹的妻子，经过了解她的血型是 B 型血，所以排除了她作案的可能。但值得注意的是布来兹的妻子的哥哥巴尔也在这两天消失了。

眼看着案子陷入了困境，警长思前想后，请来了有名的侦探里克过来帮忙。里克了解了案情后，询问有没有问过他们的父母，警长答是。

"我指的不是这个意思。"里克侦探一副神秘的样子，"我是说问问他们父母的血型就会知道布来兹的血型了。"

警长一脸不可置信的表情望着侦探，不知道他说的是什么意思，在心里嘀咕，"鲍伯夫妇总不至于杀死自己的孩子吧。"

随后警长和里克侦探一道又来到鲍伯夫妇家，取回了血型样本。回到警局经过法医鉴定：鲍伯的血型是 O 型血，鲍伯夫人的是 AB 型血。

"现在好了，很明显就知道凶手是谁了。"里克侦探说。

警长还是满脸的狐疑，里克侦探解释了一番后，他才恍然大悟。

你知道凶手是谁吗？

✡ 第 299 天　一张奇怪的纸片

我认识警探阿尔瓦，是由那张奇怪的纸片开始的。那时候的阿尔瓦还不是警探，他当时住在市政厅的单身公寓里，我是在很怪异的情形之下得到那张纸片的。

那是冬天的一个晚上，我去阿尔瓦居住的那栋楼探望我的一位朋友。我双手插在衣兜儿里，在狭窄昏暗的走廊里找寻着朋友家的门牌号码。

突然在走廊尽头的一束昏黄微弱的灯光下，出现了几个人。他们不动声色却迅速地朝我这边走来，等到他们离我不远时，我看见他们总共有 5 个人：前面两个人，中间一个人，后面还跟着两个人。

这本来没什么，我只要让路就行了。于是我礼貌地靠到一边让他们通过，但一件出乎意料的事情随之发生了。

走在中间的那个年轻人，也就是我现在所熟悉的阿尔瓦，他突然向我撞来，并伸出一双有力的手抓住了我的衣领破口大骂："你这个走路不长眼的家伙，活得不耐烦了，敢撞老子？"

我一瞬间愣住了，我哪里撞到他了，这不是明摆着挑衅吗？我可不是吃素的，反应过来后，我当即抬手用力扭开他的双手，然后伸出脚狠狠地朝他肚子踢去。当年轻人被我一脚踢翻在地上时，那 4 个人的目光齐刷刷地朝我射过来。我也回过去一个狠狠的眼神，暗暗做好大打出手的准备，但是他们一动不动，只是在几步之处冷冷地望着我。

"阿尔瓦，你最好给我少生事，没有用的。"其中一个留着胡子的男人终于开口冷冷地说道，并瞪了一眼正捂着肚子的阿尔瓦。接着，那男人转向我，面无表情地说道："朋友，你最好小心点，不过刚才的事我不追究了，大家就当没事吧。"

我冷哼一声，也同样冷冷地回道："阁下何出此言，难道阁下没长眼睛，分明是你们的人无事生非的，要追究也轮不到你。"说这段话的同时我看到那个男人眼中杀气一闪。这时，他旁边的另外一个中年男人沉声道："大局要紧。"然后也冷冷地望着我，我也毫不畏惧地对视着。1分钟后，他才冷笑一声，说道："很好，我会记住你的。"

"想报仇随时欢迎。"我冷笑着回道。当时的我心里一点也没有害怕，甚至没有想过一个人敌对5个人会有什么样的后果。可以说，那时的我年轻气盛，最喜欢打架，如此良机怎么可以放过！

但他们抓住阿尔瓦，很快就消失了。我也重新找寻着我朋友家的门牌号码，当我把手伸进衣兜儿，却掏出一张奇怪的纸片来。我可以发誓，之前衣兜儿里绝对没有那张纸片。我又翻过来看了一下，从上面的图案看出来那是从香烟盒上撕下来的一寸半见方的纸片，其中一对边缘撕裂着四条裂口，中间有一个用手撕开的直径大约1厘米的圆洞。我不解地望着它，完全莫名其妙，不明白为何多了这样一张垃圾。

就在我随手要丢弃那纸片的一刹那，我突然明白了，我惊讶地望着它。但我没再多耽误一秒钟，立刻就打电话报警，并尾随那5个人追了出去。

那奇怪的纸片究竟是怎么进入我的衣兜儿的？它究竟是什么意思？

✡ 第300天 3个漏洞

清朝乾隆五年（1740年），苏州有户人家，老主人死掉了，儿子刚办完丧事，就有个黑脸汉子拿着借据趁机敲诈。

儿子拿过字据一看，借据上写着："康熙五十九年，苏州邱大明借刘洪白银五十两，年利二分。"

儿子惊呆了：从康熙到乾隆，中间还有雍正统治几年，有一大笔利息呢。

可是，这字据上面有3个明显的漏洞，你发现了吗？

✿ 第 301 天　19 时 30 分

这天，是个炎热的周末。到了傍晚莎莉却高高兴兴地出门了，但直到第二天母亲也没见她回来，就赶紧报了警。

很快警察在河边的一个公园发现了莎莉的尸体。莎莉的母亲难以置信，哭得死去活来。

自从老伴去世后，只剩下可爱的女儿陪伴她，如今女儿也惨遭不幸，母亲遭受的打击可想而知。

警察等母亲的情绪稍微平复后，就去询问相关情况。莎莉的母亲在回忆片刻后，娓娓道来：前天下午 4：30 左右，有一个男子打来电话，说是我女儿的男朋友，约她出去玩，又说白天太热，定在 19 时 30 分，河边的那个公园见面。女儿当时不在家是我接的电话，回来后，我告诉她，她打扮了一番在 7：00 左右就出去了。

"那个男子有没有说他叫什么名字？"警察又问道。

"没有，我当时也忘了问。警官先生，您可以问问我女儿的两位好友，她们也许知道谁是莎莉的男朋友。"母亲突然期盼地说。

警察从莎莉的两位女友口中得知：当时莎莉有两位追求者，一个名叫科尔，是个画家，一个名叫汤米，是电报局职员。

请问他们两位谁是凶手的可能性比较大？

✿ 第 302 天　杰克的证据

有一天，杰克正在家里看书，突然响起一阵急促的门铃声，他赶紧去开门。进来的是隔壁的罗娅太太，杰克心里不禁咯噔一下：她可是个远近闻名的刁妇呀。

罗娅太太一看见杰克就气势汹汹地嚷道："你必须得管管你家的那只小畜生，太可恶了，它把我给咬了!"

杰克莫名其妙地问："您是指?"

"你家的宝贝狗。"

杰克回头看了看地上卧着的小狗，觉得很是奇怪，他家的小狗从来不咬人的。况且今天一天都蹲在自己脚边。

于是杰克问罗娅太太道："什么时候咬的? 咬在哪里? 我怎么没看到伤口?"

罗娅太太说："就在刚才经过你家门口时。"说着把她干净整洁的裤子拉得高高的，露出一条肥胖的大腿。杰克这才看到，罗娅太太的膝盖有一处被咬伤的痕迹。

杰克看过罗娅太太的伤口后，随即也笑了。他十分肯定地对罗娅太太说："荒谬! 你在撒谎! 伤口不是我的狗咬的!"接着杰克说出了证据，罗娅太太哑口无言。

杰克的证据是什么?

✡ 第 303 天　半个毒苹果

某天中午，警局接到丹尼尔太太的报案，说她的丈夫丹尼尔先生突然无故死去。

警长马上带了法医到丹尼尔先生家去。据丹尼尔太太说，他们晚饭后和往常一样吃甜点和水果，丹尼尔太太亲自把一个苹果切成两半，递给丈夫一半，自己吃了另一半。岂料丹尼尔先生才吃了几口就突然倒地而亡了。

法医通过解剖尸体，从死者胃中的苹果残渣中，发现里面有一种剧毒，说明丹尼尔先生是吃了毒苹果中毒而亡的。苹果是丹尼尔太太亲手切给他的，难道是她残害自己的丈夫?

可是现场还有他们的女仆，丹尼尔太太不可能当着众人的面下毒，况且仆人亲眼看见丹尼尔太太和丹尼尔先生同吃一个苹果的，为什么丹尼尔太太没有中毒呢？

通过进一步调查：丹尼尔太太私下有一个年轻的情人。只要丹尼尔先生一死，她便可以继承所有遗产，和情人远走高飞。丹尼尔太太虽然杀人的动机很明显，但没有证据啊。

那么，你知道丹尼尔太太是如何杀死自己的丈夫的吗？

✡ 第 304 天　拧松的灯

班奈特夫妇俩素来不和，最近两人的争吵有愈演愈烈的趋势。5 月里的一天，班奈特太太跟丈夫又因为一件琐事大吵了一架，然后离开了他们共同生活了十年的家，独自来到郊外她常住的公寓，准备开始一个人的生活。

第二天早晨，公寓管理员去收拾班奈特太太的房间，怎么敲房门都没人回应，管理员撬开门进去，结果看到班奈特太太倒在地板上，她胸部中弹，已死去多时，管理员立刻报了警。奥布里探长来到现场，经勘察发现，子弹是从窗外击碎了玻璃，又穿过厚厚的窗帘射中班奈特太太胸部的。根据弹道分析，奥布里断定凶手应该是在对面三层公寓楼顶开的枪。在班奈特太太身旁，还倒着把折叠椅，死亡时间是前一晚 10 点 30 分左右。

奥布里探长沉思着：窗户上挂着厚厚的窗帘，根本看不到屋子里的东西，凶手为什么能一枪射中目标呢？奥布里一边望着案发现场，一边走过去扶起地上的折叠椅，站上去，一伸手触到灯管，灯就亮了，放开手，灯又灭了。奥布里探长明白了凶手是怎样射中目标的，心里有了数，他又从灯管上取下了凶手的指纹。经审讯，果然是班奈特先生用装有消声器的步枪杀害了班奈特太太。

你知道凶手是如何准确击中目标的吗？

✡ 第 305 天　脱口而出

奥斯顿警官开车来到一座公寓前，他要找一个名叫伊丽莎白的女人。

开门的正是伊丽莎白，她将奥斯顿让进屋，说："先生有何贵干？"

"太太，您认识一个叫威尔的人吗？"

"威尔？我从未听说过。"

"我刚从拘留所来，他说认识您。"

伊丽莎白很镇定地抽了口烟，说道："我真恨不能将你从窗子里扔出去！"

奥斯顿说："威尔从银行抢走了19万马克。但我们很快就将他抓获了。我们和他长谈后，他已说出将钱给谁了。"

"我不认识威尔，对银行抢劫案也不感兴趣！"

"那为什么威尔会说，他将钱给了你呢？你又将钱藏在什么地方了？"

伊丽莎白气得大叫道："我要说多少遍，我根本就不认识什么路德维希·威尔！"

奥斯顿笑着说道："太太，很遗憾，你刚才犯了个小错误。请跟我们走吧。"

你知道伊丽莎白犯了什么错误吗？

✿ 第306天 装聋作哑

一列火车在一望无际的原野上疾驶。车厢里，探长史蒂芬拿着一本小说在打发着寂寞的旅途。忽然，一个金发碧眼的女人从他座席边上走过，撞了他一下。见他的小说掉在了地上，那女人忙伏下身，将小说拾起，递给史蒂芬说："对不起，先生。"按理说，史蒂芬本应回答一句，然而他却怔住了，因为眼前的这张面孔是如此的面熟，史蒂芬肯定他们是见过面的，却一下子想不起来了。就在他犹豫的一瞬间，那女人微笑着冲他打了个飞吻，然后一扭一扭地朝前面的车厢走去。

在哪里见过她呢？史蒂芬苦苦思索着，以往接触过的女人一个一个在他头脑里闪过。忽然，他想起了什么："难道是她？"

史蒂芬装作若无其事的样子离开座席，也朝前面的车厢走去。他要去找那个女人。可是，史蒂芬失望了，前面的五节车厢都查看过了，没有发现那个女人。

史蒂芬只好垂头丧气地走回到自己乘坐的那节车厢的头上，打算去上个厕所，他刚推开厕所门进去，门就被关上了。史蒂芬定神一看，暗吃一惊，那金发女人正站在自己的面前！

"喜欢我？"金发女人笑笑说。

史蒂芬耸耸肩，摇摇头。

"不喜欢？可是不管你是否喜欢我。总得拿钱来，不然我就出去喊人，说你要非礼我！"金发女人手握门扶手，碧眼紧盯着史蒂芬那毫无表情的面孔。

史蒂芬在紧张地思考着，怎样才能抓住这个女诈骗犯呢？说身上没有钱，她肯定会瞄上他手腕上的金表，那可是他未婚妻送给他的订婚礼物，掏枪抓捕她，没有证据，反会让她反咬一口的……

"你是哑巴还是聋子呀？没听见我说的话吗？快点把钱掏出来的。"金发女人眼里露出凶狠而贪婪的目光。

忽然，史蒂芬想出了个妙计。很快，那个女诈骗犯乖乖地跟着史蒂芬走出了厕所。带回警察局审问之后，女诈骗犯供认了自己连续多次诈骗作案的犯罪事实。

史蒂芬用的是什么妙计擒获那个女诈骗犯的呢？

✡ 第 307 天　过期的牛奶

星期六的上午，艾琳娜和艾丽莎两姐妹去看望住在郊区别墅的姑母。姑母喜欢安静，不想被人随便打搅，平常的门都是严实紧闭，今天的门却是虚掩着的。艾琳娜和艾丽莎觉得很奇怪，她们推开门进去，却看到姑母躺在餐桌前，胸口上插着一把尖刀。鲜血染红了衣服，但已经很干了，尸体也僵硬了，看上去，她已经遇害有半个月了。

两姐妹检查了别墅上下，很多贵重东西都被洗劫一空，可以断定凶手是谋财害命了。

艾琳娜和艾丽莎两姐妹很快报了警。

然后，她们伤感地坐在别墅前面的台阶上，等待警察到来。旁边的信箱里堆满了报纸，艾琳娜看了看日期，直到今天早上，送报人仍然准时来过，而他却不知道已经没人去读这些报纸。另外一个铁箱里还放着一瓶早已过期的牛奶，聪明的艾琳娜看到以后，马上就知道凶手是谁了。

你知道吗？

✡ 第 308 天　收购萝卜

新任知县徐松阳，刚接过官印就下乡察访民情。

这天晚上，徐松阳来到城外田野里，突然从一条田埂下跳出一个大汉，将徐知县擒住。

徐知县厉声喝道："大胆毛贼，居然偷抢到本县身上。"

大汉将徐知县紧紧抓住，冷笑道："贼喊捉贼，还想冒充知县，看你再偷我家的东西，被我当场捉住了，你还有何话可说！"

远远跟着徐知县的县衙公差闻讯赶来，喝住大汉。那大汉反应过来自己真的是错把知县当贼抓了，吓得慌忙磕头谢罪。

徐知县想这其中必有原委，就让他讲出来。原来大汉名叫王三，他在附近田里种了两亩萝卜，萝卜好不容易成熟了，王三正想收下上街出卖时，却发觉萝卜已被人偷走了大半。王三气怒交加，就守在暗处，想当场捉拿贼人，未料想竟捉住了本县县官。

王三伤心地说："本来我的萝卜被偷没了收成，如今又冒犯了大人，看来只能进监服役，才能勉强温饱。"

徐知县笑着说："你放心吧，本知县不会把你抓到牢狱里的，而且也不会对你被偷萝卜之事置之不理的，本县一定会抓住贼人，还你一个公道的。"

说罢徐知县回到县衙，当晚就派人去告诉县城最大的酱园老板李浩，托他高价收购数万斤萝卜。

　　李浩听是知县吩咐不敢怠慢，赶忙四处张贴收萝卜的告示。城里四面八方的人听说后，凡是家里有萝卜的都肩挑车载地涌向酱园。

　　这天，来酱园卖萝卜的人仍然源源不断，其中有两个一高一矮的男人拉着一大车来卖，过秤付款时，收购萝卜的两个伙计与这两个送萝卜的人说了几句话，知县就带着衙役冲过来。

　　经过审问，很快就证实了这两个男人就是偷萝卜的贼。

　　徐知县是如何破案的呢？

✡ 第 309 天　柠檬汁妙用

　　小明是一个聪明的孩子，今年上小学四年级，他不仅学习好，还被公认为班里的"小科学家"。原来这是从小受了小明爸爸——这位"大科学家"的影响。提起自己的爸爸，小明就心生骄傲。爸爸教给他好多自然科学知识，就连初中才学的化学知识，爸爸都给他提前灌输了一些。小明也非常感兴趣，所以打心眼儿里喜欢。

　　星期五下午放学后，小明像往常一样走在放学的路上，但是心里却美滋滋的，周末到了，又可以去爸爸的实验室去参观了，顺便偷学点东西。

　　这时，他感觉背后好像一直有人在跟踪他，心里不由得开始发毛。他突然想到最近学校附近发生的几起绑架案，顿时感觉心都提到嗓子眼儿了。

　　由于北方的冬天天黑得早，所以歹徒专挑下午放学后一个人回家的小学生下手，然后打电话向家长勒索足够的赎金才放回。这些歹徒异常狡猾，都是隔个十天半月才做一次案，作案后也没留下蛛丝马迹，所以警察到目前为止也没有破案。

　　小明赶快加快了脚步，但是他回家必须经过一条漆黑的小街，这条小街做服装批发生意，平常人们早上上班很早，但下午三四点就下班了。所以赶到小明放学时候，街上根本就没有什么人了，也没有路灯。平日里，胆子比较大点的小明走到这里也是心里直打鼓，今天心里更是直呼：惨了！

　　说时迟，那时快，小明刚准备狂奔，旁边出来一个人影一拳将他打晕，迷迷糊糊地小明感觉几个人影把他塞进一辆车……

等小明清醒过来后，他挣扎着爬了起来，看到自己被关在一个黑黑的小屋里，明白自己也是被绑架了。他刚准备大喊救命，几个黑影破门而入，他们见小明醒了，就逼小明说出家里的电话号码。然后一个人留下来看着小明，其余的扬长而去。

不一会儿，那几个绑匪就骂骂咧咧地回来了，瞪着小明说："你老爸真是个奇怪的人，打电话要赎金不行，非要你亲手写一封信回去才给。"说着，扔过来一叠纸和一支笔。"给，还有一杯柠檬汁，说是你有什么病，受了惊吓就要喝柠檬汁，不然会犯病。还说儿子死了，我们一分钱都拿不到，我们只要钱，不要命！你在信上给你老爸说，你没犯病，活得好好的。哈哈哈……"说完，几个绑匪肆无忌惮地大笑起来。

小明心里也正在纳闷，老爸真是奇怪，非要我喝什么柠檬汁，我没什么病啊。这是怎么回事呢？他想了想，突然明白了老爸的用意！于是拿过纸写起信来。

信写好后，几个绑匪仔细查看了一番，没有发现什么问题，就派了一个人交给小明的家里人。可绑匪万万没想到的是，交完信不到一个小时，警车就呼啸而至，很快包围了这里。

刚开始几个绑匪还恶狠狠地准备反抗，拿小明当人质，当警察击毙一个绑匪后，他们终于觉得走投无路，只好投降。但是几个绑匪怎么也想不明白，到底是谁报的案呢？

你知道吗？

✿ 第 310 天　泡澡

A 国密谍报员奥格斯格来到夏威夷度假，这是在完成了一项艰难任务后的国家恩赐。

这天，奥格斯格在下榻的宾馆里洗澡，他一边泡澡一边憧憬着将来结婚后也要带着妻子来夏威夷度蜜月。在足足泡了 30 分钟后，奥格斯格才拔出浴缸里的塞子，看着水流打着漩涡由左向右地流入下水道。

稍稍收拾了一下后，奥格斯格从浴室走出来。他边用浴巾擦身，边喝着服务员送来的威士忌。刚喝了一口，奥格斯格突然感到一阵头晕，随之就倒在地上失去了知觉。不知睡了多长时间，奥格斯格猛然清醒过来，发觉自己被换上了睡衣躺在一张洁白的大床上，"可是我明明记得我睡的床铺是大红色的。"奥格斯格开始警惕起来。

他环顾四周，才发现房间的样子和摆设也完全变样了。奥格斯格从床上跳下来直奔房门，但是门从外面锁住了，怎么也打不开。"我这是在哪里啊？"奥格斯格自言自语着，来到写字台前的椅子上坐下。这时，他发现写字台上放着一个信封，奥格斯格打开信封，有一张纸，上面写着："奥格斯格先生，很抱歉，把你禁锢在这里。我们没想伤害您，只是想用您交换我们的一个工作人员，前段时间他在贵国被捕，现在我方与贵国正在交涉中，不久之后就会答复，希望您耐心等待。对了，门已被我们锁住，您是出不去的，吃的、用的房间里一应俱全。"奥格斯格立刻思索起来。

最近，本国情报总部的确秘密逮捕了两个国家的间谍。一个国家是新西兰，另一个是加拿大。那么，自己现在是在新西兰，还是加拿大呢？整间房子里没有一扇窗户，就像宇宙飞船的密封室一样，湿度和温度都是靠空调控制的，奥格斯格甚至无法分清现在是白天还是黑夜。

这样想是想不出来的，沮丧的奥格斯格感到浑身疲乏，肚子也饿得咕咕叫。"反正他们现在也不会对我怎样。"奥格斯格心想。他从冰箱里拿出了一些吃的，吃饱喝足后，稍稍休息了一会儿，奥格斯格走进了浴室。在水里泡得浑身舒服起来，都快要松软了，他才起来。

奥格斯格拔掉塞子让浴盆里的水排出去。这时，他看见在小小的排水口处流水打着转形成漩涡，漩涡里漂浮着的3根头发像钟表的3个指针一样，由右到左地旋转着被吸进下水道水管里。奥格斯格恍然大悟，他终于知道自己在哪里了。

✡ 第 311 天 38 度

天气很炎热，珍妮刚准备从冰箱里拿出饮料来喝，电话铃响了。电话是警局里打来的，警长告诉她，她的好朋友伊莉莎昨晚死在了自己的公寓里，是被人用枪打死的。

警长说，昨晚，有 3 个人来过伊莉莎家。珍妮便是其中之一，其他两个分别是生意伙伴克里克及前夫西里尔。为了协助调查，让珍妮也来警局一趟。

珍妮非常难过，伊莉莎是她最要好的朋友，那天晚上 8 点左右，从夏威夷旅行回来的珍妮给伊莉莎带了份礼物，正当两人聊得甚欢，珍妮突然接了个电话声称有急事，便匆匆离开了。期间，伊莉莎给她倒了一杯冰镇可乐。

克里克情绪很激动，他极力申辩自己是无辜的。当天晚上，他 8 点半左右来到伊莉莎的家，准备向她要回生意上欠下的货款，但是伊莉莎却只为他倒了一杯冰镇水，告诉他目前没有钱还。克里克无奈之下，只得骂骂咧咧地走了。

前夫西里尔听到伊莉莎去世的消息后非常难过，他说虽然他们为了一点小矛盾最终离婚，但是他还深爱着伊莉莎。那天晚上他想去看看伊莉莎最近可好，伊莉莎情绪沮丧，为他倒了一杯白水，他看伊莉莎情绪不佳，问候了几句便离开了。

仔细听了三人的叙述，警长陷入了沉思：经过现场勘查，凶手没有留下任何痕迹。就连伊莉莎给他们三人倒水的杯子上也只有她自己一人的指纹。

这时，警长看见刚从外面走进来的一名警员热得满头大汗，正拿出手绢擦汗，便问他："外面很热吗？"

"是啊，有 38 度吧。"

警长突然想到了什么，又问："昨晚呢？"

"差不多也有 38 度。"

"我知道谁是凶手了，就是伊莉莎的前夫。"

你知道警长为什么指定杀人凶手是伊莉莎的前夫吗？

✿ 第 312 天　盛开的野菊花

在一个小镇上，哥哥和妹妹相依为命。妹妹长得粉嫩可爱，像花儿一样美丽，但却极度讨厌花，因为她对任何花粉都过敏。

一天，出差的哥哥被警察通知妹妹在家里自杀了，急忙赶回家。

据警察描述：妹妹的尸体是在后坡上草地里发现的，死时手里握着一首诗，内容是一首优美的死亡诗。哥哥拿过来一看，这首诗确实是妹妹生前很喜欢的一首诗。

警察又说："旁边放着一个小空瓶子，上面标着安眠药。根据我们的鉴定，安眠药瓶子上只有你妹妹的指纹，你妹妹应该是服了安眠药后死亡的。"

哥哥根本不相信可爱的妹妹会突然自杀，便跑到现场去查看，只见草地周围盛开着一大片野菊花，便掉头跑向警察局。

哥哥气喘吁吁地跑到警察局后，开口便说："我妹妹肯定不是自杀的，是被人谋杀的。"

警察疑惑地问道："你的理由呢？"

哥哥说出了理由，并提供了一些线索，一个礼拜后，警察很快便抓住了凶手。

你知道哥哥的理由是什么呢？

✿ 第 313 天　哥俩的年龄

兄弟俩的年龄现在加起来是 55 岁。曾经有一年，哥哥的岁数是弟弟今年的岁数，那时哥哥的年龄恰好是弟弟年龄的 2 倍。

请问：哥哥和弟弟今年年龄各是多少岁？

✿ 第 314 天　不诚实的见证人

某天深夜，歹徒们把靠近俱乐部那条大街上的路灯全部弄灭，随后撬门钻入小蚂蚁俱乐部，把俱乐部里珍贵的金银奖杯、奖品以及球拍等值钱的东西席卷一空。负责侦破此案的威尔洛夫侦探正苦于没有任何线索，这时有个抱着毛茸茸的小猎狗的中年男子来找威尔洛夫侦探，说他目睹了一切。

威尔洛夫侦探欣喜地把他迎进门，请他把看到的一切讲一遍。

"情况是这样的。午夜刚过，我的'林肯'，"他指指膝上的小狗说，"它呜呜直叫，我被吵得不能安睡，就不得不起床带它出来溜达。走到熟悉的金顿大街时，眼前一片黑暗。路几乎看不清了。我心里奇怪，今晚这条大街的路灯忘开了吗？刚准备返身回去时，听到前面一声刹车声，借着车灯光，我看到那是一辆大卡车停在小蚂蚁俱乐部门前。"

"当时你离卡车多远？"威尔洛夫侦探打断了他的叙述。

中年男子思索了一下说："差不多有 100 米左右，说不定超过 100 米了。我看见有好几个男子冲进俱乐部，我躲在拐角处看看究竟发生什么了。不一会儿，那几个男子抬出许多东西装到卡车上，直到卡车装满了，才发动车子，迅速地离开了。"

说着，中年男子从衣兜里掏出一张白纸，上面记着一个类似数据的东西。"这是卡车的车牌号码，当时虽然黑暗，但我还是看见了。就记在脑子里，回到家里写下来。这是最有力的线索，不是吗？"

威尔洛夫侦探点点头，用一种令人捉摸不透的古怪神色，看看"林肯"，又看看中年男子，随后转身对助手说："科尔，今晚这儿有空房间吗？"

"有。"科尔奇怪地瞧了瞧威尔洛夫侦探。

"那好，你可以把这位先生和他的'林肯'关起来。不要怠慢这条小狗，给它喂点水。不管怎么说，狗是没有错的，而它的主人可是个非同寻常的见证人。"

中年男子一听，顿时气愤地跳了起来："你……这是什么意思？"

威尔洛夫侦探笑笑说："不管你是在瞎编，还是存心把我们引向歧途，你都不是一个诚实的人。"

请问，威尔洛夫侦探为什么说中年男子是一个不诚实的人？

✿ 第 315 天　半听啤酒

7 月的一天，哈里先生很晚才回家，到家时已经快 10 点了，进门后他发现儿子迪恩趴在桌上。他以为儿子睡着了，叫了好几声不见回答，走近一看才发现儿子已经死了。哈里先生悲伤之余立即通知了好友丹尼斯探长。

丹尼斯立即赶赴现场，看到趴在桌上的迪恩的旁边有喝了半听的啤酒，啤酒底下压着一张信纸，上面写着密密麻麻的字，但字体清晰有力，旁边还零散地放着几张。经过法医鉴定后，啤酒里混有氰化物。

"这些听装的啤酒原来放在哪儿？"丹尼斯问道。"是在厨房的冰箱里。"哈里回答，"我儿子最爱喝这一牌子冰镇的啤酒，所以我家冰箱里总是备有大量的啤酒，谁料有人借此投毒害死了迪恩……"

丹尼斯打开冰箱看了看，又回到迪恩的房间。他拿起桌上的一张信纸看了看，问助手："这些信纸都鉴定过了吗？"

"是的，经鉴定，上面的字迹和指纹全是迪恩的，信纸上写着有关成立乐队的事。"

"哈里，你孩子在玩乐器？"丹尼斯问。

"是的，但是我不同意他这样不务正业，我担心他学坏，所以我一再阻止。"

丹尼斯又抽出了那张压在啤酒下的信纸端详了一会儿，又问："那半听啤酒一直都是压在这张信纸上的吗？"

"是的，没有人动过它。"哈里答道。

丹尼斯思考了片刻，判断说："这听啤酒不是迪恩从冰箱里取的，而是罪犯拿来让他喝下致死的！"

请问，丹尼斯探长为何这样判断？

参考答案

第291天 这需要一种常识：流浪汉说老板把一条大红虾放在锅里，说明龙虾已经熟了，怎么还会去煮呢？再加上老板娘贵子说："可是我家今天买的所有龙虾都是青灰色的。"可以证明流浪汉一定在撒谎。

第292天 狗是色盲，怎么可能分辨出颜色呢！

第293天 凯文说，那天海面上风平浪静，没有风的。那么，白布和旗子一样，没有风绝对不可能飘起来，小伙子当然也就无法看清楚上面的SOS了。

第294天 凶手一定要用什么东西把毒液带来，而此时盛毒的容器还没有被扔掉。因此只要查看一下同桌的另两个人所带的物品，便可知道谁是凶手了。只有满脸胡须的男人的金笔可以装毒液。原来，凶手为了隐藏，把毒液藏在了金笔的软囊中，趁着停电，把毒液注入了受害者的杯中。

第295天 绑匪B事先把牛皮绳子在水里浸湿，一段时间后，牛皮绳子变干紧缩，从而把许先生勒死了。

第296天 这样搅和之后，各杯的总容积没有变，加进的咖啡必然排去同样容积的牛奶，因此，咖啡杯中的牛奶容量恰好等于牛奶杯中的咖啡容量。

第297天 小塑料袋里装的是金山吐到大门外的口香糖，根据科学鉴定上面留有他的唾液及齿型。而且，口香糖上还没落上灰尘，很清楚地表明是刚吐不久的，鲁大海在毁尸灭迹时疏忽了金山吐在外面的口香糖。

第298天 鲍伯是O型血，而他的夫人是AB型血，这样他们的儿子布来兹就只可能是A或者B型血，所以他不是凶手，那么凶手就可能是布来兹妻子的哥哥巴尔。

第299天 原来这张奇怪的纸片是刚才阿尔瓦偷偷塞进我的口袋里的，上面撕开的圆洞呈现出"SOS"，所以我猜测到阿尔瓦肯定是被那4个人挟持

251

的，有危险。

第300天 漏洞一："邱大明"这个名字有"明"字，这个字在清朝时期是忌讳的字，不可用于名字中。

漏洞二："年利二分"中的"分"字有问题，在那个时候，白银是不可以用分做单位的。

漏洞三：邱没有那个右半部分。

第301天 汤米，他是电报局职员，职业习惯露出了他的破绽，他把下午7：30，说成19：30。

第302天 杰克眼尖，他看到伤口在膝盖，但是罗娅太太的长裤却是干净整洁的，说明她在撒谎。

第303天 丹尼尔太太通过把毒药涂在刀的一边，切苹果的时候，那边的毒药就会沾在苹果上，丹尼尔太太把有毒的一半给了丈夫，而自己吃的是没有毒的一半。

第304天 班奈特提前拧松了公寓房间的灯管，然后回去故意跟妻子大吵大闹，把妻子逼到公寓。他迅速来到对面公寓的楼顶，架好步枪，当妻子站在椅子上一拧亮灯管，他就开了枪。

第305天 伊丽莎白一再声称她不认识威尔，但她却知道威尔的全名是路德维希·威尔，很显然，她是认识此人的。

第306天 史蒂芬觉得金发女人眼熟，终于想起这是个通缉在逃的诈骗犯。在厕所里，他装作聋哑人，让女诈骗犯把自己要钱的话写在纸上。于是，他以此为证据抓住了这个女诈骗犯。

第307天 凶手是送牛奶的人。因为只有知道别墅里的主人已经遇害，他才不再到这里送牛奶；而送报纸的人显然不知道这一点，每天仍然准时把报纸送来。因此送报人被排除了嫌疑，而凶手停止送奶的行为恰恰暴露了自己的罪行。

第308天 徐知县先让酱园老板散布广收萝卜的消息，然后让衙役化装成酱园的伙计，在收购时一边付款过秤一边与每个卖萝卜的人进行谈话，询问他们的萝卜种在什么地方。当问到这两人时，因为是偷来的，所以这两人说不清来历，便断定他们是贼。

第 309 天 柠檬汁或是食用醋，涂在纸上后就会与纸上的某种物质发生化学反应，生成一种物质。这种物质的燃点低于纸张的燃点，所以用火烘烤的时候，被涂上柠檬汁或是食用醋的地方会先被烤焦，这样，用柠檬汁或是食用醋写出的字，就自然而然地显露出来了。

小明正是利用了爸爸给他的柠檬汁，在仔细观察过周围的环境后，用柠檬汁当成墨汁在纸上写了字。柠檬汁干了以后，纸上看不出任何痕迹，这时再用普通的笔，按劫匪要求的意思将内容写好。爸爸收到信后拿到火上一烤，用柠檬汁写成的"密信"就显现出来啦！

第 310 天 水的漩涡受地球自转的影响，北半球水的漩涡是由左向右顺时针旋转，南半球则相反。在北半球的夏威夷宾馆里，拔下澡盆的塞子，水是由左向右呈顺时针方向旋转流进下水道。而在这个禁闭室，水是由右向左逆时针流下去的。所以，奥格斯格弄清了当地是位于南半球的新西兰。

第 311 天 因为 3 个杯子上都没有西里尔的指纹。珍妮和克里克喝的都是冰镇的饮料，在炎热的天气里，冰镇饮料会让杯子迅速结出一层水露，这样珍妮和克里克的指纹就会比较模糊甚至查不出来，而西里尔所喝的是白水，那么他的杯子上理应留有清晰的指纹，但是上面却只有伊莉莎一个人的指纹，说明西里尔做了手脚，妄图消灭证据。所以，凶手就是喝白水的西里尔。

第 312 天 妹妹对花粉过敏，哪怕自杀也不可能选择在盛开的野菊花地里，所以肯定是被人谋杀。

第 313 天 设哥哥今年 X 岁，则弟弟是（55 - X）岁。过去某年哥哥岁数是 55 - X 岁，那是在 X-（55 - X）即 2X - 55 年前；当时弟弟的年龄是（55 - X）-（2X - 55）即 110 - 3X。列方程为 55 - X = 2（110 - 3X）。解得 X = 33，55 - 33 = 22。即哥哥现在 33 岁，弟弟现在 22 岁。

第 314 天 人的视力不可能在黑乎乎的夜晚，看清 100 米以外卡车的车牌号码。威尔洛夫侦探一下子就抓住了这一破绽，识破了这个人的谎言。

第315天 从冰箱取出的啤酒接触室温后，铁筒外凝聚的水珠会消融，浸湿压在下面的那张信纸上的钢笔字迹。而这半听混有氰化物的啤酒铁筒外是干的，绝非取自冰箱。

科学趣味

✡ 第 316 天　用牛奶盒做直升机

只要有牛奶盒和卫生筷，就可以做成一架在空中飞翔的直升机。

（1）从牛奶盒上剪下两片宽 3 厘米，长 20 厘米的纸片，交叠成十字后，用订书机钉住，做成机翼，并在机翼前端缠上胶带。

（2）在十字机翼的中心打一个洞，插入一根卫生筷，用透明胶带固定。将十字机翼靠近交叉点的地方沿纸片的交叠线剪开，稍稍折压机翼使其中央略微向上凸起。

（3）用双手合掌夹住卫生筷，迅速搓手心使筷子旋转，放开"直升机"，"直升机"立刻就会飞向空中。（由于有一定的重量，"直升机"可能无法向上飞。所以尽可能在高处放开"直升机"，这样就可以看到它在空中飞行。）

为什么"直升机"可以飞起来呢？

✡ 第 317 天　筷子圆圈舞

摩擦吸管所产生的静电，有时可以高达数千伏，在静电作用下，卫生筷就会跟着吸管转圈圈。

（1）将一根卫生筷放在台架上。小酱油瓶、牙签筒、糖罐等都可以当作台架，只要瓶罐有圆形的盖子，盖子够光滑就可以。

（2）用面巾纸摩擦吸管五六次。

（3）将吸管靠近卫生筷的一头，卫生筷就会被吸管牵引，吸管一动，筷子马上就会跟着动，好像追着吸管转圈圈。

这是为什么呢？

✡ 第 318 天　用火锅食材做平衡器

这个游戏非常简单，而且是用食物做材料，可不要浪费哦。

（1）不用刻意安排，在自然条件下做实验效果才理想。所以，不必为了做实验买食材，等家里吃火锅的时候再做这个实验就可以了。

（2）准备两根卫生筷，其中一根在 $\frac{1}{4}$ 处折断，另一根对折。

（3）将 $\frac{1}{4}$ 长的那截卫生筷和对折得到的那两截 $\frac{1}{2}$ 长的卫生筷分别插入鱼丸等比较密实的火锅食材中，将短的那根作为支撑棒，长的那两根作为平衡臂插在鱼丸两侧，平衡器就做好了，让它站在锅沿上吧。（要注意燃气炉和热锅，小心烫伤。）

这是为什么呢？

✡ 第 319 天　肥皂泡中的彩虹

在覆在杯口的肥皂膜上，可以看到美丽的彩虹。

（1）打一盆水，滴入几滴洗发香波，搅动一下制成肥皂液。

（2）拿一个塑料杯，将杯口浸入肥皂液中，然后拿起。

（3）用灯光照射杯子，就可以在杯口的肥皂膜上看到美丽的彩虹，彩虹还会流动呢。

这是为什么呢？

✡ 第 320 天　用垫板打开冰箱门

不用磁铁，就可以使垫板紧贴在冰箱门上，甚至还可以用它拉开冰箱门。

（1）用干布将垫板两面仔细擦干净，然后把名片对折，用透明胶带贴在垫板上做成把手。（如果不贴紧，很容易掉落。）

（2）将垫板贴在冰箱门上，轻轻拉名片把手时，冰箱门就会打开。

✿ 第 321 天　用 3 张名片做正二十面体

20 个正三角形如何才能组成正二十面体呢？要是用脑子去想，保准你很快就会一片混乱。其实，只要动动手，几秒钟，就可以做成。

（1）准备 3 张名片，将中心部位剪开，相互插合组成一个对称的立体结构。

（2）用牙签将这个立体结构中相邻的顶点连接起来，用透明胶带加以固定，这样就做出了正二十面体。

这是为什么呢？

✿ 第 322 天　纸杯瞬间失重

垂挂在纸杯外边的橡皮擦，会在杯子往下落的时候，掉进杯里。

（1）准备两块大橡皮擦，分别用胶带固定在比纸杯略短的两根橡皮筋上。

（2）两根橡皮筋的另一端，则用胶带粘在一起固定在杯底。拉伸橡皮筋，使两块橡皮擦垂挂在杯外。

（3）把纸杯举高后松手，然后赶快接住，这时橡皮擦已经掉进杯子里了。（在较软的家具上演示，如沙发。）

这是为什么呢？

✿ 第 323 天　纸盒堆高不会倒

将纸盒一个一个摞起来，即使最上方的盒子比最下方的盒子伸出去了一个盒子的长度，这堆纸盒也不会倒。

（1）准备8个新的面巾纸盒，一个个地往上摞。

（2）使最上方的盒子比它下面的盒子伸出半个盒子的长度。接着，使从上往下数的第2个盒子比第3个盒子伸出 $\frac{1}{4}$ 的长度。

（3）以此类推，使上方的盒子比下方的盒子伸出 $\frac{1}{6}$、$\frac{1}{8}$、$\frac{1}{10}$、$\frac{1}{12}$、$\frac{1}{14}$ 的长度。于是，最上方的盒子就会比最下方的盒子伸出整整一个盒子的长度。（以上盒子的伸出长度是理论值。实际操作时，可能要短一点。）

这是为什么呢？

☆ 第234天　报纸开出水中花

将折好的报纸放进水中，报纸会往外翻，露出藏在里面的花朵。

（1）把报纸裁成边长20厘米的正方形，然后将4个角向中心对折。

（2）在报纸中央预先放上一朵彩色纸花，然后将报纸轻轻地放到装满水的盆中。

（3）报纸折着的4个角渐渐地往外翻开，藏在里面的花就慢慢现身了。

这是为什么呢？

☆ 第325天　水丸子

没想到水龙头还可以做出"水丸子"，实在令人意外。

（1）打开水龙头，尽可能将水流调成细细的一股。

（2）将食指的指腹放在水流下，并顺着水流逐渐向上移。

（3）当手指距离出水口3～4厘米时，水流的形状开始变成锯齿状；手指继续向上移动，就能看见水流变成了一串"水丸子"。

这是为什么呢？

✿ 第 326 天　气球足球

足球的形状比正二十面体还要复杂，可只用一眨眼的工夫，就做成了。

（1）准备 12 个相同大小的卫生筷纸套，折成五边形，用透明胶带固定。

（2）将这些五边形的顶点和顶点之间用橡皮筋连接起来，用透明胶带固定，使每 3 个五边形的正中央刚好形成一个正六边形。

（3）将气球放入其中，然后吹上气，就可以做成一个足球。

这是为什么呢？

✿ 第 327 天　倒不满的啤酒杯

把啤酒往杯里倒，怎么倒都不会溢出来。

（1）将啤酒瓶垂直倒立，往空杯子里倒酒，必须让瓶口保持在杯子高度的一半之处。

（2）看着啤酒的泡沫不断往上冒，眼看就要溢出来的时候，你可能会很着急，但神奇的是，啤酒却突然停止涌出，一点都不会溢出来。

这是为什么呢？

✿ 第 328 天　金属碗中的水会跳舞

用大的金属碗装满水，双手在碗口摩擦，碗内会有水花溅出。

（1）大金属碗内装满水，平平地放在湿毛巾上。

（2）把双手洗净，不要让手有滑滑的感觉，然后用手掌摩擦碗口。

（3）很快，你就可以看到碗中溅起了水花，好像水在跳舞一样。

这是为什么呢？

✿ 第 329 天　食盐水冒气泡

只要有电池和铝箔纸，就可以制造出氯气和氢气。

（1）往杯中倒水，八分满，加入 3～4 匙食盐，调成食盐水。

（2）准备一节 1.5 伏的电池，将铝箔纸搓成两根长度适宜的细棍儿，分别固定在电池的两极，作为导线。

（3）将导线插入食盐水中，连接着电池负极的那一端会冒出大量气泡。

这是为什么呢？

✦ 第 330 天　鸡蛋变胖

只要把鸡蛋放在醋中浸泡 3 天，蛋壳就会变软，体积也会涨大 1.5 倍。

（1）把鸡蛋放进较大的杯子里，加醋，使醋刚好没过鸡蛋。

（2）鸡蛋会冒出泡泡，体积也会一天比一天大。请放置 3 天。（时间可能有点久，但值得一试。）

（3）3 天后，鸡蛋硬硬的壳不见了，只剩下一层软软的半透明薄膜，而且体积比原来大了 15 倍！

这是为什么呢？

✦ 第 331 天　吸管喷雾器

将长吸管和短吸管摆成直角，从长吸管的一端吹气，水就会从短吸管下面往上升，喷出水雾。

（1）倒一杯果汁，然后用剪刀将一根吸管按 2：1 的比例剪开。

（2）将短吸管插进果汁中，长吸管与短吸管摆成直角，同水面平行。

（3）用力在长吸管一端吹气，就可以看到它的前端出现了水雾。（请不要对杯中的果汁吹气。）

这是为什么呢？

✦ 第 332 天　杯子倒立不漏水

当杯子倒立过来时，满满的一杯水，却被一张纸托住了，真让人惊讶！

（1）杯子里装满水，再拿一张纸，把它剪成比杯口略大的尺寸后，盖在杯子上。

（2）一边用手轻压着纸，一边慢慢将杯子倒过来，然后手放开纸，杯里的水可是一滴都不会漏哦！

✡ 第 333 天　盔甲水袋

把塑料袋装满水，就算是用几支很尖的铅笔刺穿塑料袋，水也不会流出来。

（1）把塑料袋装满水，用手抓紧袋口。

（2）不管是用几支很尖的铅笔去刺塑料袋，袋里的水都不会流出来。

这是为什么呢？

✡ 第 334 天　源源不绝

没有施加任何力量，水却源源不断地流出，这究竟是怎么回事？

（1）准备一根 1 米左右的塑料水管。

（2）一端放入浴缸的水中，另一端用嘴巴含着并吸气，当感觉水已经到达嘴边时就可以停止吸气，用大拇指将水管这端按住，以防水流回去。

（3）把用大拇指按住的那一端，放到比水面低（也就是浴缸外接近地面）的地方，放开大拇指。这时候，没有施加任何力，水却源源不绝地流出。

将几根吸管串联起来，连接处用胶带固定好，就可以代替塑料水管来玩这个游戏，不过中间的那根吸管，必须选用可弯曲的。

这是为什么呢？

✡ 第 335 天　随手转盘

用一根筷子就可以使扇子或是其他形状不规则的东西旋转。

（1）试着转动扇子。首先，用一根手指支撑扇子，寻找重心的位置。

（2）用双面胶将可乐瓶的瓶盖粘在找到的重心位置上。

（3）用筷子较细的那端支在瓶盖中，拨动一下，扇子开始转动，然后就可以让它像转盘一样不停旋转。（双面胶的黏合力较弱，只能黏合较轻的物体。因此，不要用这种方法旋转玻璃盘子等有一定重量的物品，以免发生危险。）

这是为什么呢？

参考答案

第316天 "直升机"的机翼中央略微向上凸起，因此旋转时机翼上方的空气流速较快，气压较低（伯努利定理），机翼下方的大气压力就会给它一个向上的力量，让它浮在空中。传统的竹蜻蜓也是利用这一原理制作的。

第317天 吸管经过面巾纸摩擦后，就会带上负电荷。用这根吸管接近卫生筷时，卫生筷上的正电荷会被吸管上所带的负电荷吸引而聚集到靠近吸管的那一端，负电荷则被推往另一端。筷子就变成了一端带正电荷，另一端带负电荷。吸管的负电荷和筷子的正电荷相互产生了牵引作用，就造成了卫生筷追着吸管转圈圈的现象了。

面巾纸摩擦吸管所产生的电荷静止在吸管上，我们称之为静电，其电压有时可达数千伏。此外，筷子上的正电荷和负电荷一样多，只是因为受到带电吸管的影响而暂时分开。

第318天 这个实验的原理与毛豆平衡器完全相同。平衡器的重心落在支点以下的重垂线上，即使稍微倾斜，地心引力也会立刻牵引重心回到原来的位置，重新达到平衡。

第319天 灯光是由各种波长不同的光组成的。灯光穿过杯口的肥皂膜照到杯子内壁，杯子内壁反射的光穿过肥皂膜射出时与肥皂膜表面反射的光产生了叠加，就造成了光（颜色）的干涉，使各色光的路径不同，且长短不一，就形成了彩虹。

灯光刚照到肥皂膜上时，并不容易看到彩虹，那是因为肥皂膜太厚，无法产生干涉现象。过一段时间后也不能看到彩虹，那是因为肥皂膜太薄，无法产生干涉现象。

第 320 天 垫板能将冰箱门打开，是因为当垫板的一面与冰箱门完全闭合时，垫板另一面上的大气压力将垫板紧紧地贴在了冰箱门上，垫板和冰箱门已成为一体，这时拉名片做成的把手，就可以将冰箱门打开。这个实验选用比较平滑的胶皮垫板，比较容易成功。

第 321 天 名片的长和宽是比照黄金分割的比例设计的：也就是剪出以宽为边的正方形后所形成的长方形，与原先的长方形相似。（一般认为具有黄金分割的比例的图形很完美。）

因此，将 3 张名片组合成立体结构，再用牙签将各顶点连接起来，就可以做出正二十面体了。

科学上认定的正多面体只有 5 种，也就是正四面体、正六面体、正八面体、正十二面体和正二十面体。

第 322 天 在杯子掉落之前，橡皮擦垂挂在杯外，其重量与橡皮筋拉扯的力量相互平衡。当杯子呈自由落体下落时，就处于失重状态，其速度会在重力的作用下越来越快，橡皮筋也会随着杯子落下而越拉越长，拉力（弹力）也随之增大以至超过橡皮擦的重量，所以橡皮擦就被拉进了杯里。你有没有注意到"橡皮筋拉得越长，弹力就越大"这个原理呢？

第 323 天 最上方的盒子之所以能够比最下方的盒子伸出整整一个盒子的长度，是因为，经过这堆盒子整体的重垂线与地面的交点位于最下方盒子的内侧。当这个交点位于最下方盒子的外侧时，在重力作用下，上面的盒子就会翻转倒下。理论上，从上往下数第 N 个盒子可以伸出下一个盒子的长度，是它的 $\frac{1}{2}$N。

第 324 天 报纸会吸水，因为纸里的纤维互相交错呈网状，其间的空隙可以含住水分，浸过水的报纸将借助水的表面张力，使报纸折着的 4 个角先立起，再慢慢地在水面上展开。

第 325 天 当手指距离出水口 3～4 厘米时，相当于是手指托住了水流。手指和水龙头之间水的体积是相对固定的。因此，在手指上移的过程中，水流会膨胀，在水的表面张力作用下，细细的水流就鼓成了一个个水丸子。

当手指与水龙头非常接近时，它们之间会形成一个水丸子；手指下移一点距离，就会出现一串水丸子。这是因为随着手指的上下移动，水的表面张力也在不断变化，就形成了不同数目的水丸子。

在只有一个水丸子出现的位置，将手指逐渐向下移动，就能看见两个体积缩小一倍的水丸子；继续向下移动，就会形成 3 个体积只有原来的 $\frac{1}{3}$ 的水丸子。

第 326 天 足球是由 12 个正五边形和 20 个正六边形组成的三十二面体，就是将正二十面体的各顶点切除后所得到的立方体。

第 327 天 这个原理常常被应用在养鸟用的给水装置上。在略深的盘子中，并排放置两块橡皮擦。注入水，直到水面与橡皮擦齐高。然后把装满水的大可乐瓶瓶口朝下，放在橡皮擦上，水不会溢出盘外。但是只要小鸟从盘子里喝一些水，瓶内又会流出同样多的水来。

这是利用大气压力玩的游戏。大气压力推挤杯中水面的力量正好等于瓶内所剩啤酒的重量加上瓶中空气所产生的压力，于是达到了力的平衡，因此瓶内的酒就不再流出。

第 328 天 在双手的摩擦之下，金属碗会进入一种规则的振动状态，而这种规则的振动满足一定的频率时，会引起金属碗中水的共振，因此就溅起了小水花。

如果有大的炒菜锅，摩擦锅两侧的金属把手，会取得相同的效果。

第 329 天 这是电解食盐水的实验。从负极冒出的气泡是氢气；正极也会冒出一种气体，是氯气，但氯气溶于水，肉眼几乎无法看到。如果把鼻子凑近一点，可以闻到一股刺激性气味，这就是氯气的气味。两个电极的电解方程式是这样的：正极是 $2Cl^- - 2e^- = Cl_2\uparrow$，负极是 $2H^+ + 2e^- = H_2\uparrow$。整个反应的化学方程式是：$2NaCl + 2H_2O \xrightarrow{\text{通电}} 2NaOH + H_2\uparrow + Cl_2\uparrow$。另外，用一节电池做实验，即使手指接触到铝箔纸与电池的连接点，也没有危险；而一旦用上两节电池，就会有触电的危险，请特别注意。

第 330 天 白色的蛋壳不见了，是因为它被醋酸溶解了。蛋壳的主要成分是碳酸钙，被醋泡着的蛋壳中冒出来的泡泡就是溶解反应所产生的二氧化碳气泡。

至于鸡蛋的体积会胀大到原来的 1.5 倍，则是由渗透压造成的。当薄膜两边物质（例如蛋白质）的浓度不相等时，就会产生渗透压，浓度较低那边物质里的水就会透过薄膜，渗入另一边，以使薄膜两边物质的浓度相等。鸡蛋内部黏稠状的蛋白质浓度比较高。蛋壳变薄之后，在渗透压的影响之下，醋中的水分就透过蛋壳溶解后形成的半透明薄膜，进入鸡蛋把它撑大了。

第 331 天 此游戏运用了"伯努利定理"：气流快的地方，气压会下降。

从长吸管吹气时，两根吸管交接处的气流比较快，那里的气压就会下降；而短吸管下端水面处的气压，仍然是正常的大气压力。因此，水面的大气压力就把短吸管周围的水往吸管里挤，直到喷出吸管。喷出来的水，又被长吸管吹出来的气吹散，就形成了水雾。

第 332 天 水的表面张力使杯子和纸完全闭合起来了。此时，杯里水对纸片的压力小于杯外的大气压力，因此，大气压力就帮纸片托住了水。

如果用杯垫做这个游戏，效果会更好。假如你所用的杯子比较小，也可以用电话卡、公交卡等来代替杯垫。即使杯子里有冰块也别担心，因为冰的密度比水小，你一样可以轻松完成这个游戏。

第 333 天 塑料袋是人工合成的高分子化合物，有遇热收缩的特性。当铅笔很快地刺穿塑料袋时，摩擦所产生的热会让分子彼此牵引而紧缩，使塑料袋与铅笔杆之间密合起来，所以水就不会漏出来。

第 334 天 一开始是水的重力使水流了出来。你可以把水管内的水当成一个物体，让水管的一端低于水面，水的重心就会落在水管顶点偏外的地方。大拇指一放开，水自然就流出来了。

水流出来以后，水管内便形成了真空状态，大气压力将浴缸里的水压入水管，使得管内的水持续上升，最后流到外面，这个现象称为"虹吸现象"。

第 335 天 转盘之所以能够在空中保持平稳而不颠簸，是因为它能够不停地旋转。这个实验中的扇子就是这样。

第十一章

奇思妙想

✦ 第 336 天　漂亮的女刺客

星期天，某公司经理山田正在公园的林荫小道上散步。

忽然，一个年轻漂亮的女子与他打招呼。

山田问道："小姐，您是哪一位？"

那女子冷冷地说道："我是一个刺客！"

山田的脸色一下子变得煞白，脱口而出："啊，你是那小子派来的吗？"并苦求饶命。那女子说："请别误会，我不会杀你的，我是来帮助你的。刚才你说的那个小子，是不是 H 公司的经理？"

"是，是，在商业上，他是我最大的敌人，我巴不得他早点死掉！"

那女子用商量的口气说道："这件事就交给我办吧！我会让他不留痕迹地无声无息地死掉。至于采取什么办法，你最好别问了。"

"好！事成之后，重金酬谢！"

3 个月后，山田听说 H 公司的经理因心脏病突发，治疗无效去世了。随后，在一个星期天的早晨，还是在那条林荫道上，山田再次碰到那位女子，他如数付了酬金，那女子迈着轻盈的步子走了。

那个女子用什么办法使 H 公司经理病死，从而得到一笔数量可观的酬金的呢？

✿ 第 337 天　最后的测试

有一个公司要招聘一名工作人员，前来应聘的人员很多，经过几番考核，该公司选定 3 名应聘者进行最后的测试。

第一个应聘者进来后，主管对他说："假如你能猜出我口袋里有多少钱，我们便会考虑录用你。当然，你可以先问我 3 个问题，以便得到一些信息。而且我可以给你 3 次机会，让你猜我口袋里到底有多少钱。"

主管和他的助手做了一番示范后，第一个应聘者开始提问："你口袋里的钱有几种面值？面值最小的是多少？最大的是多少？"主管一一做了回答。

之后，第一个应聘者开始猜，但没有猜对。

第二个应聘者问主管："你口袋里的钱全是人民币吗？在 500 元以下还是以上？整币还是零钱？"主管做了回答。但是，第二个应聘者仍然没有猜对。

轮到第三个应聘者时，他只是问了主管一个问题，就被主管录用了。

你知道他问的是什么问题吗？

✿ 第 338 天　空手买面粉

妈妈准备包饺子吃，让小明到粮店去买面粉。由于走得匆忙，小明忘了带盛面粉的袋子。当营业员把面粉称好以后，他才暗暗叫苦。

营业员见小明手足无措，便问："你买面粉做什么用呀？"

"包饺子吃！"

"我这儿有一个盆儿，先借给你，但要在下班以前还我。"

小明看了看墙上的挂钟，离下班时间只有 5 分钟了，无论如何也来不了。小明是个聪明人，脑筋一转，想出了一个好办法，既把面粉带回了家，又没有借助任何容器。

你能想到小明是怎样把面粉拿回家的吗？

✿ 第 339 天　5 名新职员

5个年轻人经过几周的奔波，终于各自找到了心满意足的新工作。碰巧他们还在同一幢大楼工作，但是在不同单位不同楼层。5个年轻人的名字分别叫波克、梅雷特、汤姆、珍妮、玛丽。从以下所给的线索中，你能找出他们的工作单位、所在楼层以及他们在那里工作的时间吗？

现在已知线索是：

（1）波克在邮政服务公司工作，他办公室所在的楼层比那个最近被雇佣的年轻人要低两层。而后者即最近被雇佣的不是梅特雷，梅特雷所在的楼层要比保险公司经纪人的高两层，保险公司经纪人是在最近两周被招聘的。

（2）假日公司的职员不在第五层。

（3）汤姆是在四周前就职的。

（4）信贷公司的办公室在大楼九层。

（5）珍妮不是私人侦探所的职员。

（6）三周前就职的女孩在大楼的第七层上班。

✿ 第 340 天　聪明的鹦鹉

有一位爱鸟人士特别喜欢鹦鹉。一天，他经过一间店面，发现里面正在拍卖一只鹦鹉。他看那只鹦鹉毛色很好看，决定购买，于是喊道："我愿意出 10 美元买下这只鹦鹉。"

接着有人喊价："我愿意出 20 美元。"

这位爱鸟人士不愿把那只鹦鹉拱手让人，又喊了 30 美元。

另一个声音像是在跟他作对似的，一直到那位爱鸟人士喊到 200 美元时才停下。

买到鹦鹉的人很高兴，可是没走几步突然又想到：我花了那么多钱才买到这只鹦鹉，如果它不会说话，那我不就亏大了吗？

于是，他提着鸟笼回去问："老板，你这只鹦鹉会不会说话啊？"

你知道接下来会发生什么吗?

✿ 第 341 天 7 点钟响铃

吴阳是个好学上进的青年,为了准备考托福出国深造,吴阳每晚都要到外语学院进修英文。

这天,吴阳照例匆匆吃罢晚饭背上书包去赶公共汽车。来到站台上,吴阳看到候车的人很多,有的人还在为插队的事争吵。"每个周末都是这样……"吴阳心里想着,下意识地摸了摸书包。等了十来分钟了,公共汽车还不来,候车的人又开始躁动起来,吴阳也等得无聊,就打开书包,拿出未婚妻夏丽送给他的一份珍贵礼物,拿在手里,小心地抚摸着。为了学业,吴阳每天都很忙,都没有时间陪他的未婚妻,吴阳心里很过意不去,幸亏夏丽是个通情达理的好姑娘,不仅不怪他,还千叮嘱万嘱咐他照顾好自己的身体。吴阳把夏丽送给他的珍贵礼物称作"良师益友",每天都跟他的文具、资料书一起放进鼓鼓的书包。

这时,公共汽车终于缓缓而至。站台上的人群又开始沸腾起来,个个都像绷紧了弦的弓箭,一触即发。公共汽车还没停稳,人群就蜂拥过去,吴阳虽然年轻敏捷,但他每次都不去疯狂拥挤,而是帮助售票员小姐维持秩序。

吴阳每天都乘这路公共汽车,和售票员小姐已经相当熟悉。每次看到吴阳的举动,售票员小姐都微笑着向他道谢,吴阳也轻轻地回报一个笑容。现在虽然已是凉爽的秋天,但每次上了车后,吴阳都满身大汗。今天也不例外,好不容易找了个立足之处,吴阳才缓口气。

这时,他下意识地去摸了摸书包,鼓鼓的书包突然瘪了许多。

吴阳慌忙打开一看,他的"良师益友"不翼而飞了,应该是刚才挤上车时被人窃走了。吴阳起初焦急万分,但很快他就冷静下来,想着应该怎样把这个贼揪出来。

公共汽车终于在售票员小姐焦急的目光下开动了,因为公共汽车已经晚点很多时间了。吴阳见状,突然灵机一动,装着跟售票员小姐大声闲聊起来："这班车晚点将近 20 分钟，可能会造成线路混乱。"售票员小姐听了显得更急了："何止是晚点 20 分钟，都快误了半小时了。"吴阳安慰说："可能你的手表快了。我每天去进修，怕误了时间，所以总带着一只小闹钟放在包里，定在 7 点钟响铃。"吴阳装着看了看手表又说，"它马上就要响了，剩 1 分钟了。"

就在吴阳与售票员小姐对完话之后，吴阳马上就指着人群中的一个乘客说道："是你偷了我的'良师益友'吧。"

那位乘客顿时脸色大变，但支支吾吾地不承认。在吴阳的重重逼问下，他最终承认自己是小偷了，并把东西交出来。

吴阳是如何在很短的时间里抓到小偷的呢？

✿ 第 342 天　巧发信号

初春时节，西伯利亚仍然是寒气袭人，美国特务史密夫在那里执行任务时，失手被擒，其后被关在高原上的木屋内。木屋的囚室内没有纸、笔、电筒，就只有一扇窗、一张床、一台冰箱及一罐汽水。

晚上，史密夫就利用囚室内的设备，发出了求救信号，通知同伴来救援。最后，他成功地逃脱了。

请你判断一下，史密夫是如何发出求救信号的呢？

✿ 第 343 天　骆驼牌香烟

汤姆作为一件伤害案的证人，被传到加州某市地方法院出庭候讯。他的证词将给被告带来很大的不利，但在作证前，还照例得接受被告辩护律师的一番盘诘，法官和陪审团将根据盘诘的结果，来裁定他是否具备作为公诉方面证人的资格。

被告律师问："汤姆先生，有些人由于看多了侦探小说，便养成了推理的习惯，往往就凭着自己的臆想，来对周围发生的事情进行推测。不知道你是否也有这样的习惯？"

汤姆回答："我从来不看侦探小说，也没有你说的那种习惯，我一向都是依照事实来说话的。"

律师又问："你已经 51 岁了。在这样的年纪上，记忆力是否已经有点衰退了？"

汤姆回答："我的记忆力并没有丝毫衰退。二三十年前的事情，我依然记得很清楚，就像昨天刚发生过的那样。"

"那么，你有抽烟的嗜好吗？"

"有。但抽得并不多。"

"抽过骆驼牌吗？"

"过去抽过，最近不抽了。"

"那么，你能告诉我：骆驼牌烟盒上面印的那个牵骆驼的人的头上是不是裹着头巾？"

汤姆微蹙起眉头，思索了片刻，在自己的记忆中搜索着问题的答案。他的记忆告诉他骆驼被称为"沙漠之舟"，是居住在中东的阿拉伯民族的主要交通和运输工具，牵骆驼的当然是阿拉伯人，谁都知道阿拉伯人的服装特色是……想到这里，汤姆毫不犹豫地回答："那牵骆驼的人当然是裹着头巾的。"

"是吗？"律师脸上现出狡黠的微笑。他从衣袋里掏出一包骆驼牌香烟，高擎着走到陪审团前面。

这一举动使汤姆处于不利地位，按照美国的法律和司法惯例，汤姆立即被陪审团裁决为"没有能力提供有效证词的人"，否定了他作为公诉方面证人的资格。

请你想一想，一包香烟如何起了这么大的作用呢？

✿ 第 344 天　伪造的自杀

盛夏的一天，青岛侦探办完公事正好路过他的老友托尼教授的门前，于是他想着不妨拜访一下，正好也可以歇歇脚，外面实在太热了。

青岛侦探按了老半天门铃，没人答应。他朝窗子望过去，看到窗子大开着。这才意识到托尼教授很有可能出了什么事情。

青岛侦探撞开大门，从窗子里爬进去，发现这是托尼教授的卧室。但是侦探还是被眼前的一幕惊呆了：只见托尼教授仰面躺在床上，嘴角流着血，已经没了气息。从现场的痕迹来看，青岛侦探发现托尼教授是服药自杀而亡的，他赶紧报了警。

侦探穿过客厅，来到前门，发现锁孔已经从里面锁死，在锁孔上还插着一把钥匙。

不一会儿，警察和法医都到了现场，经过法医鉴定锁孔上留下的食指和拇指指纹和托尼教授的指纹一模一样，这更证实了托尼教授是把自己反锁在屋子里自杀而亡的。

但是青岛侦探还是不敢相信，乐观幽默的老友托尼教授怎么会选择自杀这条路呢？

青岛侦探虽然为老友难过，但仍然保持着清醒的头脑，经过反复推敲思考，他终于发现这是一场伪造的自杀现象。

那么青岛侦探发现了什么破绽呢？

✡ 第 345 天 千军万马卷中藏

当韩信还是一个默默无闻的小人物时，萧何便看出他非同一般，极力向刘邦保举让韩信挂帅带兵。刘邦说："好吧，你把他叫来，我要看看他有多大的智谋。"

韩信进宫后，刘邦递给韩信一块五寸见方的布帛，说道："我给你一天的时间，你在这上面画些士兵。你能画多少，我就给你多少。"

萧何站在一旁，心想："这么一块小小的布帛，能画几个士兵？"心中不由得暗暗叫苦。

第二天，韩信交上了布帛，上面一个士兵也没有，但萧何见了却大喜过望，刘邦看后也大吃一惊。后来，刘邦把全部兵马都交给了韩信指挥。

你能猜出韩信在这块布帛上画了些什么吗？

✿ 第 346 天　习惯性思考

一家酒店经营得很好，人气旺盛、财源广进。酒店的老板准备开展另外一项业务，由于没有太多的精力管理这家酒店，打算在现有的 3 个部门经理中物色一位总经理。

老板问第一位部门经理："是先有鸡还是先有蛋？"

第一位部门经理不假思索地答道："先有鸡。"

老板接着问第二位部门经理："是先有鸡还是先有蛋？"

第二位部门经理胸有成竹地答道："先有蛋。"

这时，老板问最后一位部门经理："你来说说，是先有鸡还是先有蛋？"

第三位部门经理说出了一番话，老板听后笑了，决定将他升任为这家酒店的总经理。

你知道第三位部门经理是如何回答的吗？

✿ 第 347 天　聪明的小乔治

英国国王乔治五世小时候是个非常顽皮的孩子，花起钱来大手大脚，每当遇到自己喜爱的东西时，总要千方百计地把它买回来，而从不在意价格是否昂贵。为此，他的祖母，维多利亚女王忧心忡忡，她担心小乔治如果不彻底改掉这个坏毛病，将来就不能治理好国家。

有一天，小乔治又给他的祖母寄出了一封信，信中写道："最亲爱的祖母：昨天下午我在一家玩具店里看见一匹漂亮的小木马，它需要 25 法郎，我太想得到它了，可是我连一分钱也没有了。我写信给您是想请您寄点钱给我。看在上帝的面上，就请您满足我的这个要求吧。您亲爱的孙子乔治。"

维多利亚女王接到信以后，思忖了片刻，就提起笔来写了一封回信："亲爱的孩子：看到你这样乱花钱，我非常难过。你父亲曾对我说，你一有点钱就花个精光。你的玩具买得实在太多了，而你现在已到了该明白东西真正价值的年纪了。我不能满足你的要求，你要好好听话。你亲爱的祖母维多利亚。"

过了几天，维多利亚女王又收到了小乔治的第二封信。

你能猜出聪明的小乔治是如何回答祖母的吗？

✿ 第 348 天　墓石移位之谜

一天，某男爵的遗孀拜访侦探彼得，向他谈了一件令人难以置信的事。

"5 年前，先夫不幸去世，我为他建造了一座墓。谁知道从那以后，每年冬天，墓石就会移动一些。前天，我请了一位巫师来召唤先夫的灵魂，可是没有任何反应。先生，我是多么希望能与先夫的灵魂对话啊！"

说着，她从手提包里取出一张照片给侦探彼得看。这是男爵的墓地照片。在一块很大的台石上面，放着一块球形的大石头。"由于先夫生前爱玩高尔夫球，所以临终时曾嘱咐要给他造个像高尔夫球那样形状的墓。这张照片就是在墓建成之后拍的。球石正面还雕刻了十字架。现在，这个石球差不多移动了 $\frac{1}{4}$，十字架也一点一点地被埋在下面；都快看不见了。"

"石球仅仅是在冬天移动吗？"侦探彼得问。

"是的。这个地方的冬季特别冷。每年一到冬天，我就到法国南部的别墅去。春天再回来，并去先夫的墓地扫墓。这时，总是发现石球有些移动。我想，是不是先夫也想与我一起去避寒，要从墓石下面出来？"

侦探彼得请夫人带他去墓地看看。

在一堆略微高起的土丘上，墓地朝南而建，四周有高高的铁栅栏围住，闲人不能随便进入。在沉重的四方形台石上面，有一个直径 80 厘米的用大理石做成的球面，为了不使球面滑落，台石上挖了一个浅浅的坑，把球正好嵌在里面。浅坑里积有少量的水，周围长满苔藓。如果球石的移动是有人开玩笑，用杠杆来移动它，那在墓地和苔藓上该留有一道痕迹，可又一点痕迹也没有。如果有人不用杠杆而用手或身子去推球石，那凭一两个人的力气是根本推不动的。

侦探彼得摸了一下浅坑里的积水，沉思了片刻以后说："夫人，墓石的移动是一种物理现象，与男爵的灵魂没有任何关系。"

你能解释侦探彼得所说的物理现象是怎么一回事吗？

✡ 第 349 天　自动还印

康熙初年的时候，蓝溪县新任知县宋黎明刚上任两个月，就发现官印丢失了，不禁大吃一惊。他不敢声张，私下招来师爷何生商量。何生分析说："这人偷去官印，也没有什么用处，可是你却落下一个丢印的罪名，我想偷印的人无非是想让你丢掉官职，因此可以断定偷印是报复你。你有没有什么仇人啊？"

宋黎明想了想，说："我刚来此地，也没有什么仇人啊？要说得罪人，我上任不足两个月，会得罪谁呢？只有王狱吏，他贪赃枉法，曾经被我责罚过。只有他有偷印的可能，可又没有什么凭据，也不好办啊。"

何生沉思了一会儿，附耳给宋黎明出了个主意。宋黎明听后，不禁拍案叫绝。

这天晚上，王狱吏正在县衙做事，突然后院起火。宋黎明立即当着众下属的面，把封好的官印盒交给王狱吏拿回家保管，自己立即转身指挥救火。

第二天，王狱吏当着众官的面把官印盒还给县令。宋县令打开一看，官印在里面，于是当着众衙役的面，表彰王狱吏保护官印有功，发了赏钱。

那王狱吏为什么盗了官印又偷偷还回来呢？

✡ 第 350 天　好人与坏蛋

8 个好人和 3 个坏蛋同时搭载一艘游轮，行进的途中游轮不幸遇上了风暴，最后游轮沉入了海中，8 人好人全都淹死了。3 个坏蛋也掉进了水里，不过没多久就又浮上了海面，请问这是为什么？

回家的路上，她们其中一个人说："我想了好久白裙子，今天可算是买到了！"说到这里，它好像发现了什么，惊喜地对同伴们说："今天我们可真有意思，小娟没买白裙子，小兰没买黑裙子，小红没买灰裙子。"

小兰说："真是这样的，你要是不说，我还真没注意这一点呢！"

你能根据她们的对话，猜出小娟、小兰和小红各买了什么颜色的裙子吗？

✿ 第 351 天　谁来试一遍

德国著名内科医生约翰·舍莱恩不但有着高超的医术，他的启发式教学方法同样受人称颂。

在一次实习课上，他对大学生们说道："作为一个医生，应该具备两种品质：第一，不苛求清洁；第二，要有敏锐的观察力。一些老医生在诊断糖尿病时，往往亲口尝一尝病人尿液的味道。"说完，舍莱恩给同学们进行了示范——把一根手指浸入盛有尿液的小杯子里，然后伸到嘴里舔了舔。

做完这个动作，舍莱恩问学生们："谁来试一遍？"

一名勤奋的学生按照示范尝了尝尿液的味道。

谁知舍莱恩摇摇头对他说："很好，可惜你没有观察力。"

你知道舍莱恩为什么做出这样的判断吗？

✿ 第 352 天　瞬间而来的灵感

有一个美国的年轻人，立志要成为一名优秀的牧师。可是，要想成为一名牧师，还需要参加一个牧师资格的考试。为了准备考试中的现场演讲稿，他半个月前就离开家，到考试地点附近的旅店住下了，全身心地投入到稿件的写作中。等写出草稿后，经过无数次地修改润色才满意，然后他又开始背诵，从早到晚都把心思放在这篇演讲稿上，所以到最后他对文中的每一个字都了如指掌。

考试那天，经过抽签，他抽到最后一个上台。他先坐在台下，仔细观摩其他应考者的演讲，好做到心中有数。终于倒数第二个人登上了台，他盯着台上的演讲者，紧张极了。令他吃惊的是，台上那个人的演讲内容与他的一模一样！这是怎么回事？

他仔细一看，才发现这个演讲者就住在他隔壁的房间。原来，他辛苦准备的演讲稿被那个人剽窃了。这可怎么办？下一个就是他上台了。

他强忍住愤怒又惊慌的情绪，深吸一口气，让自己慢慢平静下来，当务之急不是找那个人算账，而是要想出一个解决目前困境的办法。突然，他的脑海中灵光一闪，顿时胸有成竹。

轮到他上台了，他居然十分地从容，一席话迎来台上台下热烈的掌声。设想一下，如果你是那位年轻人，处在如此的场景，你该如何应对？

✡ 第 353 天　马儿渡河记

老马、大马、小马要到河那边的草场上去，但是河面很宽，又没有桥，它们都不会游泳，没办法过去。正在发愁时，两只小白兔划着一只小船过来。热心的小白兔答应帮它们渡河，但是船太小了，只能承载其中一匹马的重量，即使多一只小白兔也不行。

请你想一想，它们有办法过河吗？

✡ 第 354 天　国王的奖赏

苏丹国王一时不知何故，闷闷不乐，有时脾气上来，对宫里的人非打即骂。大臣急得团团转，想找一个能给国王宽心解闷的人。

卡拉高兹虽然是个穷人，但为人机智幽默，善解人意，经过大臣的引见来见国王。

"你有什么学问和本领来见我？"国王问。

"想必国王听说过，我是全世界最著名的撒谎专家。"卡拉高兹回答。

国王摇摇头，说道："我不相信，世界上最能撒谎的人居然会是你？假如你能向我撒一个弥天大谎，使我不得不相信，我就送你 100 金币。"

"那好，您听着，"卡拉高兹说，"20 年前，有一天晚上，你的父亲和我的父亲同朋友们在一起玩牌。你的父亲把钱输光了，向我的父亲借了 100 金币。遗憾的是，他们两人都相继去世了，可是这笔钱却一直没有还给我家。"

"你撒谎！这真是弥天大谎！谁相信你这套鬼话！"国王一听，顿时暴跳起来。但当国王冷静下来后，又不得不给了卡拉高兹100金币。

卡拉高兹依靠什么智慧得到了国王的奖赏？

✡ 第 355 天　约翰的难题

约翰说，牛奶方面的事情，再难也难不倒我。可是有一天，他却被两位妇人难倒了。她们请求他在一只 5 夸脱和一只 4 夸脱的小桶中，各倒入 2 夸脱牛奶。而约翰这时只有两只罐子，每只装满牛奶后正好 10 夸脱。

这个游戏很直接，不玩弄什么欺骗性的伎俩。在把牛奶倒进倒出时，只准用两只罐子和两个小桶，不准使用其他容器。

请你想一想，约翰使用什么办法，可以让两个妇人各得 2 夸脱的牛奶呢？

✡ 第 356 天　慧眼识真伪

北宋大文学家欧阳修，不仅诗文造诣精湛，而且喜欢古玩墨宝。一日，参知政事吴育前往拜望，笑问道："听说您珍藏有名画《正午牡丹》，可否让我一饱眼福？"

欧阳修欣然答允，取出古画置于书案上。

吴育展画细细观赏，忽见画在牡丹花下的猫圆眼放光，不禁一怔，忙问："此幅珍宝可曾借给别人？"

欧阳修漫不经心地说："张画师借过，次日就送回了。"

吴育拍案叫道："此乃赝品，真正的《正午牡丹》被他偷换走了！"

欧阳修一愣，疑惑地问："何以见得？"

吴育指着伪品说出了原因。你能猜出赝品的破绽在哪儿吗？

✡ 第 357 天　马尾的方向

有匹马懒洋洋地走出了马圈，它先是向着太阳升起的地方长嘶一声，又转过头来狂奔了数十米；接着，这匹马又向左转弯跑了一会儿，继而又右转弯飞奔起来。最后，它终于跑得有点累了，于是向着自己身后一处牧草丰盛的地方走了过去。

请问，到现在为止，这匹马的马尾朝着哪个方向？

✡ 第 358 天　蓝莓饼

舞蹈家伊丽莎白看上了自远东某国而来的一位浪荡公子毕维斯，很快他们便陷入恋情中，整天形影不离。事实上，伊丽莎白是垂涎这位富家子囤积的珠宝，她一心想把其据为己有，为此打算谋害毕维斯。

两人经常在一起，伊丽莎白发现这名叫毕维斯的富家子除了贪恋美色以外，还非常贪恋美食，于是她筹划在餐桌上做点手脚。

这天晚上，两人又一起用餐，旅馆服务员给他们俩送来了咖啡和蓝莓饼。当毕维斯快要把自己的那盘蓝莓饼都吞进肚子时，突然打了个嗝，脸色黑青，然后从椅子上摇摇晃晃地倒下去了。

15 分钟后，伊丽莎白打电话找医生，惊动了正在这个旅馆住宿的探长巴克。伊丽莎白把巴克请进了毕维斯的房间，毕维斯仍在昏睡。伊丽莎白对巴克说："他在失去知觉前把自己那盘蓝莓饼都吃光了，也许毕维斯的那盘掺进了过多的药物。"说着，露出一口洁白光亮的牙齿。

警方人员来到以后，巴克对警长说："如果毕维斯的珠宝被盗，伊丽莎白的嫌疑最大。"那么，巴克根据什么做出这种判断？

✡ 第 359 天　张飞卖猪记

据说张飞曾贩卖过小猪崽，是个粗中有细的人。

一日，他挑着两筐小猪崽来到集市。刚放下担子，就有一个红脸大汉走来说："我要买你两筐小猪的一半零半头。"话音刚落，又过来一个黑脸大汉说："你如卖给他，我就买剩下的一半零半头。"没等张飞答话，又挤过来一个白面书生说："你若卖给他俩，我就买他俩剩下的一半零半头。"

张飞一听，不由得黑须倒竖，怒上心头，心想：小猪哪有卖半头的，这不是存心欺负俺吗？正待动武时，忽然灵光一闪。结果张飞照他们3个人的说法卖，小猪正好卖完。

你知道张飞一共卖了多少头小猪？他们三人各买多少头？

☆ 第 360 天　分辨生熟鸡蛋

小力不小心把煮熟的鸡蛋与生鸡蛋混放在一起了。从外边还看不出有什么区别，打开吧，如果是生鸡蛋又把鸡蛋弄坏了。你能想出办法，不打开鸡蛋就把生鸡蛋和熟鸡蛋区分开吗？

☆ 第 361 天　失踪的图纸

某大公司研究发明了一种非常先进的制造工艺，为此公司总裁指派研究所所长偕工程师一起，带着图纸前往公司下属的生产厂进行开发生产。为防止途中泄密，总裁亲自指派了两名保安人员陪同前往，并叮嘱保安人员时刻注意二人的动向。

四人登上列车后，坐在一间软卧的包厢内，规定谁也不能带着图纸离开包厢，图纸则一直由工程师保管。

半夜时分，大家突然被工程师的惊叫声惊醒。睁开眼睛一看，满地都是散落的图纸，而工程师则急得双手直搓。大家赶紧下铺将地上的图纸全部捡起，经工程师清点后，居然少了其中最重要的3张，四处寻找也没有找到。

所长责问是怎么回事？工程师回答说，大约是半夜时分，当他正在翻阅图纸时，感觉车厢内太闷，便打开窗子，岂料车外的风一下子将桌上的图纸吹得满地都是。

所长急问："有没有被吹到窗外？"工程师回答："可能吧，当时太慌张了，没太注意。"

保安人员也摸不着头脑，便用移动电话报告了总裁。总裁下令，四人不准离开车厢，他马上坐飞机赶到前方车站亲自来处理此事。

请你快速判断一下，图纸是否被吹到了窗外？

✡ 第362天　一年生多少人

刘墉外号刘罗锅，极有才华，深得乾隆皇帝宠爱。

一天，乾隆闲来无事，想要难一难聪明的刘墉。于是，乾隆问道："京城九门，每天出去多少人，进来多少人？"刘墉举起两个指头，说："两人！"

乾隆不解，问道："怎么会只有两个人？"

刘墉纠正说："万岁，我说的不是两个人，而是两种人。一是男人，一是女人。"

乾隆心想，我再难一难你，于是又问道："你说全国一年生多少人，死多少人？"

刘墉又扳起指头，像是在估算着似的，然后说："回禀万岁，全大清国，一年生1人，死12人！"

乾隆说："照此下去，国家不是就无人了吗？"

刘墉解释一番后，乾隆不禁暗自钦佩刘墉的才华。

你知道刘墉是如何解释的吗？

✡ 第363天　聪明的牧场主

美国西部有一位大牧场主，自知上了年纪，有一天，把儿子们召集在一起，并告诉他们，要在他有生之年，把牲口分给他们。

他对大儿子说："约翰，你认为你能饲养多少头奶牛，你就拿走多少。你的妻子南希可以取走剩下奶牛的$\frac{1}{9}$。"

他又对第二个儿子说："萨姆，你除了可拿走同约翰一样多的奶牛外，还可多得一头，因为约翰有了先挑的机会。至于你的好妻子萨莉，我要把剩下奶牛的$\frac{1}{9}$给她。"

对第三个儿子，他说了同上面类似的话，三儿子可拿到的奶牛将比次子多一头，而其妻将拿到剩下奶牛的$\frac{1}{9}$。

同样的话也适用于他的其他儿子：每人拿到的奶牛数，比其年龄稍大的兄长所得的奶牛数多出一头，而每个儿子的老婆拿到余下来奶牛的$\frac{1}{9}$。

当最小的儿子拿走了奶牛之后，已经没有什么牛剩下来给他的妻子了。

于是大牧场主说道："马的价值是奶牛的两倍，我现在愿意把我们所有的7匹马按如下的原则分配：使每个家庭都分到同样价值的牲口。"

根据题意，你能计算出大牧场主共有多少头奶牛？共有几个儿子吗？

✿ 第364天　声东击西

明朝的时候，有一户姓徐的富人家，养了一个宝贝女儿。渐渐地，女儿出落得如花似玉，也到了出嫁的年龄了，夫妻俩就托媒婆，千挑万选，为女儿找了一个婆家，也是一户富裕人家。他们想，女儿出嫁的时候，嫁妆一定要派头十足，不能让婆家及外人笑话，毕竟我们是有钱人家。

女儿出嫁前几天，夫妻俩早早就准备好了丰盛的嫁妆。一条条的绸缎被子，一箱箱的名贵衣服，光鲜靓丽的颜色映花了人们的眼睛。到出嫁前一天，嫁妆已经多得数也数不清。屋子里装不下了，夫妻俩就吩咐仆人把箱子堆放在院子里，准备第二天再装上彩车。

谁知道第二天一大早，仆人惊叫着跑进屋子报告说，放在院子里的几个箱子都变成空的了，放在里面的衣服都不见了。夫妻俩大吃一惊，赶紧动员所有的仆人，四下里寻找，却寻不到衣服的一点踪影。徐家只好到县府报案，哭诉着请求县令大人马上抓到盗贼，这样不至于影响到女儿晚上的婚礼，这可是女儿的终身大事呀。

县令大人了解了案情，为难地说："县城里有这么多的人，要是一家一户查起来，得好几天啊！"

这时，县令府上正好有个叫刘炎泽的州官正在做客。他听说了以后，对徐家夫妻俩说："今天日落之前，我保证让盗贼自投罗网！"徐家夫妇听了感激流涕，充满希望地期待着。

刘炎泽先让文书写了一张公告，内容是这样的："城里某户人家失窃几箱衣服，为捉拿盗贼，官兵准备前来各户各家搜查，明天上午各户居民务必等候在家里，等搜查完后才准许出门。"最后刘炎泽又来到城门对守门的官兵关照了几句。

一天过去了，刘炎泽果真在日落之前，抓到了那几个偷衣服的盗贼。几个盗贼打算偷偷把几个箱子运出城去时，被守候在城门的官兵搜查出来，打开一看时，里面都是被偷的嫁妆。

那么，刘炎泽是怎样让盗贼自投罗网的呢？

✿ 第 365 天　分酒奇法

有一位父亲在 3 个儿子前，把酒注满 7 个酒杯，然后在另外 7 个酒杯倒至半满，这时还剩下 7 个酒杯是空的，他跟 3 个儿子说："每个人都要分到一样的酒。"他的儿子应该怎样处理这些酒杯呢？

参考答案

第 336 天　这位女子是某医院的护士，凭借特殊的身份知道 H 公司经理患了心脏病，并且知道他最多能活 3 个月。等到 H 公司经理一死，这位女子理所当然得到丰厚的酬金，而山田却被蒙在鼓里。

第 337 天　第三个应聘者问主管："请问，您口袋里有多少钱？"

第 338 天　小明把面粉加了些水，揉成面团，这样又好拿，又不要任何容器。

第 339 天 从线索 1 中知道，梅特雷不是刚来才 1 周的人，另外也告诉我们他也不是保险公司两周前新招聘的员工。第 7 层的新员工是 3 周前来的女孩（线索 6），而汤姆是在 4 周前就职的（线索 3），因此梅特雷肯定是 5 周前来的新员工。信贷公司在第 9 层（线索 4），梅特雷不可能在 3 层和 11 层工作（线索 1）。我们知道女孩在 7 层工作，根据线索 1 和 6 可以推出保险公司两周前新聘的员工不在 7 层。从线索 1 中知道，梅特雷不可能在第 9 层，也不可能在第 5 层，那么只能在第 3 层。线索 1 告诉我们波克在邮政服务公司工作，而线索 2 排除了梅特雷在假日公司的可能性，同时梅特雷所在的楼层说明他也不可能在信贷公司和保险公司上班，那么他肯定在私人侦探所工作。珍妮不可能在第 3 层的保险公司上班（线索 5），汤姆也不可能，而波克和梅特雷的公司我们已经知道，因此在保险公司工作的只能是玛丽。波克的邮政服务公司不在 11 层（线索 1），也不在第 3 层、第 5 层和第 9 层，那么她肯定是在第 7 层的女孩，是 3 周前被招聘的。通过排除法，剩下 1 周前新来的只能是珍妮。从线索 1 中知道，她在 9 层的信贷公司上班。最后，剩下汤姆是假日公司的新员工，在大楼的 11 层工作。

因此得出答案：

波克，邮政服务公司，7 层，3 周。

汤姆，假日公司，11 层，4 周。

梅特雷，私人侦探所，5 层，5 周。

玛丽，保险公司，3 层，2 周。

珍妮，信贷公司，9 层，1 周。

第 340 天 就在这时，他听到鹦鹉大叫："不会说话？你以为刚才是谁在跟你喊价啊？"

第 341 天 吴阳与售票员小姐的对话声音很大，车上所有的乘客全都听到了。这时有一位乘客慌张地将手伸进了自己的提包里去摸索着，吴阳看在眼里，上前一把抓住了他的手："是你偷了我的'良师益友'吧。"那人不承认，吴阳又说："我刚才说，闹钟很快就要响了，别人都不以为然，只有你慌张地将手伸进包里，你这样做，是想将偷的闹钟的响铃按住。"说着吴阳从那人提包里拿出了一件东西，却不是闹钟，而是一台小巧的收录机。那人见状马上又强辩道："你丢失的是闹钟，与我有何相干？"吴阳说："我丢失的就是这台'良师益友'。如果我不说是闹钟你能暴露吗？"

第 342 天 史密夫先将冰箱移至窗户前，再将冰箱开开关关，利用冰箱内闪烁的灯光来发出求救信号。

第 343 天 骆驼牌烟盒上，除了一头站在沙漠里的骆驼以外，并没有任何人，当然也没有什么所谓"牵骆驼的人"。这样，汤姆的回答就否定了自己刚刚说过的从来不进行臆测或者推理，一切都依照事实说话的表白。

第 344 天 根据常识，人正常拿钥匙开门锁门用的是拇指和食指，但是食指的指纹不可能留下，因为是食指的侧面支撑的钥匙，可食指侧面是没有指纹的。但在锁孔上既留下了拇指指纹也留下了食指指纹，说明分明是有人伪造的。

第 345 天 韩信在那块小布帛上画了一座城楼门，城门口有一匹刚刚露出头来的战马，还有一面斜斜伸出来的帅旗。虽然上面没有一个士兵，但可以想象出千军万马的场景。

第 346 天 第三位部门经理回答："客人先点鸡，就先有鸡；客人先点蛋，就先有蛋。"

第 347 天 小乔治在第二封信中说："亲爱的祖母：您的来信真叫我高兴，我太谢谢您了。我把您的信以 25 法郎的价钱卖给了一位手稿收藏商。您从这件事中可以清楚地看出，我是明白东西的真正价值的！您亲爱的孙子乔治。"

第 348 天 这个地方冬天非常冷。由于下雨落雪，使坑里积了水，到夜晚就结成冰。白天，这坑里南面的冰因受太阳的照射，又融化成水，而北面由于没有太阳照射，仍结着冰。这样，北面的水结成冰，而南面的冰又融化成水，沉重的球面便渐渐地出现倾斜，从而非常缓慢地向南移动。其正面的十字架，必然也会渐渐地被埋起来。这种物理现象，就是男爵的墓石之所以移动的原因。

第 349 天 其实宋黎明给王狱吏的官印盒是空的，当王狱使发现里面是空的后，大吃一惊，但他不敢声张，说出来后恐怕知县把丢印之事归罪于他，只能乖乖地将官印偷放回去。

第 350 天 因为蛋坏了就会浮上来。

第 351 天 舍莱恩说："你并没有发现，刚才我把中指浸入小杯子里，而舔的却是无名指。"

第 352 天 年轻人说道："要当一名好牧师，最重要的是要学会耐心与用心地倾听，并且有超强的记忆力与反应力。现在，我将为现场的各位复诵一遍上一位演讲者的内容。"接下来，年轻人不慌不忙地背诵起那篇在他心中早已滚瓜烂熟的稿子来，很精彩，很熟练，很动情，也很有感染力。这个另类的表现方式，获得了全场评委和观众的热烈掌声，他顺利地通过了考试。

第 353 天 横渡 6 次就可以了：①两只小白兔将船划至对岸，其中一只将船划回来，另一只留在对岸；②小白兔留在这边岸上，老马一个人划船过去，船再由对岸小白兔划回；③重复第一步动作；④大马划船过河，再由对岸小白兔划回；⑤重复第一步；⑥小马划船过河，再由对岸小白兔划回接回这边的小白兔。

第 354 天 卡拉高兹真是聪明人，他说的那番话无论是真是假，国王都要给他 100 金币。如果国王不相信这是谎言，那就父债子还；相信这是谎言，因为有言在先，还是要给卡拉高兹 100 金币。

第 355 天 解决这个问题，当然需要一些想象力，还有聪明才智。让我们用 A 表示一个 10 夸脱的牛奶罐，用 B 表示另一个 10 夸脱的牛奶罐，倒法如下：

①从 A 罐中把牛奶倒满 5 夸脱的桶；

②从 5 夸脱的桶中把牛奶倒满 4 夸脱的桶；这样，在 5 夸脱的桶中就留下 1 夸脱牛奶；

③将 4 夸脱桶中的牛奶倒回 A 罐；

④将 5 夸脱桶中剩下的那 1 夸脱牛奶，倒入 4 夸脱的桶中。从 A 罐中把牛奶倒满 5 夸脱的桶；

⑤从 5 夸脱的桶中把牛奶倒满 4 夸脱的桶；这时，在 5 夸脱的桶中就剩下 2 夸脱牛奶；

⑥将 4 夸脱桶中的牛奶倒回 A 罐。从 B 罐中把牛奶倒满 4 夸脱的桶；

⑦从 4 夸脱的桶中把牛奶倒满 A 罐；这时，在 4 夸脱的桶中就剩下 2 夸脱牛奶。现在两只小桶中各有 2 夸脱牛奶，A 罐还是满的，而 B 罐则减少了 4 夸脱。

第 356 天 正午之猫，双眼细长如线。张画师在此露了马脚。

第 357 天 马尾一直都是朝下的。

第 358 天 巴克看到伊丽莎白一口洁白光亮的牙齿，意识到她在事发时是清醒的，知道蓝莓饼有问题。如果她吃过蓝莓饼，她的牙齿在 15 分钟后不会那么洁白光亮，而会因吃蓝莓变蓝。

第 359 天 共卖 7 头小猪：红脸汉 4 头，黑脸汉 2 头，书生 1 头。

第 360 天 旋转鸡蛋，容易转起来的是熟的，而很难旋转的是生的。因为，煮熟的鸡蛋蛋白和蛋黄是一个整体，容易转动，而生鸡蛋的蛋黄和蛋清是液体，所以转起来比较困难。

第 361 天 根据气流流动的科学原理，在列车行进时打开窗户，放在桌上的纸张不可能吹出窗外，只可能吹落在车厢内，即使是朝窗外丢东西，都可能被吸回车厢内。因此，图纸失踪是工程师捏造的。

第 362 天 刘墉说："我是按照人的生年属相计算的。比方说，今年是马年，无论生一千、一万、十万、百万，都是属一个马，所以说一年生 1 个。而一年当中，12 属相的人都有死的，所以说每年死 12 个人。"

第 363 天 大牧场主有 7 个儿子，56 头奶牛。大儿子拿了 2 头奶牛，他的妻子拿了 6 头；第二个儿子拿了 3 头奶牛，他的妻子拿了 5 头；第三个儿子拿了 4 头奶牛，他的妻子也拿了 4 头。这样以此类推，直到最后，第七个儿子拿到 8 头奶牛，但奶牛已经全部分光，他的妻子已经无牛可分了。此题的奥妙在于每个家庭都分到了 8 头牛，所以每家可以再分到 1 匹马。他们事实上都分到了价值相等的牲口。

第 364 天 刘炎泽发出的布告上说明天要挨家挨户地搜查，况且不能出家门，搜过了才能离开。盗贼们肯定怕在家中落个瓮中捉鳖，所以赶紧想着偷偷运出城就没事了，结果正中了刘炎泽的声东击西的计谋。

第 365 天 将 4 杯半满的倒成两杯满酒。这样，满酒的杯有 9 个，半满的有 3 个，空的酒杯 9 个，3 个人就容易分配了。